Nachhaltige Betriebliche Umweltinformationssysteme

Hans-Knud Arndt · Jorge Marx Gómez
Volker Wohlgemuth · Stefanie Lehmann
Roksolana Pleshkanovska
(Hrsg.)

Nachhaltige Betriebliche Umweltinformationssysteme

Konferenzband zu den 9. BUIS-Tagen

 Springer Gabler

Herausgeber
Hans-Knud Arndt
Magdeburg, Deutschland

Jorge Marx Gómez
Oldenburg, Deutschland

Volker Wohlgemuth
Berlin, Deutschland

Stefanie Lehmann
Magdeburg, Deutschland

Roksolana Pleshkanovska
Magdeburg, Deutschland

ISBN 978-3-658-20379-5   ISBN 978-3-658-20380-1   (eBook)
https://doi.org/10.1007/978-3-658-20380-1

Die Deutsche Nationalbibliothek verzeichnet diese Publikation in der Deutschen National-
bibliografie; detaillierte bibliografische Daten sind im Internet über http://dnb.d-nb.de abrufbar.

Springer Gabler
© Springer Fachmedien Wiesbaden GmbH 2018

Gedruckt auf säurefreiem und chlorfrei gebleichtem Papier

Springer Gabler ist Teil von Springer Nature
Die eingetragene Gesellschaft ist Springer Fachmedien Wiesbaden GmbH
Die Anschrift der Gesellschaft ist: Abraham-Lincoln-Str. 46, 65189 Wiesbaden, Germany

Vorwort

Nachhaltigkeit gewinnt stetig an Bedeutung und begegnet uns in nahezu allen Lebensbereichen. Nun ist die Zeit gekommen für den nächsten Schritt: Basierend auf den bisherigen Erkenntnissen zu Betrieblichen Umweltinformationssystemen sollen diesen Systemen zugrunde liegende Methoden und Konzepte kritisch evaluiert, weiter entwickelt und verbessert werden.

Der betriebliche Umweltschutz erlebt bereits seit Jahren u. a. aufgrund der allseits präsenten anhaltenden Klima- und Ressourcendiskussion einen großen Aufschwung. Thematiken wie Material-, Energie- und Ressourceneffizienz werden aktueller denn je zuvor. Vor dem Hintergrund des effizienten Umgangs mit Ressourcen leistet die Informationstechnologie einen erheblichen Beitrag zum betrieblichen Umweltschutz, denn sie macht die mit der betrieblichen Produktion verbundene Komplexität erst beherrschbar, vor allem unter dem Aspekt der Betrachtung der dabei auftretenden Stoff- und Energieströme und dadurch hervorgerufenen Umweltauswirkungen. Anwendungen und Produkte der betrieblichen Umweltinformatik ermöglichen es u. a., dass betriebliche, umweltrelevante Informationen gesammelt, Nachhaltigkeitsberichte erzeugt, Materialeffizienzpotentiale identifiziert und die mit dem jeweiligen Produktionsprozess verbundenen Emissionen analysiert werden. Es kann daher davon ausgegangen werden, dass der Bedarf an unterstützenden IT-Systemen im Bereich des betrieblichen Umweltschutzes in den nächsten Jahren steigen wird. Der Bereich der Green IT offenbart zudem noch viele offene Fragestellungen.

Im Rahmen der 9. BUIS-Tage und gleichzeitig 19. Tagung der Fachgruppe Betriebliche Umweltinformationssysteme der Gesellschaft für Informatik e.V. stand die Smart Sustainability und deren praxisnahe Realisierung im Vordergrund: Gesucht wurden neuartige Lösungen und Konzepte, die einen Beitrag zu einem umweltbewussten Leben leisten. Kreative, innovative Ideen wurden in einer Expertenrunde vorgestellt und diskutiert. Die ausgewählten Bereiche beinhalten neben allgemeinen Schwerpunkten der Betrieblichen Umweltinformationssysteme auch die Bereiche Automatisierung, Wirtschaft & Politik, Wissen & Datenaustausch, Soziales und Bildung.

Von den 29 eingereichten Beiträgen wurden 25 im Anschluss an einen Peer-Review-Prozess angenommen und veröffentlicht.

Die 9. BUIS-Tage 2017, organisiert durch die Arbeitsgruppe Wirtschafts-informatik III – Managementinformationssysteme, unter Leitung von Prof. Dr. Hans-Knud Arndt, fanden an der Otto-von-Guericke-Universität Magdeburg am 11. und 12. Mai 2017 statt.

Magdeburg, Mai 2017

Hans-Knud Arndt
Jorge Marx Gómez
Volker Wohlgemuth
Stefanie Lehmann
Roksolana Pleshkanovska
(Hrsg.)

Inhaltsverzeichnis

Grundlagen

Wissen & Datenaustausch

Automatisierung

Wirtschaft & Politik

Bildung

Soziales

Smart Sustainability

Grundlagen

Ein Framework zur ganzheitlichen Steigerung der Energieeffizienz in Rechenzentren durch eine Konformitätsprüfung zertifizierter Kennzahlen

Volkan Gizli, Jorge Marx Gómez

Abstract Eine Reihe von vergangenen Studien belegen, dass ca. 50.000 Rechenzentren in Deutschland über 10 TWh beanspruchen, was ungefähr 2 % des Gesamtstrombedarfs in dem Land ausmacht. Die Prognosen für das Jahr 2020 belaufen sich sogar auf 14 TWh. Mit diesem Hintergrund wird das Ziel verfolgt, eine ganzheitliche Steigerung der Energieeffizienz zu erreichen, wobei bisher nicht berücksichtigte vor- und nachgelagerte Wertschöpfungsketten sowie die damit verbundene „Graue Energie" mit in Betracht gezogen werden soll. Mit diesem Problem beschäftigt sich die Carl von Ossietzky Universität Oldenburg in der Forschungskooperation des Projektes TEMPRO (*Total Energy Management for Professional Data Centers*) vom BMWi im Rahmen des 6. Energieforschungsprogramms der Bundesregierung. Ein Framework, das mittels einer Konformitätsprüfung zertifizierter Kennzahlen als Ansatz zur Optimierung der Energieeffizienz in Rechenzentren dienen kann, soll in diesem Beitrag aufgezeigt werden.

1 Steigende Energieeffizienz in Rechenzentren

Wie aus einer Reihe von vergangenen Studien hervorgeht, beanspruchen 50.000 Rechenzentren in Deutschland über 10 TWh, was ungefähr 2 % des Gesamtstrombedarfs in dem ganzen Land ausmacht, das somit als führender Rechenzentrumsstandort in ganz Europa gilt. (IZE, 2008) Gemäß den Entwicklungen zufolge ist im Jahr 2020 mit einer Prognose von 14 TWh zu rechnen. Eine entscheidende Ursache, die für diese Entwicklung zugrunde liegt, ist der Bedarf der Speicherung und die Verarbeitung großer Datenmengen. So betrug 2005 der Energiebedarf für

V. Gizli (✉) • J. Marx Gómez
Department für Informatik, Very Large Business Application, Carl von Ossietzky
Universität Oldenburg
E-Mail: volkan.gizli@uni-oldenburg.de; jorge.marx.gomez@uni-oldenburg.de

Speichersysteme 5 % (Koomey, 2011) des Gesamtbedarfs, wohingegen sich 2011 der Wert auf 17 % (Prakash et al., 2014) belief.

Um diesem enormen Anstieg des Strombedarfs entgegenzuwirken, sollen bisher nicht betrachtete vor- und nachgelagerte Wertschöpfungsketten sowie die damit verbundene sogenannte „Graue Energie" zur Optimierung beitragen, womit eine ganzheitliche Steigerung der Energieeffizienz erreicht werden soll. Die „Graue Energie" adressiert die Energie, die für die Herstellung, den Transport, die Lagerung und Entsorgung der Komponenten benötigt wird. (Prakash et al., 2012) Durch das steigende Wachstum der Materialien in Rechenzentren wie Server, Speicher und Netzwerkkomponenten gewinnt die Verfolgung dieses Hintergrundes an immer höherer Relevanz. (Hintemann et al., 2014) Bisher haben viele Rechenzentren keine Maßnahmen ergriffen, um eine Steigerung in der Energieeffizienz, z. B. durch Implementierungen von geeigneten Ansätzen, zu erzielen. Zugrunde liegen dafür intransparente Kriterien, die zur Bestimmung des Energiepotenzials von Rechenzentren nicht weiterhelfen, wie z. B. ein unpraktikabler Bestand von Kennzahlen. Die wohl wichtigste Kennzahl zur Messung der Energieeffizienz ist die Power Usage Effectiveness (PUE). Dieser Wert gibt eine Aussage über das Verhältnis des Gesamtenergieverbrauchs des Rechenzentrums zum Eigenverbrauch der IT-Komponenten. Der Wert ist umso besser, wenn er gegen 1 konvergiert. (Reisinger, 2014) So würde z. B. ein PUE-Wert von 3 sehr schlecht sein, was bspw. bedeuten würde, dass ca. zwei Drittel der eingesetzten Leistung für die Wärme bzw. Wärmeabführung verbraucht werden und nur ein Drittel der Leistung für den reellen Verbrauch von dem Rechner verwendet werden. Mittlerweile ist der PUE-Wert von 1,3 als ausgezeichnet zu betrachten. Dabei ist zu verstehen, dass 30 % der eingesetzten Leistung ineffizient genutzt werden. Der PUE-Wert mit 1 ist ein idealer Wert, was bedeuten würde, dass keine weitere Energie von der Hardware benötigt wird. (ITWissen, 2016) Ein PUE-Wert unter 1 wäre gewinnbringend, was z. B. durch das Verwenden der erzeugten Wärme realisiert werden könnte. Dabei wäre es z. B. möglich die Heizkosten eines Rechenzentrums einzusparen, was im Umkehrschluss für die Gesamtbetrachtung des PUE-Wertes einen Wert unter 1 ergeben würde.

Ein Nachteil ist, dass sich durch die Effizienzverbesserung der IT-Hardware ein schlechterer PUE-Wert ergibt, weil der PUE-Wert keine Gesamtaussage über das Rechenzentrum gibt. Von daher ist es sehr wichtig den Gesamtenergiebedarf zu betrachten. (Abolhassan, 2013) Mit diesem Problem beschäftigt sich die Carl von Ossietzky Universität Oldenburg in der Forschungskooperation des Projektes TEMPRO (*Total Energy Management for Professional Data Centers*) vom BMWi im Rahmen des 6. Energieforschungsprogramms der Bundesregierung. Dazu soll ein Framework, das mittels einer Konformitätsprüfung zertifizierter Kennzahlen als Ansatz zur Optimierung der Energieeffizienz in Rechenzentren dienen kann, im Rahmen dieser Forschungskooperation entwickelt werden. Insgesamt bestehen fünf zu behandelnde Arbeitspakete in dieser Forschungskooperation. Neben weiteren akademischen Partnern sowie Industrie- und sonstigen Verbundpartnern im Forschungsprojekt TEMPRO beschäftigt sich die Abteilung VLBA (*Very Large Business Applications*) der Wirtschaftsinformatik an der Carl von Ossietzky Universität Oldenburg mit dem Arbeitspaket 3 „*Informations- und Bewertungsmodelle für die Energieeffizienz in Rechenzentren*", welches wie folgt in Abbildung 1 eingeordnet ist.

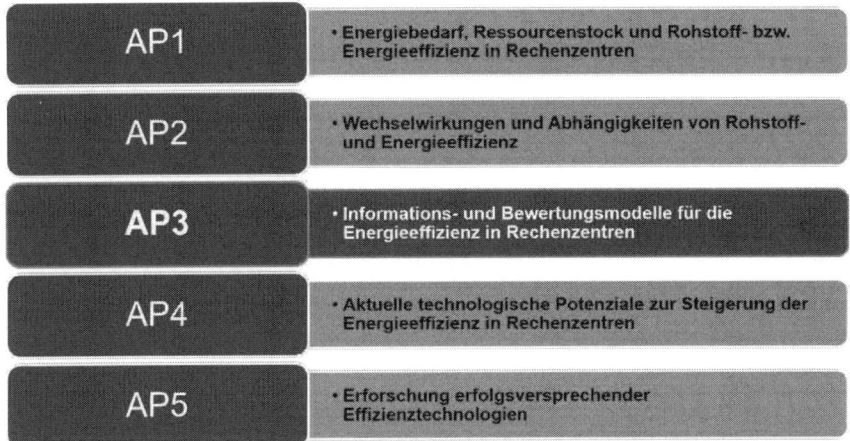

Abb. 1: TEMPRO Arbeitspakete.

Wie in Abbildung 2 dargestellt, ist das Arbeitspaket 3 in drei Teile unterteilt, in denen es im ersten Unterschritt darum geht eine Bestandsaufnahme bestehender Kennzahlen bzw. Indikatoren in Rechenzentren zu bestimmen, welche in einem zweiten Unterarbeitspaket für die Erstellung eines prototypischen Softwaretools zur Erstbewertung der Energieeffizienz von Rechenzentren als Basis dienen soll und folglich im letzten Unterarbeitspaket durch eine Konzeption mittels einer prototypischen Implementierung zur outputorientierten Darstellung sowie Steigerung der Energieeffizienz eines Rechenzentrums umgesetzt werden soll.

Das Forschungsvorhaben im Kontext des Forschungsprojektes TEMPRO bettet sich in der Forschungsumgebung der Abteilung VLBA in der Wirtschaftsinformatik an der Carl von Ossietzky Universität Oldenburg in dem Forschungsfeld „Ressourcenmanagement und Energieeffizienz" ein, welcher wiederum der Kategorie des Forschungsfeldes „*BUIS (Betriebliche Umweltinformationssysteme)*" untergeordnet ist. „Ein Betriebliches Umweltinformationssystem (BUIS) ist ein organisatorischtechnisches System zur systematischen Erfassung, Verarbeitung und Bereitstellung umweltrelevanter Informationen in einem Betrieb." (Rautenstrauch, 1999)

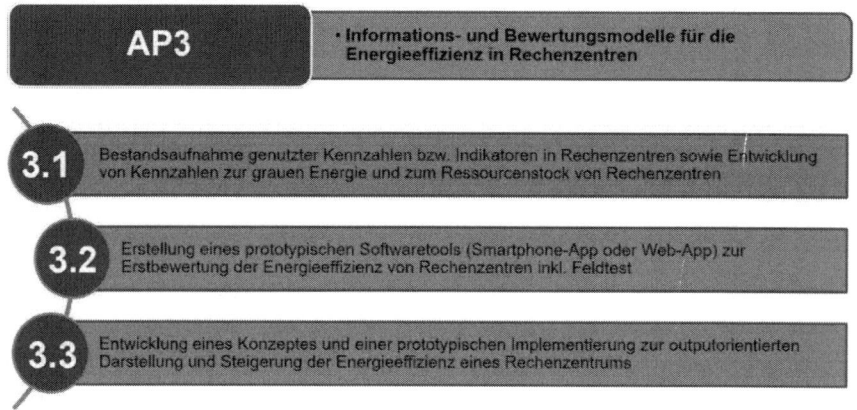

Abb. 2: TEMPRO Arbeitspaket 3.

2 TEMPRO Analytics

Als einen möglichen Ansatz zur Optimierung der Energieeffizienz in Rechenzentren soll ein Framework entwickelt werden, das als TEMPRO Analytics bezeichnet wird. Diese Plattform soll eine Erstbewertung sowie mittels einer Konformitätsprüfung zertifizierter Kennzahlen und einer daraus resultierenden Handlungsempfehlung als Ansatz eine Optimierung der Energieeffizienz in Rechenzentren ermöglichen. Dazu sollen ausgewählte Kennzahlen für Rechenzentren verwendet werden, die in dem TEMPRO Arbeitspaket 3.1 der Bestandsaufnahme ausgearbeitet werden. Hierbei sollen insbesondere Kennzahlen aus „Der Blaue Engel" berücksichtigt werden, die neben weiteren wichtigen Kennzahlen eine hohe Relevanz als zertifizierter Maßstab darstellen. Das Umweltzeichen „Der Blaue Engel" hat sich für Betreiber von Rechenzentren, die eine Optimierung in der Energie und Ressourceneffizienz verfolgen, zur Aufgabe gemacht, Zertifizierungen von Rechenzentren durchzuführen, um ein energiebewusstes Rechenzentrumsbetrieb umsetzen zu können. (Sting, 2014) Aus diesem Hintergrund gilt es diese neben anderen relevanten Kennzahlen stark in Hinblick zur Optimierung der Energieeffizienz in Rechenzentren zu berücksichtigen. Das Framework TEMPRO Analytics soll folgende Anforderungen erfüllen:

1. Verwendung ausgewählter Kennzahlen für Rechenzentren
   - Kennzahlen aus „Der Blaue Engel" als zertifizierter Maßstab
   - Weitere relevante Kennzahlen für Rechenzentren
2. Visualisierung der Kennzahlen in Rechenzentren
   - Erstbewertung der Energieeffizienz
   - Diagrammdarstellung mittels Sankey Diagrammen (Sankey Diagrams, 2007)
3. Zertifizierungs- bzw. Konformitätsprüfungen auf Basis ausgewählter Kennzahlen
4. Handlungsempfehlungen, die auf das Konformitätsergebnis basieren
5. Anbindungsmöglichkeit verschiedener Datenquellen
6. Ermöglichung für Generierung von KPIs
7. XBRL als Berichterstattungskomponente (Bergeron, 2004)

Durch die Umsetzung dieser Anforderungen wäre ein denkbarer Anwendungsfall als Szenario z. B., dass ein Rechenzentrumsbetreiber mit der Nutzung dieses Frameworks verschiedene Kennzahlen zur Energieeffizienzbestimmung seines Rechenzentrums darstellen kann und durch die Funktion der Konformitätsprüfung mittels der zertifizierten Kennzahlen eine Aussage sowie eine daraus resultierende Handlungsempfehlung zur Steigerung bzw. Optimierung der Energieeffizienz erhalten würde, was durch die Berechnung einer Gegenüberstellung erfolgen würde. So könnte der Betreiber z. B. durch das Framework dargestellt bekommen, dass der Kühlwert zu hoch ist und kein Unterschied entstehen würde, wenn dieser um den Wert X gesenkt wird, sodass folglich Energie eingespart werden kann.

3 Schlussfolgerung und Ausblick

Der Ansatz des Frameworks TEMPRO Analytics ermöglicht es durch eine Erstbewertung mittels einer Visualisierung und einer darauf folgenden Konformitätsprüfung durch eine Gegenüberstellung zertifizierter Kennzahlen zur Ursacheneingrenzung sowie Identifizierung eines Bereichs, die Energieeffizienz in Rechenzentren zu steigern bzw. zu optimieren, indem eine daraus resultierende Handlungsempfehlung beitragen kann. Darüber hinaus sind nach einer ersten Umsetzung viele zusätzliche Funktionen denkbar, die ein solches Framework erweitern bzw. verbessern.

Außerdem sollte es möglich sein das Framework mit neuen zertifizierten Kennzahlen einzuspeisen, damit die Bewertungen und Konformitätsprüfungen sukzessive optimiert werden können, um so die Energieeffizienz zu steigern.

Acknowledgement

Diese Arbeit ist im Rahmen des Projektes TEMPRO (Total Energy Management for Professional Data Centers) entstanden. Das Projekt wird mit Mitteln vom BMWi im Rahmen des 6. Energieforschungsprogramms der Bundesregierung finanziert (Förderkennzeichen: 03ET1418A-H).

Literaturverzeichnis

Abolhassan F (2013) Der Weg zur modernen IT-Fabrik: Industrialisierung – Automatisierung – Optimierung, Springer Fachmedien, Wiesbaden

Bergeron B (2004) Essentials of XBRL: Financial Reporting in the 21st Century, Essentials Series, John Wiley & Sons, Hoboken (NJ)

Hintemann R, Clausen J (2014) Rechenzentren in Deutschland: Eine Studie zur Darstellung der wirtschaftlichen Bedeutung und Wettbewerbssituation, Studie im Auftrag des Bundesverbandes Informationswirtschaft, Telekommunikation und neue Medien e.V. (BITKOM), Berlin

ITWissen (2016) PUE - power usage effectiveness. http://www.itwissen.info/definition/lexikon/power-usage-effectivness-PUE.html. Letzter Aufruf: 20.02.2017

IZE (2008) Technische Universität Berlin: Konzeptstudie zur Energie- und Ressourceneffizienz im Betrieb von Rechenzentren. Studie zur Erfassung und Bewertung von innovativen Konzepten im Bereich der Anlagen-, Gebäude- und Systemtechnik bei Rechenzentren, TU Berlin

Koomey JG (2011) Worldwide electricity used in data centers. Carl Hanser Verlag, München

Prakash S, Baron Y, Ran L, Proske L, Schlosser A (2014) Study on the practical application of the new framework methodology for measuring the environmental impact of ict - cost/benefit analysis. Brussels: European Commission

Prakash S, Liu R, Schischke K, Stobbe P (2012) Early replacement of notebooks considering environmental impacts. In: Electronics Goes Green 2012+. Proceedings. CDROM, p. Art. 6360532

Rautenstrauch C (1999) Betriebliche Umweltinformationssysteme: Grundlagen, Konzepte und Systeme. Springer-Lehrbuch, Springer Verlag, Berlin/Heidelberg/New York

Reisinger N (2014) Green-IT-Strategien für den Mittelstand: Nachhaltige Lösungen in der IT und durch IT-Unterstützung. Nachhaltigkeit Series, Diplomica Verlag, Hamburg

Sankey Diagrams (2007) Sankey Diagram Software. http://www.sankey-diagrams.com. Letzter Aufruf: 20.02.2017

Sting T (2014) Energieeffizienz im öffentlichen Bereich – „Blauer Engel" für Betreiber von Rechenzentren.   http://www.egovernment-computing.de/blauerengel-fuer-betreiber-von-rechenzentren-a-444734/. Letzter Aufruf: 30.01.2017

Bewertung der Nachhaltigkeit von Software: Entwicklung einer Umweltkennzeichnung

Eva Kern, Achim Guldner, Stefan Naumann

Abstract In diesem Beitrag werden Ansätze zur Entwicklung eines Labels für grüne und nachhaltige Software vorgestellt. Während für den Bereich der Hardware bereits zahlreiche Labels wie ENERGY STAR, TCO oder auch Produktkategorien des „Blauen Engel" existieren, liegen für den Softwarebereich bisher erst einzelne Kriterien und Untersuchungsergebnisse vor, die aber noch nicht zu einem veröffentlichten Label zusammengefasst sind. Basierend auf den Kriterien für Hardware sowie einer Umfrage werden daher Überlegungen entwickelt und überprüft, welche den Bereich der Nachhaltigkeit von Software in den Fokus nehmen. Da umweltbezogene Kennzeichnungen auch im betrieblichen Kontext eine wichtige Rolle zur Erreichung von Nachhaltigkeitszielen spielen, sehen wir durch diese Kriterienentwicklung einen Beitrag zur Verbesserung der Ressourceneffizienz von IKT, der sich auch auf die Anwendungsdomänen von Software übertragen lässt. Eine von uns durchgeführte Umfrage bestätigt diese Bedarfe insbesondere hinsichtlich Energie- und Hardwareeffizienz.

1 Einleitung und Motivation

Mit der Deutschen Nachhaltigkeitsstrategie (Mumm, 2016) verabschiedete die Bundesregierung Anfang des Jahres 2017 die Überführung der Ziele einer nachhaltigen Entwicklung (SDG, 2017), die im September 2015 von 193 UN-Mitgliedstaaten beschlossen wurden, in ein nationales Programm. SDG 12 beschäftigt sich mit nachhaltigem Konsum und nachhaltiger Produktion. Auch Produkte der

E. Kern (✉)
Leuphana Universität Lüneburg & Umwelt-Campus Birkenfeld
E-Mail: mail@nachhaltige-medien.de

A. Guldner • S. Naumann
Institut für Softwaresysteme, Umwelt-Campus Birkenfeld
E-Mail: a.guldner@umwelt-campus.de; s.naumann@umwelt-campus.de

Informations- und Kommunikationstechnik (IKT) lassen sich vor dem Hintergrund nachhaltiger Lebensweise und ressourceneffizienter Nutzung betrachten. Während die Verknüpfung von Hardwareaspekten mit Zielen einer nachhaltigen Entwicklung bereits einen gewissen Grad an Bekanntheit erreicht hat und Bestrebungen Richtung Green IT zunehmend umgesetzt werden, fehlt es oftmals an einem Bewusstsein für Umwelteinflüsse durch Software. Zum Verständnis dieses Zusammenhangs bedarf es entsprechender Modelle sowie Kriterien und Empfehlungen für nachhaltige Software. Derartige Informationen können die Bekanntheit der Thematik und ein Bewusstsein für den Bereich unterstützen. Einen Referenzrahmen für die unterschiedlichen Aspekte im Bereich nachhaltiger Software bildet z. B. das GREENSOFT-Modell (Naumann et al., 2011). Das Modell umfasst, als einen von vier Teilen, einen Software-Lebenszyklus mit daraus abgeleiteten Einflüssen auf eine nachhaltige Entwicklung. Entlang dieses Zyklus werden im zweiten Modellteil entsprechende Vorgehensmodelle für die verschiedenen Phasen abgeleitet. Für die Bewertung der Umwelt- und Nachhaltigkeitsaspekte von Software werden Kriterien und Metriken vorgeschlagen. Die auftretenden Akteure (Entwickler, Beschaffer, Administratoren, Nutzer) werden mit Handlungsempfehlungen und Werkzeugen unterstützt.

Im Rahmen einer nachhaltigen Entwicklung spielen auch Umweltkennzeichnungen wie der Blaue Engel und der ENERGY STAR eine Rolle. Bezogen auf das GREENSOFT-Modell lässt sich dieses Thema den Teilen „Nachhaltigkeitskriterien und -metriken" und „Empfehlungen und Werkzeuge" zuordnen. Je nach Betrachtungsweise ist in dem Zusammenhang auch der Software-Lebenszyklus von Interesse.

Laut Scholl und Simshäuser (2002) stimmt ein großer Teil der Firmen zu, dass der Blaue Engel ein Umweltbewusstsein bei Nutzerinnen und Nutzern hervorrufen bzw. verstärken kann. In den Vereinigten Staaten konnten nach Aussagen des United Nation Environment Programme (2003) im Jahr 2002 durch Erwerb von Produkten, die mit dem ENERGY STAR gekennzeichnet sind, Energieeinsparungen vergleichbar mit dem Stromverbrauch von 10 Millionen Haushalten verzeichnet werden. Die Deutsche Nachhaltigkeitsstrategie greift das Thema „Umweltzeichen" bzgl. nationaler Nachhaltigkeitsindikatoren und –ziele/Maßnahmen auf: es wird angestrebt, den Marktanteil von Produkten mit staatlichen Umweltzeichen zu erhöhen. Durch die Bereitstellung derartiger Informationen soll ein Nachhaltigkeitsbewusstsein geschaffen bzw. verstärkt werden.

Während die Forschung rund um Green IT seit einigen Jahren zunehmend auch die Software in die Aktivitäten einbezieht, konzentriert sich die Bewertung von Umweltauswirkungen von IKT im Sinne von Kennzeichnungen und Zertifizierungen zumindest bisher überwiegend auf Hardware. Folglich sind die Auswirkungen der Softwarenutzung wenig erforscht und noch weniger allgemein bekannt. Um dies zu ändern, ist es sinnvoll eine entsprechende Produktkennzeichnung zu entwickeln. Daher stellt sich die Frage, wie ein Umweltzeichen für Software aussehen und insbesondere auf welchen Kriterien es basieren kann.

Ein erster Schritt zur Entwicklung derartiger Kriterien ist die Analyse von bestehenden Ansätzen. In diesem Beitrag wird eine entsprechende Analyse vorgestellt.

2 Überblick: Umweltkennzeichnungen im Green IT-Bereich

Eine der ältesten und bekanntesten Umweltkennzeichnungen in Deutschland ist der Blaue Engel (Scholl et al., 2015), mit dem seit 1978 Produkte und Dienstleistungen ausgezeichnet werden, die umweltfreundlicher als vergleichbare Produkte sind. Auch international erfährt die Kennzeichnung eine hohe Relevanz. In rund 80 Produktkategorien werden ca. 12.000 umweltfreundliche Produkte gekennzeichnet. Im IKT-Bereich werden insbesondere Hardwareprodukte wie Computer, Beamer und Rechenzentren ausgezeichnet, aber auch Anwendungsgebiete wie Carsharing-Angebote. Zur Entwicklung möglicher Kriterien für eine Umweltkennzeichnung von Softwareprodukten sind insbesondere die Vergaberichtlinien des Blauen Engel für Computer (Vergabegrundlage für Umweltzeichen RAL-UZ 78a) interessant.

Der ENERGY STAR ist ein seit 1992 existierendes amerikanisches Umweltlabel, welches inzwischen zu einem international anerkannten Standard für energieeffiziente Produkte wurde. Ausgezeichnet werden u. a. Elektro-, Büro-, Heiz- und Kühlungsgeräte. Insbesondere im EDV-Bereich lassen sich viele Produkte mit dem Label finden. Im Kontext dieses Beitrags erscheinen vor allem die Programmanforderungen für Computer (EPA ENERGY STAR, 2014) relevant.

TCO Certified ist ein schwedisches Qualitäts- und Umweltlabel mit weltweiter Relevanz. Die Produkte, die insbesondere Büroausstattung umfassen, werden hinsichtlich ihrer Nutzerfreundlichkeit, Sicherheit und Umweltfreundlichkeit bewertet. Die Zertifizierung gibt es für Monitore, Notebooks, Tablets, Smartphones, Desktop PCs, Beamer und Headsets. Im Rahmen dieses Beitrags wird zur Analyse das Zertifizierungsdokument für Desktop-PCs (TCO Development, 2015) herangezogen.

Während Hardwareaspekte bereits über verschiedene Initiativen in entsprechenden Veranstaltungen, Vorträgen, Workshops, Informationsmaterial usw. auf praktischer Seite abgebildet werden, fehlt es weitestgehend an äquivalenten Green IT Informationen, die sich auf Softwareaspekte beziehen. Nur wenige der genannten Informationsmöglichkeiten gehen auch auf die Softwareseite ein und informieren bspw. darüber, dass der Energieverbrauch durch das Internet auch vom Nutzerverhalten beeinflusst werden kann (Behrendt et al., 2009). Einige praktische Beispiele sind: „Ecosia" (https://www.ecosia.org/), „Green Power Indicator" (Kern et al., 2012), „greencode Label" (http://www.greencode-label.org/). Trotz vorhandener Ansätze und Praxisbeispiele könnte die Aufmerksamkeit für Softwareaspekte und ihre Umweltwirkungen größer sein. Eine Umweltkennzeichnung ist, soweit uns bekannt, bisher aber nicht vorhanden.

3 Entwicklung und Evaluation von Kriterien für eine Umweltkennzeichnung von Software

Um bei der Entwicklung einer Umweltkennzeichnung für Softwareprodukte nicht von Grund auf neu anzufangen, bietet es sich an, existierende Kennzeichnungen im Green IT-Bereich hinsichtlich der Frage, wie sich dort angewandte Kriterien auf Software übertragen lassen, zu prüfen. Dazu wurden zunächst die entsprechenden Vergaberichtlinien der in Abschnitt 2 genannten Umweltkennzeichnungen (Blauer Engel, ENERGY STAR, TCO Certified) analysiert und daraus Kriterien zusammengestellt, die sich in ähnlicher Form auf Softwareprodukte anwenden lassen. Die Ergebnisse der Analyse sind in Tabelle 1 zusammengefasst.

Label	Kriterien & -beschreibung für Hardware	Mögliche Softwarekriterien
BE, ES, TCO	*Energieverbrauch:* höchster Wert, (ETEC_MAX) und typischer jährlicher Energieverbrauch (ETEC) des Gerätes entsprechend der Ecodesign Directive sowie Energieverbrauch der unterschiedlichen Modi in Watt (eingeschaltet, Schlafmodus, ausgeschaltet)	*Energieverbrauch:* z. B. maximaler Wert während der Umsetzung eines spezifischen Nutzungsszenarios, typischer jährlicher Verbrauch je nach Nutzertyp, Energieverbrauch in verschiedenen Modi: Installation, Nutzung, Hintergrundprozess
BE, ES, TCO	*Anforderungen an Akku / externe Stromzufuhr / interne Stromzufuhr:* Wiederaufladbarkeit; Austauschbarkeit ohne spezielle Werkzeuge, Batteriekapazität, u. ä.	---

BE, TCO	*Langlebigkeit:* Reparaturfähigkeit: Verfügbarkeit von Ersatzteilen zur Reparatur ist für mind. 5 (BE) bzw. 3 (TCO) Jahre nach Einstellung der Produktion garantiert; Leistungsumfang erweiterbar (z. B. RAM, USB Ports)	Wartbarkeit, Obsoleszenz, Dauerhaftigkeit, Anpassbarkeit, Modifizierbarkeit; Abwärtskompatibilität, Datensicherung, Backupgröße
BE, TCO	*Materialauswahl:* u. a. maximal 4 Arten Plastik, keine Metallüberzüge über Kunststoffgehäuse, möglichst recyclebar	Modularität, Anpassbarkeit, Änderbarkeit, Übertragbarkeit, Wiederverwendbarkeit
BE	*Geräuschemissionen:* Die gemessenen Werte dürfen die in den Programmanforderungen angegebenen Werte nicht überschreiten	---
BE, ES	*Nutzerinformationen / Bedienungsanleitung:* technische Spezifikationen, umwelt- und gesundheitsrelevante Informationen, Informationsmaterial über Einstellungen des Energiemanagements, Umweltzeichen und Vorteile der Energieverwaltung	Informationen zu: technische Spezifikationen, umwelt- und gesundheitsrelevante Informationen, Informationsmaterial über Einstellungen des Energiemanagements, Umweltzeichen und Vorteilen der Energieverwaltung
TCO	*Zertifizierung des Umweltmanagementsystems:* jede Produktionsstätte soll entsprechend ISO 14001 zertifiziert oder EMAS registriert sein.	---
ES	*Anforderungen an die Energieverwaltung:* Produkte sollen Funktionen zur Energieverwaltung, wie in den Programmanforderungen angegeben, vorweisen (z. B. der Ruhemodus des Bildschirms soll nach 15-minütiger Inaktivität eingeschaltet werden)	Funktionen zur Energieverwaltung auf Softwareseite (je nach Art des Produkts), Energiesparmodus als Standardeinstellung

Tab. 1: Zusammenfassung von Vergabekriterien existierender Green IT-Labels (hier: Blauer Engel (BE), ENERGY STAR (ES) und TCO Certified (TCO)) als Inspiration für die Entwicklung von Kriterien zur Auszeichnung grüner Softwareprodukte.

In Abschnitt 3.1 werden die ausgewählten Kriterien und mögliche Ausgestaltungen dieser für den Softwarebereich vorgestellt. Darauf aufbauend werden die identifizierten Optionen für Kriterien hinsichtlich ihrer Relevanz (Abschnitt 3.2) und ihres gesellschaftlichen Interesses (Abschnitt 3.3) analysiert.

3.1 Übertragung von grünen Hardwarekriterien auf Softwareaspekte

Die Sammlung der Kriterien (siehe Tabelle 1) wurde in einem nächsten Schritt, wie von Mazijn et al. (2004) vorgeschlagen, hinsichtlich ihrer Relevanz (Ist der Aspekt für Softwareprodukte relevant?), Messbarkeit (Ist es möglich den Aspekt mit aktuell verfügbaren Methoden zu messen?), Umsetzbarkeit (Ist es möglich Informationen über die Erfüllung des Aspektes für Softwareprodukte bereitzustellen?) und Unterscheidungsmöglichkeit (Unterscheidet sich der Aspekt ausreichend von anderen möglichen Aspekten?) bewertet. Aus dieser Methode resultierten folgende mögliche Kriterien:

- Abwärtskompatibilität: Kann das Softwareprodukt auch auf alter Hardware betrieben werden?
- Energieeffizienz: Wie hoch ist der Energieverbrauch der Hardware je nach Nutzung des Softwareproduktes?
- Hardwareeffizienz: Wie stark werden bspw. Speicherplatz und Rechenzeit je nach Nutzung des Softwareproduktes beansprucht?
- Ressourcenmanagement: Lassen sich die Ressourcenverbräuche (Energie, Speicherplatz, ...) bei Nutzung des Softwareproduktes je nach Bedarf anpassen?
- Plattformunabhängigkeit: Kann das Softwareprodukt auf verschiedenen Systemumgebungen (Hardware und Software) betrieben werden?
- Portabilität: Können die Nutzenden ohne Nachteil zwischen den verschiedenen Systemumgebungen (Hardware und Software) wechseln?
- Hardwaresuffizienz: Bleibt die Menge an beanspruchter Hardwarekapazität bei Weiterentwicklung des Softwareprodukts gleich?
- Transparenz: Können sich Nutzerinnen und Nutzer mit vernünftigem Aufwand über Datenformate, Updates, laufende Hintergrundprozesse, u. ä. informieren?
- Deinstallierbarkeit: Lässt sich das Softwareprodukt einfach, rückstandsfrei und ohne vermeidbare Nachteile deinstallieren?
- Wartungsfunktionen: Können Schäden an Daten und Programmen einfach behoben werden?
- Unabhängigkeit von Fremdressourcen: Lässt sich das Softwareprodukt möglichst unabhängig von externen Ressourcen (z. B. Internetverbindung) nutzen?
- Qualität der Produktinformation: Unterstützt die angebotene Information über das Softwareprodukt seine ressourcenschonende Nutzung?

3.2 Bewertung der Relevanz der Kriterien

Zur Prüfung und Sicherstellung der Relevanz muss jedes Kriterium mit einer Metrik versehen werden können, die zur Ermittlung der Nachhaltigkeit von Software beiträgt. Zur Bewertung der erarbeiteten Kriterien werden anhand von Fallbeispielen Vorgehensweisen entwickelt, mit denen verschiedenartige Softwareprodukte bezüglich ihrer Nachhaltigkeit evaluiert werden können. Dazu wird für jedes Kriterium eine Metrik erarbeitet, anhand derer entschieden wird, mit welchem Softwareprodukt sich eine Aufgabe energieeffizienter erledigen lässt. Der folgende Abschnitt beschreibt den zur Evaluation herangezogenen Messaufbau und die Vorgehensweise zur Überprüfung der Kriterien, die nicht gemessen werden können.

Um Softwareprodukte einer Produktgruppe (z. B. Textverarbeitungsprogramme) unter vergleichbaren Bedingungen gegeneinanderzustellen werden für jede Produktgruppe Standardnutzungsszenarios erstellt. Zunächst wird analysiert, welche Aufgaben Nutzerinnen und Nutzer mit dem Softwareaspekt erledigen und welche Funktionen der Software dabei häufig genutzt werden. Zusätzlich werden Überlegungen angestellt, welche Funktionalitäten des Softwareprodukts nach Expertenschätzung einen hohen Energieaufwand oder starke Ressourcenauslastung induzieren könnten. Mittels dieser Angaben werden einzelne Aktionen definiert, die in einem Ablaufplan koordiniert werden, dessen Realisierbarkeit mit sämtlichen zu testenden Softwareprodukten sichergestellt werden muss. So wird für jeden Anwendungsfall eine möglichst realitätsnahe Nutzung des Softwareprodukts simuliert.

Der zur Messung des Energieverbrauchs und der Nutzung der Hardwareressourcen durch die Software notwendige Messaufbau wurde in Anlehnung an ISO/IEC 14756 erstellt. Er umfasst ein Leistungsmessgerät zur Aufnahme des Energieverbrauchs, ein System under Test (SUT), bestehend aus Hardware (PC, Server, mobiles Endgerät etc.), Betriebssystem, Laufzeitumgebung und dem zu messenden Softwareprodukt sowie einer zentralen Datenerfassung und Auswertung (Dick et al., 2011).

Die Szenarien werden mittels einer Automatisierungssoftware aufgezeichnet und anschließend automatisiert, wiederholt auf dem SUT abgespielt. Während dessen wird der Energieverbrauch und die Inanspruchnahme von Hardwareressourcen der SUT-Hardware erfasst. Durch die Wiederholung der Messung wird die statistische Robustheit der Messwerte sichergestellt. Die Messergebnisse dienen dann zur Evaluation der Softwareprodukte hinsichtlich der Kriterien Energieeffizienz und Hardwareeffizienz.

Um die neben Energie- und Hardwareeffizienz ermittelten Kriterien ebenfalls auf das konkrete Softwareprodukt anzuwenden, werden im Rahmen der Fallbeispiele auch Vorgehensweisen zur deren Erhebung entworfen. Dazu werden Handbücher, Webinformationen, Experten- und Nutzermeinungen eingeholt und weitere Black-Box Tests durchgeführt. Dabei gilt generell, dass alle Beobachtungen zur Evaluierung der Kriterien immer mit den Standardeinstellungen des Softwareprodukts durchgeführt werden um Optimierungspotentiale zu finden.

3.3 Bewertung der Kriterien aus gesellschaftlicher Sicht

Um herauszufinden, wie die Umweltkriterien für Software von Softwarenutzerinnen und -nutzern bewertet werden, haben wir im Sommer 2016 eine Umfrage durchgeführt. Die Befragung fand mit Hilfe eines Onlinefragebogens statt und richtete sich an Internetnutzerinnen und -nutzer in Deutschland und angrenzenden deutschsprachigen Nachbarländern. Der bereinigte Datensatz enthielt 712 vollständig ausgefüllte Fragebögen.

Die meisten der Umfrageteilnehmenden sehen sich primär in der Rolle der Nutzer (78,2 %). Sie schätzen sich bezüglich der persönlichen IT-Kenntnisse als kompetente Akteure (40,4 % der Teilnehmenden) und fortgeschrittene Anfänger ein (36,5 %).

Zur Bewertung der Kriterien wurden die Umfrageteilnehmenden gebeten für die in Abschnitt 2.3 genannten Kriterien anzugeben, ob sie „gekennzeichnet", „eher gekennzeichnet", „eher nicht gekennzeichnet" oder „nicht gekennzeichnet" werden sollen. Während vor allem die Effizienzaspekte (77,5 % für „Energieeffizienz kennzeichnen", 62,5 % für „Hardwareeffizienz kennzeichnen") und Plattformunabhängigkeit nach Meinung der Befragten gekennzeichnet werden sollten, scheinen Hardwaresuffizienz und die Qualität der Produktinformation weniger bedeutend, aber dennoch relevant, für eine Kennzeichnung.

Insgesamt zeigen die Ergebnisse, dass ein Interesse für die vorgeschlagenen Aspekte vorhanden zu sein scheint, da der höchste Wert für „nicht kennzeichnen" im Fall von Deinstallierbarkeit bei 7,0 % liegt (höchster Wert „eher nicht kennzeichnen": 16,5 % bei Qualität der Produktinformation).

Ergänzend zu den vorgeschlagenen Kriterien für eine Umweltkennzeichnung von Software interessieren die Umfrageteilnehmenden Umwelt- und Nachhaltigkeitsaspekte, die den Hersteller des Produktes betreffen. 15 Personen nannten derartige Aspekte im entsprechenden Freitextfeld (von insgesamt 84 Kommentaren).

Als weitere Umweltwirkung von Software, die gekennzeichnet werden sollte, werden entfernte Ressourcen, die durch die Software beansprucht werden, genannt. Dies ist z. B. der extern verursachte Energieverbrauch in einem Rechenzentrum, wenn das betrachtete Programm mit Servern kommuniziert (Rechenleistungen, Speicher, Updates, u. ä.). Ergänzend aufgeführt wird die Frage, ob eben diese Energie in Form von Ökostrom bereitgestellt wird. Ein weiterer Aspekt ist der durch die Software verursachte Datenverkehr und seine Auswirkung auf die Umwelt. Hierzu kommt die Betrachtung der Datennutzung: Was und welche Datenmenge wird an externe Dienste übertragen?

Außerdem werden Beispiele bzgl. der Themen „Updates" und „Langlebigkeit" aufgelistet. Dies betrifft bspw. die Unterstützung von Software über einen festzulegenden (verpflichtenden) Zeitraum, die angestrebte Häufigkeit von Updates bzw. Upgrade-Intervalle und wie lange es derartige Möglichkeiten der Aktualisierung geben wird. Hier ist aus Sicht der Umfrageteilnehmenden z. B. von Interesse, „inwieweit die Weiterentwicklung/Anpassung der Software an Neuerungen im Hardwarebereich beabsichtigt ist". Vorgeschlagen wird auch ein Datum auf den Installationsträger bzw. Installer der Software zu drucken, um einen Hinweis auf die Aktualität des Produktes zu haben.

Neben den ökologischen Nachhaltigkeitsaspekten wird von sechs Teilnehmenden das Thema „Arbeitsbedingungen" angesprochen. Dies bezieht sich auf die gesamte Wertschöpfungskette: Abbau der Ressourcen, Bedingungen beim Hersteller und beteiligter Subunternehmer (Stichwort „Corporate Social Responsibility"), Umgang mit Mensch und Natur während der Produktherstellung. Zudem wird vorgeschlagen in die Bewertung mit einfließen zu lassen, wo das Produkt maßgeblich entwickelt wurde.

4 Fazit und Ausblick

Zusammenfassend kann festgehalten werden, dass eine Umweltkennzeichnung für Softwareprodukte ein Mittel auf dem Weg zur Erfüllung der nationalen Nachhaltigkeitsziele sein und allgemein ein höheres Bewusstsein für Umweltwirkungen von Software schaffen kann. Sie hat das Potential insbesondere diejenigen über Auswirkungen der Softwarenutzung auf die Umwelt zu informieren, die diese Produkte nutzen. Aber auch in betrieblichen Kontexten kann eine derartige Kennzeichnung eine Rolle spielen.

Trotz vorhandener Ansätze für Kriterien zur Bewertung von grüner Software, möglicher Nachweismethoden und einer ersten Evaluation dieser aus Nutzersicht sind weiterhin offene Fragen vorhanden, bis eine erste Version eines Ökolabels für Software vorgestellt werden kann. Diese betreffen insbesondere den Transfer der theoretischen Kriterienentwicklung in die praktische Anwendung.

So werden derzeit beispielsweise im Rahmen des UFOPLAN-Projektes „Sustainable Software Design – Entwicklung und Anwendung von Bewertungsgrundlagen für ressourceneffiziente Software unter Berücksichtigung bestehender Methoden" (Green Soft, 2015) konkrete Kriterien entwickelt und evaluiert, die zu einem entsprechenden Label führen können.

Die nächsten Schritte hin zu einem Umweltlabel für Softwareprodukte umfassen weitere Tests, die weitere Ausdifferenzierung der Nachweismethoden bezogen auf unterschiedliche Softwaretypen sowie eine Prüfung auf Eignung für Vergabekriterien. Aus wissenschaftlicher Sicht könnten sich zukünftige Forschungsaktivitäten mit Standardisierungsfragen, Analysen zur Untersuchung der Aufmerksamkeit für Themen der Green IT (Hard- und Software) und der Erforschung von Nutzerszenarien beschäftigen. Zudem kann anschließend über eine Erweiterung der Kriterien hinsichtlich sozialer Nachhaltigkeitsaspekten und eine mögliche Internationalisierung nachgedacht werden.

Literaturverzeichnis

Behrendt S, Erdmann L (2009) Computer, Internet und Co - Geld sparen und Klima schützen (Verbrauchertipps). Unter Mitarbeit von Klaus Fichter und Jens Clausen. Hrsg. v. Umweltbundesamt, Dessau-Roßlau

Dick M, Kern E, Drangmeister J, Naumann S, Johann T (2011) Measurement and Rating of Software-induced Energy Consumption of Desktop PCs and Servers. In: Pillmann W, Schade S, Smits P (Eds.) Innovations in sharing environmental observations and information. Proceedings of the 25th International Conference EnviroInfo, October 2011, Ispra, Italy, Aachen: Shaker Verlag, pp 290–299

EPA ENERGY STAR (2014) ENERGY STAR Program Requirements Product Specification for Computers: Eligibility Criteria, Version 6.1. Environmental Protection Agency

Green Soft (2015) Green Software Engineering. http://green-software-engineering.de/projekte/ufoplan-ssd-2015.html. Letzter Aufruf: 03.04.2017

Kern E, Heinz KB, Hiller T, Johann T (2012) Towards more Transparency in Supporting a Green Web. Environmental Informatics Prize 2012 for Students. In: Arndt H-K, Knetsch G, Pillmann W (Eds.) Man • Environment • Bauhaus: Light up the Ideas of Environmental Informatics, 26th International Conference on Informatics for Environmental Protection (26th International Conference on Informatics for Environmental Protection, 29.08. - 31.08.2012, Dessau) - Part 1: Core Application Areas, Shaker Verlag, Aachen, pp 45–54

Mazijn B, Doom R, Peeters H, Vanhoutte G, Spillemaeckers S, Taverniers L et al. (2004) Ecological, Social and Economic Aspects of Integrated Product Policy. Integrated Product Assessment and the Development of the Label „Sustainable Development" for Products. CP/20. SPSD II - Part I - Sustainable production and consumption patterns

Mumm G (2016) Die deutsche Nachhaltigkeitsstrategie. Wiesbaden. Die Bundesregierung (Hrsg.). Oktober 2016, Kabinettbeschluss vom 11. Januar 2017

Naumann S, Dick M, Kern E, Johann T (2011) The GREENSOFT Model: A Reference Model for Green and Sustainable Software and its Engineering. In: SUSCOM 1 (4), pp 294–304. DOI: 10.1016/j.suscom.2011.06.004

Scholl G, Gossen M, Holzhauer B, Schipperges M (2015) Umweltbewusstsein in Deutschland 2014. Ergebnisse einer repräsentativen Bevölkerungsumfrage. Unter Mitarbeit von Schack K, Gellrich A. Bundesministerium für Umwelt, Naturschutz und Reaktorsicherheit (BMUB), Umweltbundesamt (UBA) (Hrsg.). Berlin

Scholl G, Simshäuser U (2002) Machbarkeitsuntersuchung für Umweltzeichen - Analyse der Möglichkeiten zur Akzeptanzerhöhung des Umweltzeichens „Blauer Engel" für Haushalts-großgeräte („Weiße Ware") bei potenziellen Zeichennehmern, Dessau-Roßlau: Umweltbundesamt

SDG (2017) Sustainable Development Goals. https://sustainabledevelopment.un.org/. Letzter Aufruf: 03.04.2017

TCO Development (Hrsg.) (2015) TCO Certified Desktops 5.0

United Nation Environment Programme (Hrsg.) (2003) Background Paper for the Ministerial Level Consultations: Promoting sustainable consumption and production patterns. Governing Concil of the United Nations Environment Programme, Nairobi

Vergabegrundlage für Umweltzeichen (2014) RAL-UZ 78a: Vergabegrundlage für Umweltzeichen – Computer, November 2014

Design and Evaluation Decision Making Support System for Improving Regional Renewable Energy Policies Using System Dynamics Approach

Mohamad Hamed, Ola Mustafa, Ammar Al.Sous, Jorge Marx Gómez

Abstract Responsibility toward the environment is the most important challenge that facing governments nowadays. The issues that related to energy production such as climate change, fossil fuel depletion, and other related factors have made the planning process a completely hard task in order to meet the growing energy demands. Under these circumstances, the gap between energy demand and supply has grown quickly, and governments have sought to bridge this gap with an affordable and a clean energy supplier system. However, clean energy production requires renewable resources, e.g. Wind and solar, which are affected by multiple factors such as climatic seasons, geographical places, government's policies and the economic situation. The effective government policies encourage renewable energy (RE) investment and urge the private sector to install renewable systems and take the maximum benefit from its capacity. With renewable portfolio standards (RPS), electricity suppliers are obliged to cover a certain share of their electricity supply with renewable energy. This paper focuses on (DMSS), which is based on a system dynamic approach in order to improve renewable energy production. Thus, this paper aims to suggest and formulate an integrated strategy in the regional sector, to develop and enhance renewable energy portfolio standards by constructing and elaborating a DMSS, using a system dynamics approach.

M. Hamed (✉) • O. Mostafa • A. Al.Sous • J. Marx Gómez
University of Oldenburg, 26111 Oldenburg, Germany, Department of VLB
E-Mail: mohamad.hamed@uni-oldenburg.de; ola.mustafa@uni-oldenburg.de;
ammar.alsous@uni-oldenburg.de; jorge.marx.gomez@uni-oldenburg.de

1 Introduction

According to the World Resources Institute, 61.4 % of global GHG and carbon dioxide emissions come from the traditional energy production, that means, serious procedures have to be taken in order to control CO2 emissions, reduce traditional energy production and increase renewable energy consumption (Sadorsky, 2012). Fukushima nuclear disaster in 2011 has pushed many developed countries to think seriously about renewable energy systems, as means to provide an important part of the electric power consumed in their country in order to keep the balance between energy demand and supply (Feng et al., 2013). The scientists agreed that sustainable technologies such as solar, wind, and hydropower are typical in rural regions, these regions play crucial roles in fulfilling the countries' strategic energy security goals and reduce the climate change effects. The production issues that related to energy security, such as climate change, global warming, fossil fuel depletion and modern technologies, are powerful factors for pushing investment in the renewable energy field (Hassoun et al., 2009). Furthermore, renewable energy (RE) is considered one of the strong players to improve the situation of two billion people, mostly in rural areas, without access to modern forms of energy. The virtually potential of RE is bigger many times than current world energy requirements (Painuly, 2001), however, technological developments and economic viability for several applications in renewable energy have tapped only to a small fraction of its potential. Thus, increasing sustainable energy investments requires important changes in the institutional context (Chien, 2008). This alteration relates to many actors such as policy makers, investors, producers, and market operators (Wüstenhagen et al., 2012). It is very important to identify the potential of all RE resources in a country or a region. The first step may be a review of technological potentials such as techno-economic and economic potentials, in addition to the limitation in climate resources and organizational conditions (e.g. availability of daylight, available amounts of water, Wind gusts, biomass, the structure of urban development and land used) (Painuly, 2001). Defining the adequacy of RE availability is a prerequisite before studying the impediments and challenges like costs, commercial viability, the financing resource (public, private, international), centralized environmental impacts, socio-economic impacts and job creation.

Thus, identification of suitable RETs for a specific region is a substantial step, that includes qualitative and quantitative assessment of RETs (Painuly, 2001), that is only if the climate change considerations were integrated into decision-making processes (Wüstenhagen et al., 2012). The researchers have implemented SD models to estimate environment and make suggestions for urban energy conservation and carbon emission reduction (Zhao et al., 2011). Different dynamic platforms have been developed in order to support policies related to subjects, such as urban sustainability improvement, and to identify the significant contributors to urban energy demand and carbon emissions. Hence, such information is necessary for future energy planning and guidelines for policy-making in the regional sector (Zhao et al., 2011).

In summary, for evaluating the potential of RE sources and all associated matters in RE projects, the decision makers in government units and related companies need to get a comprehensive understanding of each destination region before take their investment decisions. Consequently, this paper aims to suggest formulate integrated strategy in the regional sector. This study proposes a model to construct and elaborate a Decision Making Support System (DMSS) using system dynamics approach (SD). The suggested system includes a set of previous aforementioned factors for developing and enhancing renewable energy production, and it help decision makers from government units and renewable energy companies to establish adequate policies in order to reduce the gap between energy demand and supply.

2 Renewable Portfolio Standards (RPS) definition

A requirement on retail electric suppliers to supply a minimum percentage or amount of their retail load with eligible sources of renewable energy (Aslani et al., 2014). In other words, RPS is a policy that requires from organizations, which work in energy production field to generate a minimum percentage or quantity of their electricity from renewable energy resources. A Renewable Portfolio Standard (RPS) mandates that electric utilities should integrate a designated percentage of renewable energy resources into their portfolios (Aslani et al., 2014).

2.1 Overview of Resource Renewable Portfolio Standards

As mentioned above, (RPS) sets a minimum percentage of electricity that electric energy providers must provide from renewable energy resources. An RPS doesn't determine which renewable energy resources should be used to meet the demand (Cory, 2007). The structure of RPS varies according to region's structure and renewable energy resources (Shi, 2012), and that reflects on the RPS design in order to achieve the best possible outcome at the lowest cost. Thus, an RPS can work in any regulatory structure (Aslani et al., 2014). Applying RPS is ideal to regions with the aim of knowing where their most cost-effective renewable resources exist (Voivontas, 1998).

Many scholars have written about the renewable portfolio, some of them have written about experiences with RPS policies in particular region (Johnson et al., 2012). Others studied their comparative advantages in general (Stockmayer et al., 2012). In summary, the RPS within all relevant elements are used for applying the appropriate policy for each region depending on its situation (Rabe, 2006).

3 System Dynamics (SD)

A computer-based simulation approach, which has a long history of utilization in various domains, such as management, industries, and development (Liu et al., 2016) for understanding, visualizing and analyzing complex dynamic feedback systems.

3.1 System Dynamics' Benefits

SD has been widely used in various industries including RE productions to help organizational managers in addressing dynamic problems in complex environments. The SD is appropriate for modeling dynamic environments, such as ecosystems and human activities, on a multidimensional scale with time-dependent variables. In fact, selected the simulation method to analyze the impact of climate changes on RE resources could use SD in capacity planning, renewable energy behavior management and resource allocation (Mora et al., 2012). focus on systematic structure in analyzing renewable energy resources. SD could also link all the relevant factors with RE production to each other instead of the analysis of these elements individually. For example, the SD software STELLA assists more clearly demonstrate the interactions between the economic environment variables and also helps to identify the key factors that significantly alter a dynamic system (Mora et al., 2012).

System dynamics approach uses diverse control factors such as feedback loops and time delays to see how the system reacts and behaves to trends (Zhao, 2011) and assist policy and decision makers for:

- Comprehending the things' mechanism as parts of a set that influence each other. Solving problems of an overall system rather than reacting to specific parts (Liu et al., 2016)
- Observing how the system reacts to trends and control factors such as feedback loops (Zhao, 2011).

- Describing inner interactions and structures, which effect on the urban development.
- Identifying the Desirable and undesirable interactions to predict the energy development trend of the whole region (Shi, 2012).

3.2 System Dynamics importance in energy field

We hope that the SD models will improve our understanding of the inherent interlinkages and dynamic evolutionary structures impacting future regional energy system development (Johnson et al., 2012), thus we found SD approach is a most proper tool in our case for several reasons, including:

1. SD provides methodological tools to study complex phenomenon through simulation (Lyon, 2010). We can study the dynamic behavior of complex social and business feedback systems. For example, see the implied relationships, when an element X affects another element Y, it can be possible through several interactions that the element Y also will affect the element X (Rabe, 2006).
2. SD has been utilized to evaluate the physical structure of energy systems and build different scenarios (Mora et al., 2012), addition, to evaluate energy consumption in order to find the relationship between the relevant factors such as GDP with energy indicators to predict the scenarios of energy market and prices (Zhao, 2011).
3. The researchers have implemented SD models to estimate environment and make suggestions for urban energy conservation and carbon emission reduction effects (Johnson et al., 2012).
4. Different SD platforms have developed in order to support policies related to subjects, such as urban sustainability improvement, and identify the significant contributors to urban energy demand and carbon emissions. Thus, such information is necessary for future energy planning and guidelines for policy-making in the regional sector (Stockmayer et al., 2012).

4 Decision Making Support Systems (DMSS)

Computer-based systems specialized to support some, several, or all phases of a decision-making process. DMSS can be deployed using traditional and intelligent computing mechanisms (Mora et al., 2014). Implementing (DMSS) is considered an organizationally complex and risky task that is influenced by dynamic technical and social political issues (Schwartz, 2017). According to figure 1 (Mora et al., 2014), the most famous types of DMSS:

- Decision Support System DSS is an interactive computer-based system, which helps decision makers in utilizing data and quantitative models to fix semi-structured problems (Voivontas, 1998).
- Executive information systems (EIS a computer-based system which let access to a common core of data covering the key of internal and external business variables by time and by business unit." (Feng et al., 2013).
- Expert systems (ES) are computer-based systems that offer in a specific domain, a high degree of ability in problem solving that is comparable to a human expert (Feng et al., 2013).
- Intelligent DMSS is an integration between DSS, EIS, and ES. Thus, the main aim was adding the qualitative modeling capabilities of ES to enhance DSS (In et al., 2011). These systems are used to Improve different phases of an individual, team or organizational decision-making process, enhance the decision makers' vision of the organization, also, attempt to improve the competence and effectiveness of policies makers' decisions and explore results of critical decisions before applying them (Mora et al., 2012).

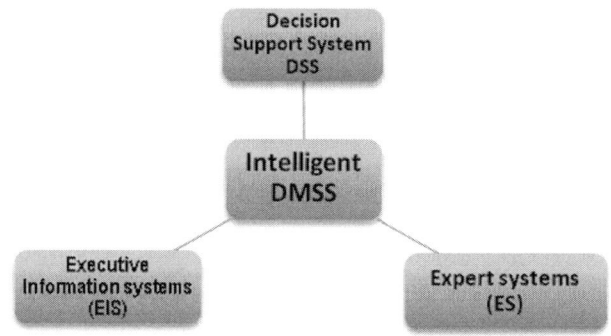

Fig. 1: The Types of DMSS (Mora et al., 2014).

4.1 Decision-Making Process (DMP)

Exploration and determination of problems and opportunities as well as the generation, evaluation and choice of solutions" and the implementation and control of the actions required to support the course of action selected (Forgionne, 1991). To guide decision makers on how to use a DMP as a systematic model. According to (Mora et al., 2014), decision making is posed as consisting of these phases:

- Intelligence: where the decision maker recognizes and prefers an organizational problem which requires a solution and goals to be reached.
- Design: where a model to structure the decision situation is constructed and the evaluation criteria are determined.
- Choice: where the decision maker evaluates the result of each alternative and chooses the action that achieves better the decision objectives.
- Implementation: where the set of most appropriate decisions are provided to the executive decision makers for mandating. this phase consists of three steps "Result Presentation", "Task Planning" and "Task Monitoring" where the execution, control, and monitoring of the actions derived from the decision are executed.
- Learning: this phase consists of two steps: First one "Outcome-Process Analysis" where several metrics of process and outcome efficiency, efficacy and effectiveness must be collected from decision-makers, the second one is the "Outcome-Process Synthesis" step, in this step, the key result are discussed and synthesized by the decision team.

The developed Decision Support System can provide different types of information that are needed by each energy actor and offer the common framework for comparing decisions and evaluating proposed actions (Wüstenhagen et al., 2012). For the required information by energy policy makers, RES-DSS estimates the available and technological wind and solar potential which represent the largest energy supply that can be obtained, and to guide decision makers on how to use an DMP as a systematic model (Wüstenhagen et al., 2012).

5 Related Work

DMSS have been used to improve decision outcomes in the renewable energy field, especially in energy (production, transportation, and efficiency), energy demand/supply problems, energy management, Carbon Emissions, etc. (Painuly, 2001). Only few works focused on the way, which is dependable in selecting the form of the renewable energy plant (Patlitzianas et al., 2006). Related studies have used variety methods consistently in the design of decision support system, such as Linear programming, mixed integer programming, fuzzy sets, Bayesian nets and other probabilistic linear and nonlinear modelling procedures (Painuly, 2001).

In the past decades, a number of studies were conducted for planning energy management systems and controlling the associated gas pollution at a regional level with the classical energy modelling approaches (Feng, 2013). However, few studies have focused on dynamic modelling in the RE field (Wolsink, 2007). These researches have analysed the replacement of RE with the fossil fuel. Despite different system dynamics' works that were done on energy research, the number of researches that worked on effects of RE on the power dependency and energy security is not more than ten fingers of two hands (Aslani et al., 2014).

Finally, in the related works there are not decision systems that support the policy makers for formulating adequate renewable energy policies at regional, national or international sector. The current existing systems are generally limited to monitor, analysis and report. According to (Zampou et al., 2014), there is a gap, with respect to energy-awareness, between the available solutions and the actual implementation, which is a result of various shortcomings in the policies and mechanisms that impede to implement it.

6 Proposed Work

Decision-making operations require an inclusive understanding of the actors to regional environmental problems and of the way, that environmental management system reacts to particular policies based on it. Such an understanding may only be achieved by considering and exploring interactions among some related social, economic, environmental, managerial, regulatory, and lifestyle factors. That gives governments and related partners an ability to make decisions with the aim of maximizing the utilization of renewable resources in order to reduce the gap between energy demand and supply with an affordable clean energy for each region independently.

In this research, we will elaborate and test a (DMSS), with the aim to discover and test the adequate policies, strategies and environmental plans of renewable energy at the regional level. Case studies at local, regional, national and international level can be referred. Case studies of similar projects can be quite useful. The core of the proposed DMSS will be a complex SD model; this model appears suitable to understand and expect the climate behavior and studies its impacts on the availability of renewable energy resources in a regional sector.

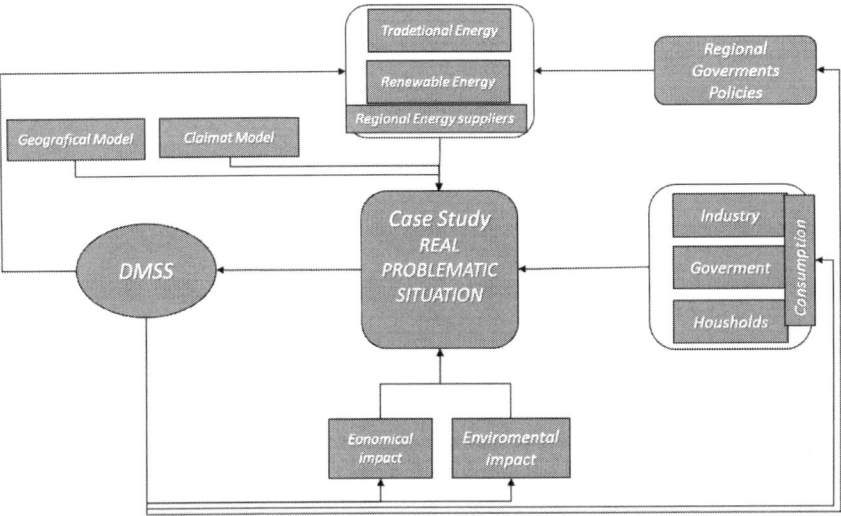

Fig. 2: A Theoretical Well-Supported Decision-Making Support System.

6.1 REPSDM Model

As we mentioned above, the purpose of this research is design and evaluate a theoretical well-supported DMSS in order to help Policy-makers in government units and decision makers in regional energy organizations to establish adequate portfolios of clean energy services. Our methodology will focus on the role of DMSS depending on SD approach. In our suggestion, we will develop a complex SD model, named (REPSDM) Renewable Energy System Dynamic Model. The REPSDM consists of dynamic simulation sub models such as a regional climate model, a solar model, a wind model and regional geographic model includes a set of main variables from the previous aforementioned factors. Such models are capable of synthesizing component-level knowledge into system behaviour simulation at an integrated level. After this step, we will depend on this system to design and evaluate a theoretical well-supported DMSS. The main objective is offering a comprehensive vision to experts and policy makers in Government units and RE companies at the regional sector, for achieving a desirable level of dependency and security of renewable energy supply, and reconsidering all factors that affect the RE decision maker decisions' as well as the relationship between RE projects and portfolio performance.

7 Conclusion

The main objective of this positioning paper was to propose an SD model; this model appears suitable to understand and expect the climate behavior and studies its impacts on renewable energy resources in a regional sector. In addition to the implementation of DMSS to discover and test the policies, strategies and environmental changes in the renewable energy field. Decision-making operations need an inclusive understanding of the actors to regional environmental problems and of the way, that environmental management system will react to particular policies based on it. Such an understanding may be achieved by considering and exploring interactions among some related social, economic, environmental, managerial, regulatory, and lifestyle factors. That gives governments and related partners an ability to make decisions with the aim of maximizing the utilization of renewable resources, in order to reduce the gap between energy demand and supply for each region independently.

References

Aslani A, Helo P, Naaranoja M (2014) Role of renewable energy policies in energy dependency in Finland: System dynamics approach. Appl. Energy, Vol. 113, pp 758–765
Chien T, Hu J-L (2008) Renewable energy: An efficient mechanism to improve GDP, Energy Policy, Vol. 36, No. 8, pp 3045–3052
Cory KS, Swezey BG (2007) Renewable portfolio standards in the states: Balancing goals and implementation strategies. National Renewable Energy Laboratory Golden, CO
Feng Y, Chen S, Zhang L (2013) System dynamics modeling for urban energy consumption and CO_2 emissions: a case study of Beijing, China. Ecol. Model., Vol. 252, pp 44–52
Forgionne GA (1991) Decision technology systems: A vehicle to consolidate decision making support. Inf. Process. Manag., Vol. 27, No. 6, pp 679–697
Hassoun J, Panero S, Reale P, Scrosati B (2009) A New, Safe, High-Rate and High-Energy Polymer Lithium-Ion Battery, Adv. Mater., Vol. 21, No. 47, pp 4807–4810
In I, Edenhofer O, Pichs-Madruga R, Sokona Y, Seyboth, K, Matschoss P, Kadner S, et al. (Eds.) (2011) Intergovernmental Panel on Climate Change. Cambridge, United Kingdom and New York, NY. USA: Cambridge University Press
Johnson SD, Moyer EJ (2012) Feasibility of US renewable portfolio standards under cost caps and case study for Illinois. Energy Policy, Vol. 49, pp 499–514

Liu S, Delibašić B, Oderanti F (2016) Decision Support Systems VI - Addressing Sustainability and Societal Challenges. 2nd International Conference, ICDSST 2016, Plymouth, UK, May 2016, Proceedings, Vol. 250, Springer Verlag, Berlin/Heidelberg/New York

Lyon TP, Yin H (2010) Why do states adopt renewable portfolio standards? An empirical investigation. The Energy Journal, pp 133–157

Mora M, Cervantes-Pérez F, Gelman-Muravchik O, Forgionne GA (2012) Modeling the strategic process of decision-making support systems implementations: A system dynamics approach review. IEEE Trans. Syst. Man Cybern. Part C Appl. Rev., Vol. 42, No. 6, pp 899–912

Mora M, Phillips-Wren G, Marx Gómez J, Wang F, Gelman O (2014) The role of decision-making support systems in IT service management processes. Intell. Decis. Technol., Vol. 8, No. 2, pp 147–163

Painuly JP (2001) Barriers to renewable energy penetration: a framework for analysis. Renew. Energy, Vol. 24, No. 1, pp 73–89

Patlitzianas KD, Doukas H, Psarras J (2006) Enhancing renewable energy in the Arab States of the Gulf: Constraints & efforts. Energy Policy, Vol. 34, No. 18, pp 3719–3726

Rabe B (2006) Race to the top: The expanding role of US state renewable portfolio standards. Sustain. Dev Pol, Vol. 7, p 10

Sadorsky P (2012) Modeling renewable energy company risk, Energy Policy, Vol. 40, pp 39–48

Schwartz L et al. (2017) Electricity End Uses, Energy Efficiency, and Distributed Energy Resources Baseline. Lawrence Berkeley National Laboratory (LBNL), Berkeley, CA (United States)

Shi J, Lee WJ, Liu Y, Yang Y, Wang P (2012) Forecasting power output of photovoltaic systems based on weather classification and support vector machines. IEEE Trans. Ind. Appl., Vol. 48, No. 3, pp 1064–1069

Stockmayer G, Finch V, Komor P, Mignogna R (2012) Limiting the costs of renewable portfolio standards: A review and critique of current methods. Energy Policy, Vol. 42, pp 155–163

Voivontas D, Assimacopoulos D, Mourelatos A, Corominas J (1998) Evaluation of renewable energy potential using a GIS decision support system. Renew. Energy, Vol. 13, No. 3, pp 333–344

Wolsink M (2007) Planning of renewables schemes: Deliberative and fair decision-making on landscape issues instead of reproachful accusations of non-cooperation. Energy Policy, Vol. 35, No. 5, pp 2692–2704

Wüstenhagen R, Menichetti E (2012) Strategic choices for renewable energy investment: Conceptual framework and opportunities for further research. Energy Policy, Vol. 40, pp 1–10

Zampou E, Plitsos S, Karagiannaki A, Mourtos I (2014) Towards a framework for energy-aware information systems in manufacturing. Comput. Ind., Vol. 65, No. 3, pp 419–433

Zhao W, Ren H, Rotter V (2011) A system dynamics model for evaluating the alternative of type in construction and demolition waste recycling center – The case of Chongqing, China. Resour. Conserv. Recycl., Vol. 55, No. 11, pp 933–944

Wissen & Datenaustausch

Energiemanagement in deutschen KMU — Ergebnisse einer empirischen Studie

Anna O'Faoláin de Bhróithe, Frank Fuchs-Kittowski, Jörn Freiheit, Thomas Dinkel und Stefan Voigt

Abstract Das Energiemanagement wird für kleine und mittlere Unternehmen (KMU) immer wichtiger. Allerdings kann die Umsetzung eines Energiemanagementsystems kompliziert und abschreckend erscheinen, vor allem für Unternehmen mit begrenzten Ressourcen. Um die Vorteile von Managementsystemen besser herauszuarbeiten, wurde im Rahmen des QuiXel-Projekts ein Modell entwickelt, dass die potenziellen Erträge für Unternehmen in Abhängigkeit von Aufwand und Nutzen deutlich aufzeigt. In der Analysephase des Projekts wurde eine kurze Umfrage an 7745 Unternehmen in Deutschland geschickt, um den aktuellen Stand des Energiemanagements in KMU zu beurteilen. Die wichtigsten Ergebnisse dieser Umfrage, einschließlich einer Analyse der Verteilung der Teilnehmer innerhalb des Modells, werden in diesem Papier vorgestellt.

1 Einleitung

Das Energiemanagement spielt in jüngster Zeit eine immer wichtigere Rolle. Energieerzeugung und -nutzung haben enorme ökonomische, ökologische und soziale Auswirkungen, die auch KMU direkt (durch Energieverbrauchskosten) oder indirekt (durch Folgekosten im Zusammenhang mit Klimawandel oder Umweltzerstörung) betreffen. Das Energiemanagement bietet die Möglichkeit, den Energieverbrauch zu überwachen und zu bewerten und dient als Grundlage für die Ableitung und Umsetzung von Maßnahmen zur verbesserten und effizienteren Nutzung von

A. O'Faoláin de Bhróithe (✉) • F. Fuchs-Kittowski • J. Freiheit
HTW Berlin, Wilhelminenhofstr. 75 A, 12459 Berlin
E-Mail: anna.ofaolaindebhroithe@htwberlin.de; frank.fuchs-kittowski@htwberlin.de; joern.freiheit@htwberlin.de

T. Dinkel • S. Voigt
Fraunhofer IFF, Sandtorstr. 22, 39106 Magdeburg
E-Mail: thomas.dinkel@iff.fraunhofer.de; stefan.voigt@iff.fraunhofer.de

Ressourcen. Trotz der hohen Relevanz dieses Themas für die heutige Gesellschaft ist das kommerzielle/industrielle Energiemanagement aus wissenschaftlicher Sicht nur teilweise entwickelt (Hrustic et al., 2011).

Das QuiXel-Projekt wurde gegründet, um eine integrierte Daten- und Informationsplattform für das kollaborative und evolutionäre Umwelt- und Energiemanagement in KMU zu entwickeln (O'Faoláin de Bhróithe et al., 2017). Im Rahmen dieses Projekts wurde ein allgemeines Modell (das „Schalenmodell") von Umwelt- und Energiemanagementsystemen entwickelt, das die Vorteile des Systems in Abhängigkeit vom Aufwand der Unternehmen umreißt. In der Analysephase des Projekts wurde eine Umfrage an mehrere tausend deutsche Unternehmen geschickt, um den aktuellen Stand des Energiemanagements in KMU zu bewerten. Obwohl das Projekt sich auch mit dem Umweltmanagement befasst, beschränkte sich die Umfrage auf Fragen des Energiemanagements aus Gründen der Einfachheit und um die zeitliche Beanspruchung durch Teilnahme an der Umfrage unter 15 Minuten zu halten. Ein primäres Ziel der Umfrage war es, die aktuellen und gewünschten Positionen der Unternehmen innerhalb des Schalenmodells zu ermitteln.

Dieser Beitrag ist wie folgt strukturiert: Der Hintergrund der Arbeit wird in Kapitel 2 dargestellt, einschließlich einer kurzen Diskussion über das Energiemanagement in KMU, gefolgt von einer Beschreibung des Schalenmodells. Die Methodik, die bei der Vorbereitung der Umfrage verwendet wurde, ist in Kapitel 3 skizziert, und die Ergebnisse der Umfrage sind in Kapitel 4 dargestellt. Die Auswirkungen der Ergebnisse sind in Kapitel 5 behandelt, gefolgt von einer kurzen Zusammenfassung in Kapitel 6.

2 Hintergrund

Die Steigerung der Energieeffizienz ist der Schlüssel für die Bewältigung zukünftiger Herausforderungen. Dies spiegelt sich in den Klimawandel- und Energiezielen der Europa-2020-Strategie wider (European Commission 2010), die eine 20 % Erhöhung der Energieeffizienz und eine 20 % Erhöhung des Anteils erneuerbarer Energiequellen sowie eine 20 % Reduzierung (oder 30 % wenn es die Umstände ermöglichen) Reduzierung der Treibhausgasemissionen fordert. Neue Gesetze und Normen, z. B. das Energiewirtschaftsgesetz (Bundestag, 2005) oder die ISO 50001-Norm (DIN, 2011), sowie das zunehmende Bewusstsein und steigende Energiepreise sorgen für eine starke Motivation für Unternehmen, das Thema Energiemanagement ernsthaft anzugehen.

2.1 Energiemanagement und Energiemanagementsysteme in KMU

KMU machen mehr als 99 % der deutschen Unternehmen aus (Statistisches Bundesamt, 2014) (bei schätzungsweise 3,64 Millionen Unternehmen insgesamt im Jahr 2016 (Statista, 2017)). Die Erschließung des Energiesparpotentials in KMU würde daher einen wesentlichen Beitrag zur Energieeffizienz in ganz Deutschland leisten. Laut einer im Jahr 2014 durchgeführten Studie beurteilen 79 % der deutschen KMU ihr Bewusstsein für die Energieeffizienz als hoch oder sehr hoch (Meyer, 2014). Die gleiche Studie zeigte, dass die Hauptgründe für die Übernahme des Energiemanagements in KMU eher wirtschaftliche sind (Kosteneinsparung 81 %, Gesetzliche Vorgaben 80 %) als soziale (Umweltschutz 13 %). Eine Studie aus dem Jahr 2013 zeigte, dass 33 % der KMU Maßnahmen zur Verbesserung der Energieeffizienz umgesetzt hatten und weitere 10 % Maßnahmen im Zeitraum 2011–2013 geplant hatten (Schwartz et al., 2013).

Angesichts der begrenzten Ressourcen (Zeit, Geld, Personal) in KMU sind vollständige, interne Energiemanagement-Lösungen in der Regel nicht immer gerechtfertigt (Thollander et al., 2010). Auf der anderen Seite wurde auch festgestellt, dass ein einheitlicher, „one-size-fits-all"-Ansatz für das Energiemanagement nicht notwendigerweise aufgrund der vielen Unterschiede in dem breiten Spektrum von Geschäftsarten, die sich über verschiedene Sektoren erstrecken, wirksam ist (Christoffersen et al., 2006). Um erfolgreich zu sein, muss ein Energiemanagementsystem auf die spezifischen Bedingungen des Unternehmens zugeschnitten sein, in dem es eingesetzt wird. Die effiziente Umsetzung des Energiemanagements hängt sehr oft von der Unternehmensgröße ab. Speziell wurden die folgenden Punkte festgestellt:

- Kleinere Unternehmen haben einen unstrukturierteren Ansatz für das Energiemanagement (Meyer, 2014).
- KMU fehlen wichtige Rahmenbedingungen für das Energiemanagement Hrustic et al., 2011).
- Größere Unternehmen haben mehr Probleme mit der Koordination und der kollaborativen Arbeit (KPI-Definition und Datenerfassung) (Oehler et al., 2013).
- Strategische Ziele (abgesehen von Kosteneinsparungen) spielen bei der Einführung von Energiemanagement in größeren Unternehmen eine größere Rolle als in kleineren (Posch, 2011).
- Es gibt keine Software oder kein Tool, das alle erforderlichen Aufgaben für das Energiemanagement in KMU erfüllt (EnergieAgentur, 2013).

Es können zwei verschiedene Ansätze gewählt werden, um eine maßgeschneiderte, aber allgemeine Lösung für das Energiemanagement zu schaffen: den Einsatz eines vereinfachten Energiemanagementsystems (Hrustic et al., 2011) oder die Implementierung bestimmter Energiemanagementkomponenten, die die Kernthemen ansprechen, ohne zu viel (finanziellen oder zeitlichen) Aufwand für die Unternehmen zu bedeuten (Thollander et al., 2010).

2.2 Das Schalenmodell

Ein wichtiges Ziel des QuiXel-Projektes ist es, den Anwendern der Plattform (KMU) eine maßgeschneiderte Lösung zu bieten, um ihre Energiemanagementziele auf der Grundlage ihres aktuellen und gewünschten Energiemanagement zu erreichen. Um eine solide Basis für die verschiedenen möglichen „Ebenen" des Energiemanagements zu schaffen, wurde das Schalenmodell abgeleitet, um die Beziehungen zwischen dem von der Firma investierten Aufwand und den möglichen Effekten und Nutzen zu beschreiben. (Es ist zu beachten, dass das Modell Umweltmanagementsysteme gleich gut beschreibt). Eine schematische Darstellung des Modells wird in Abbildung 1 gezeigt, mit den Schalen links und den damit verbundenen Effekten und Nutzen in der Mitte und rechts.

Das Schalenmodell enthält die wichtigen Aspekte der europäischen Normen ISO 50001 (DIN, 2011) und ISO 14001 (DIN, 2015). Im Kern des Modells stehen die geschachtelten Ebenen oder „Schalen", die die verschiedenen Aspekte eines Managementsystems beschreiben. Die erste (kleinste) Schale Implementierung von Verbesserungen stellt den ersten Schritt im Energiemanagement dar und die letzte (größte) Schale Zertifizierung steht für eine vollständige Implementierung. Die Schalen dazwischen stellen die Zwischenebenen des Energiemanagements mit zunehmender Komplexität und zunehmenden Aufwand dar. Das Modell ist als geschachteltes System konzipiert, d.h. jede Schale beruht auf den kleineren Schalen, die sie enthält. Beispielsweise erfordert der Planungsprozess die Implementierung von Verbesserungen, oder im Extremfall erfordert die Zertifizierung, dass die Bedingungen aller anderen Schalen erfüllt sind.

Jede Schale ist mit mindestens einem Effekt und Nutzen verbunden, z. B. einer effizienteren Nutzung von Ressourcen und Kosteneinsparungen im Zusammenhang mit der ersten Schale bis zur Einhaltung von rechtlichen Anforderungen sowie einer verbesserten Außendarstellung. Es ist anzumerken, dass die Effekte und Nutzen auf die Erträge für das Unternehmen selbst und nicht auf die eher abstrakten Vorteile wie Fortschritte in sozialer Verantwortung oder Umweltschutz ausgerichtet sind.

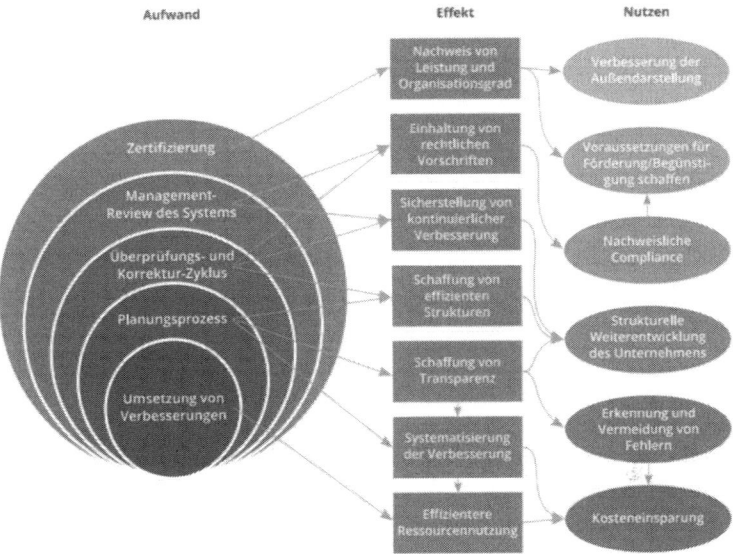

Abb. 1: Illustration des Schalenmodells: Aufwand, Effekte und Nutzen für verschiedene Ebenen des Energiemanagements.

3 Methodik

Die Methodik, die bei der Vorbereitung, Durchführung und Auswertung der Umfrage angewendet wurde, wird in diesem Abschnitt kurz skizziert.

Inhaltliche Vorbereitung: Neben der Einstufung der aktuellen und gewünschten Ebenen des Energiemanagements mit dem Schalenmodell wurden die fünf im Abschnitt 2.1 präsentierten Aussagen auch als Teil der Umfrage getestet. Diese Aussagen, oder Hypothesen, konzentrieren sich vor allem auf die Struktur, Organisation und Komplexität des Energiemanagements als Funktion der Unternehmensgröße. Fragen zum Schalenmodell und jede Hypothese wurden sorgfältig formuliert, um so klar und unvoreingenommen wie möglich zu sein. Sobald die Entwicklung der Fragen abgeschlossen war, wurden sie in selbstkonsistente Kategorien gruppiert, um eine logische und sequentielle Reihenfolge aus der Sicht eines Teilnehmers zu bilden.

Konstruktion des Fragebogens: Am Ende der Vorbereitungsphase bestand der Fragebogen aus drei verschiedenen Blöcken:

1. Allgemeine Fragen zur Einordnung der Unternehmen
2. Fragen zur Ermittlung der aktuellen und gewünschten Ebenen des Energiemanagements im Schalenmodell und
3. Fragen, die relevant zu den Kernprozessen von QuiXel sind — Kennzahlen, Datenerfassung sowie Software und Tools.

Insbesondere Block 2 (bezogen auf das Schalenmodell) bestand aus 11 Fragen mit Ja/Nein-Antworten. Die Ja-Antworten ermittelten die aktuelle Verortung des Unternehmens im Modell. Die Nein-Antworten wurden weiter in drei Kategorien unterteilt („Nein, aber wir haben konkrete Ideen wie dies zukünftig geschen soll", „nein, aber wir könnten uns das in Zukunft vorstellen"und „nein, und das ist nicht angestrebt"), um die Zielverortung des Unternehmens im Modell abzuschätzen.

Eine Hintergrundlogik für die Reihenfolge der Fragen wurde für den gesamten Fragebogen ausgelegt, da bestimmte Fragen (oder Sätze von Fragen) nur mit einer Ja-Antwort auf eine vorherige Frage gestellt wurden. Zum Beispiel im Block 2 wurden Fragen, die sich auf die 3. Schale des Modells beziehen, nur gestellt, wenn der Teilnehmer alle Kriterien der 2. Schale erfüllt hatte. In ähnlicher Weise wurden Fragen in Bezug auf Kennzahlen nur im Block 3 gestellt, wenn die Unternehmen darauf hingewiesen hatten, dass sie Erfahrung mit ihnen im Block 2 hatten.

Datenerhebung: Die Umfrage wurde mit dem Online-Umfrage-Tool „SurveyMonkey" (de.surveymonkey.com) realisiert. Die endgültige Version der Umfrage wurde von mehreren Mitarbeitern des Projekts vollständig getestet, um sicherzustellen, dass die Bearbeitungszeit weniger als 15 Minuten beträgt und auch um die Fragelogik im gesamten Fragebogen zu überprüfen. Sobald die Prüfung abgeschlossen war, war die Umfrage für drei Wochen im September 2016 aktiv. Ein System wurde eingerichtet, um automatisch E-Mails an Unternehmen mit weniger als 250 Mitarbeitern aus der Hoppenstedt-Firmendatenbank (www.hoppenstedt-firmendatenbank.de) zu senden und sie zur Teilnahme an der Umfrage einzuladen. Von den 7745 KMU die kontaktiert wurden, nahmen 69 Unternehmen teil, von denen 57 die Umfrage vollständig abgeschlossen haben.

Datenauswertung: Nach Abschluß der Umfrage wurden alle Antworten aus SurveyMonkey als csv-Datei exportiert. Eine umfassende, interne Analyse der Daten erfolgte mit der Python Bibliothek für statistische Analysen „scipy". Die Antworten auf die einzelnen Fragen wurden zuerst ausgewertet, und diese Zahlen wurden dann verwendet, um den Grad der Korrelation zwischen verschiedenen Parametern zu testen, z. B. die Anzahl der Unternehmen, die ihre Kennzahlen dokumentieren in Abhängigkeit von der Unternehmensgröße (Anzahl der Mitarbeiter).

4 Ergebnisse

Am Ende des Erhebungszeitraums hatten 69 Unternehmen den Fragebogen ausgefüllt, von denen 90 % im verarbeitenden Gewerbe tätig waren. Die geringe Anzahl von Antworten führte zu einer Fehlerspanne von etwa 10 % auf die angegebenen Ergebnisse bei einem 90 % Konfidenzintervall. Obwohl Unternehmen mit weniger als 250 Mitarbeitern speziell ausgewählt wurden, waren acht der Unternehmen seit der Erstellung der Datenbank deutlich gewachsen und hatten zum Zeitpunkt der Befragung zwischen 250 und 500 Mitarbeiter. Die teilnehmenden Unternehmen kamen aus ganz Deutschland mit den höchsten Konzentrationen in Nordrhein-Westfalen (18), Baden-Württemberg (14), Bayern (14) und Niedersachsen (11).

Um die fünf Aussagen in Abschnitt 2.1 zu testen, wurde die Beziehung zwischen der Antwort auf relevante Fragen in der Umfrage und der Größe des Unternehmens getestet. Die Korrelationen wurden mit dem Kendall-tau-Rangkorrelationskoeffizient ausgewertet. Aufgrund der geringen Teilnehmerzahl waren nur vier Korrelationen signifikant bei einem Konfidenzniveau von 90 % oder höher:

- Größere Unternehmen haben komplexere Kennzahlen.
- Größere Unternehmen generieren mehr Dokumentation über ihre Kennzahlen.
- Kennzahldefinition ist in größeren Unternehmen kollaborativer.
- Datenerfassung ist in größeren Unternehmen kollaborativer.

Das Ergebnis der Verortung von Unternehmen im Schalenmodell ist in Abbildung 2 dargestellt. Die linke Grafik der Abbildung zeigt die aktuelle Verteilung der Unternehmen im Schalenmodell (von insgesamt 61). Ein hoher Anteil der Teilnehmer (49 %) hat bereits zertifizierte Energiemanagementsysteme. Alle Unternehmen zielen darauf ab, zumindest ein geringes Energiemanagement zu implementieren. Die rechte Grafik zeigt die Zielschalen für die 51 % der Teilnehmer, die noch nicht zertifiziert sind. Während die meisten Unternehmen in Zukunft ein höheres Energiemanagement anstreben, sind einige zufrieden, das derzeitige Niveau beizubehalten (bezeichnet durch die Blöcke auf Ebene 1 und Ebene 4).

Die Teilnehmer wurden auch gebeten, die Bedeutung der verschiedenen Nutzen der Umsetzung eines Energiemanagementsystems für ihr Unternehmen zu beurteilen. Die Ergebnisse bestätigen hier die Erkenntnisse von (Meyer, 2014), wobei die Kosteneinsparungen der Hauptmotivationsfaktor ist.

Fragen zu den Kennzahlen zeigten, dass die Anzahl der Unternehmen, die Top-down-Ansätze (zuerst die Kennzahlen auswählen und dann die notwendigen Datenquellen erstellen, um sie zu berechnen) und Bottom-up-Ansätze (Verwendung der vorhandenen Datenquellen, um Kennzahlen zu definieren) verwenden, sich in etwa gleichen. Darüber hinaus wurde ein kollaboratives Element zur Definition von Kennzahlen identifiziert: etwa 80 % der Unternehmen beziehen mehr als eine Person in diesem Prozess ein.

Im Hinblick auf die Datenerfassung wurde festgestellt, dass 75 % der Unternehmen eine zentrale Erfassungsmethode nutzen, d.h. die notwendigen Daten werden von allen Standorten gesammelt und von einer Zentralstelle verarbeitet. Die Mehrheit der Unternehmen (ungefähr 80 %) verwendet eine Form der Datenqualitätsüberwachung (Daten-Plausibilität und -Vollständigkeit). Es wurde auch entdeckt, dass 75 % der Unternehmen eine Form der automatischen Datenerfassung für Energieverbrauch, Energiekosten oder Hilfsparameter wie Arbeitszeiten, Produktionsvolumen usw. haben.

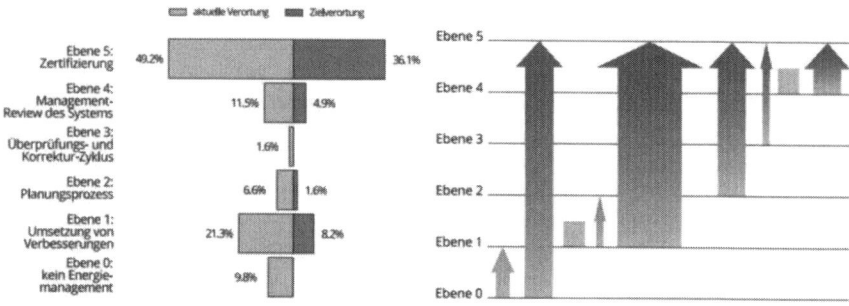

Abb. 2: Die linke Grafik zeigt die Verteilung der aktuellen (gelben) und gewünschten (grünen) Energiemanagement-Ebenen der Unternehmen. Die rechte Grafik zeigt eine detaillierte Ansicht der Zielschalen der nicht zertifizierten Unternehmen. Die Startebene eines Pfeils zeigt den aktuellen Stand des Unternehmens an und der Endpunkt zeigt die Zielebene an. Die Breite eines Pfeils ist proportional zur Anzahl der Unternehmen, die diesem bestimmten Pfad folgen (einzelne parallele Pfade sind durch gestrichelte weiße Linien zur leichteren Betrachtung getrennt).

5 Diskussion und Schlussfolgerungen

Es ist interessant, dass Unternehmen aus wirtschaftlich starken Bundesländer die Teilnahme an dieser Umfrage dominieren. Auf der einen Seite ist es natürlich, dass Bundesländer mit einer höheren absoluten Anzahl von Unternehmen in der Umfrage stärker vertreten sind. Allerdings könnte es auch darauf hinweisen, dass Unternehmen, die in wirtschaftlich schwächeren Bundesländern sitzen, mehr Unterstützung und Förderung benötigen, um mit dem Energiemanagement zu beginnen.

Es ist erwähnenswert, dass alle Unternehmen, die die Fragen über das Schalenmodell abgeschlossen haben, zumindest ein geringes Energiemanagement umsetzen wollen. Von den 69 Firmen, die den Fragebogen begannen, beantworteten 61 diesen Abschnitt vollständig. Es kann davon ausgegangen werden, dass die Nichtbeendigung dieses Abschnitts ein Mangel an Interesse am Thema bedeutet. In diesem Fall kann man sagen, dass 88 % der Teilnehmer an Energieeffizienzfragen interessiert und bereit sind, Maßnahmen zu ergreifen. Allerdings muss man bei der Extrapolation dieser Ergebnisse auf alle deutschen KMU aufpassen — es ist zu vermuten eine nicht vernachlässigbare Verzerrung, dass Unternehmen, die sich bereits für Energiemanagement interessieren, eher an der Umfrage teilnehmen und diese abschließen.

Die vier signifikanten Korrelationen im Bezug auf das Energiemanagement in Abhängigkeit von der Unternehmensgröße unterstützen die natürliche Annahme, dass größere Unternehmen mehr Arbeitskräfte benötigen, um ein Energiemanagementsystem erfolgreich umzusetzen. Sie tragen zur Bestätigung der dritten Aussage in Abschnitt 2.1 bei (größere Unternehmen haben mehr Probleme mit der Koordination und der kollaborativen Arbeit). Allerdings konnte sie nicht eindeutig bestätigt werden, da zwei weitere Korrelationen, die in Bezug auf diese Aussage getestet wurden, statistisch nicht signifikant waren. Die anderen vier Aussagen konnten weder bestätigt noch widerlegt werden, da alle anderen Korrelationen als nicht signifikant eingestuft wurden.

6 Zusammenfassung und Ausblick

Im vorliegenden Beitrag wurden die Ergebnisse einer empirischen Umfrage zum Energiemanagement in deutschen KMU vorgestellt. In Übereinstimmung mit früheren Studien zu diesem Thema wurde festgestellt, dass Kosteneinsparungen durch reduzierten Energieverbrauch der wichtigste Faktor für Unternehmen ist. Die Hälfte der Befragungsteilnehmer hatte bereits ein zertifiziertes Energiemanagementsystem und ein weiteres Drittel beabsichtigte die Zertifizierung in der Zukunft. Die verbleibenden Unternehmen (15 %) zeigten den Wunsch, zumindest einige Maßnahmen zum Energiemanagement umzusetzen. Man muss bei der Extrapolation dieser Ergebnisse auf alle deutschen KMU aufpassen — es ist zu vermuten eine nicht vernachlässigbare Verzerrung, dass Unternehmen, die sich bereits für Energiemanagement interessieren, eher an der Umfrage teilnehmen und diese abschließen. Angesichts der Tatsache, dass die Mehrheit der deutschen KMU ein hohes Bewusstsein für Energieeffizienzfragen für sich in Anspruch nimmt (Meyer, 2014), scheint es, dass es eine große Chance gibt, das enorme

Energiesparpotenzial von energieeffizienteren KMU in naher Zukunft zu erschließen, sofern die notwendige Unterstützung dafür zur Verfügung gestellt wird.

Literaturverzeichnis

Bundestag (2005) Gesetz über die Elektrizitäts- und Gasversorgung, Berlin

Christoffersen LB, Larsen A, Togeby M (2006) Empirical analysis of energy management in Danish industry. Journal of Cleaner Production 14 (5), pp 516–526

DIN (2011) DIN EN ISO 50001:2011-12. Energiemanagementsysteme - Anforderungen mit Anleitung zur Anwendung

DIN (2015) DIN EN ISO 14001:2015-11. Umweltmanagementsysteme - Anforderungen mit Anleitung zur Anwendung

EnergieAgentur.NRW (2013) EMS.marktspiegel. http://www.energieagentur.nrw/energieeffizienz/ems.marktspiegel. Letzer Aufruf: 11.04.2017

European Commission (2010) Europe 2020. A strategy for smart, sustainable and inclusive growth

Hrustic A, Sommarin P, Thollander P, Sönderström M (2011) A simplified energy management system towards increased energy efficiency in SMEs. In: Moshfegh B (Ed.) World Renewable Energy Congress — Sweden, May; 2011, Linköping; Sweden, Linköping Electronic Conference Proceedings. Linköping University Electronic Press, Linköpings Universitet

Meyer J-A (2014) Energie- und Umweltmanagement in kleinen und mittleren Unternehmen. In: Meyer J-A (Hrsg.) Jahrbuch der KMU-Forschung und –Praxis 2014, Euler Verlag, Lauterbach, S. 3-12

Oehler A, Schalkowski H, Wendt S (2013) Persönliche und automatisierte Kommunikation in KMU – Ein Ansatz zum Management gestiegener Komplexität von Kommunikationsprozessen. In: Meyer J-A (Hrsg.) Jahrbuch der KMU-Forschung und -Praxis 2013, Euler Verlag, Lauterbach, S. 105-112

O'Faoláin de Bhróithe A, Fuchs-Kittowski F, Freiheit J, Hüttemann D, Voigt D (2017) Ganzheitliches Konzept einer IT-Unterstützung für das Energie- und Umweltmanagement in KMU. In: Arndt H-K, Marx Gómez J, Wohlgemuth V, Lehmann S, Pleshkanovska R (Hrsg.) Nachhaltige Betriebliche Umweltinformationssysteme: Konferenzband zu den 9. BUIS-Tagen, Magdeburg, Springer Gabler Verlag, Wiesbaden, S. 223-234

Posch W (2011) Ganzheitliches Energiemanagement für Industriebetriebe. Springer Gabler, Wiesbaden

Schwartz M, Braun M (2013) Energiekosten und Energieeffizienz im Mittelstand. Fokus Volkswirtschaft 40

Statista (2017) Anzahl der kleinen und mittleren Unternehmen in Deutschland bis 2016. https://de.statista.com/statistik/daten/studie/321958/umfrage/anzahl-der-kleinenundmittleren-unternehmen-in-deutschland. Letzter Aufruf: 11.04.2017

Statistisches Bundesamt (Destatis) (2014) Anteile kleiner und mittlerer Unternehmen an ausgewählten Merkmalen 2014 https://www.destatis.de/DE/ZahlenFakten/Gesamtwirtschaft-Umwelt/UnternehmenHandwerk/KleineMittlereUnternehmenMittelstand/Tabellen/Insgesamt.html. Letzter Aufruf: 11.04.2017

Thollander P, Dotzauer E (2010) An energy efficiency program for Swedish industrial small- and medium-sized enterprises. Journal of Cleaner Production 18 (13), pp 1339–1346

Usability als Schlüsselfaktor für ein nachhaltiges Softwaredesign

Felix Hemke, Herbert A. Meyer, Volker Wohlgemuth

Abstract Der vorliegende Beitrag soll als Anknüpfungspunkt dienen, inwiefern aktuelle Tendenzen der Softwareentwicklung mit Usability-Methoden verknüpft werden können, so dass Akzeptanz- und Nutzungsprobleme von betrieblichen Umweltinformationssystemen verringert werden und die Softwarelösungen damit letztlich ihrem Anspruch, der Senkung der schädlichen Umweltauswirkungen und Optimierung von Unternehmen, gerecht werden.

1 Motivation und Zielstellung

Der betriebliche Umweltschutz und die Nachhaltigkeit von Unternehmen werden zunehmend zu einem wichtigen Faktor der Unternehmensführung. Der Großteil der heute bestehenden Softwareanwendungen mit einem Fokus auf betrieblichem Umweltschutz existiert etwa seit Anfang bis Mitte der 1990er Jahre, bspw. das seit 1991 von TechniData entwickelte SAP Modul Environment, Health and Safety (SAP EH&S) und die seit 1993 entwickelte Anwendung Umberto des Instituts für Umweltinformatik Hamburg (Häuslein et al., 1995; Schmidt, 1995; Schmidt et al., 1996). Die als betriebliche Umweltinformationssysteme (BUIS) bezeichneten Softwareanwendungen erfassen Umweltauswirkungen von betrieblichen Prozessen, bilden sie ab und bewerten sie, um die Generierung, Planung und Steuerung von Umweltschutzmaßnahmen und das Umweltmanagement zu unterstützen (Wohlgemuth, 2005).

Die genannten Softwareanwendungen müssen sich, so die Erfahrung der Autoren, aus verschiedenen Gründen mit Akzeptanzproblemen auseinandersetzen. Un-

F. Hemke (✉) • V. Wohlgemuth
Hochschule für Technik und Wirtschaft Berlin
E-Mail: felix.hemke@htw-berlin.de; volker.wohlgemuth@htw-berlin.de

H. A. Meyer
artop - Institut an der Humboldt-Universität zu Berlin
E-Mail: meyer@artop.de

ternehmen, die Berichterstattungspflichten gegenüber dem Staat unterliegen (Legal Compliance) und gesetzliche Vorgaben zur Umsetzung von betrieblichen Umweltschutzmaßnahmen beachten müssen, wie bspw. bei Gefahrstoffmanagement, müssen sich in gewisser Weise mit BUIS auseinandersetzen. Andere Gründe für den Einsatz von BUIS scheinen sich nur langsam durchzusetzen, obwohl sie neben Legal Compliance weitere Vorteile für Unternehmen anbieten, wie Kosteneinsparung durch eine verbesserte Ressourcen- und Energieeffizienz, bspw. mittels eines verringerten Aufkommens von Ausschuss durch Anwendung der Materialflusskostenrechnung.

Die geringe Nutzerakzeptanz liegt auf der einen Seite an fehlenden Datenquellen, auf der anderen Seite spielt der hohe Aufwand zur Einführung der Systeme eine bedeutsame Rolle. Der Aufwand ergibt sich aus der Komplexität des Anwendungsgebietes und dem erforderlichen Knowhow, da eine fachübergreifende Expertise zur Erfassung der Materialströme benötigt wird. So ist zum Beispiel für den Energieverbrauch das Energiemanagement, für Produktionsoptimierungen die Produktionsplanung und für die Anwendung von Kostenrechnungen das Controlling zuständig. Die notwendigen Daten liegen häufig noch nicht vor und müssen erst gesammelt werden. Dies betrifft weniger große Industrieunternehmen, sondern speziell kleine und mittlere Unternehmen (KMU), bei denen die Einsparpotentiale genauso wie die Zeit und finanziellen Mittel zur Umsetzung begrenzt sind.

Dadurch kann es sehr lange dauern, bis sich der Aufwand zur Einführung eines neuen BUIS durch den Nutzen amortisiert hat, zudem ist die Amortisation nur schwer vor der Einführung abzuschätzen, wodurch die Motivation der Unternehmen niedrig bleibt. Offensichtlich sind die bestehenden Softwarelösungen nicht in der Lage, die Einstiegshürden zur Einführung von Ressourceneffizienzmaßnahmen in KMU in angemessenem Maße zu senken.

Um den Aufwand zur Nutzung der Softwareanwendungen zu reduzieren, spielt die Benutzerfreundlichkeit eine Schlüsselrolle. Diese wird auch als Gebrauchstauglichkeit oder Usability bezeichnet und durch die Gesamtheit der Effektivität, Effizienz und Zufriedenstellung eines Produktes angegeben. Daneben gibt es den Begriff der User Experience (UX - dt. Benutzererlebnis), welcher die Verhaltensweisen in Verbindung mit den Gefühlen einer Person mit einem Produkt beschreibt (Richter et al., 2013). Eine gute Usability einer Software und eine damit einhergehende intuitive Bedienung durch die Benutzer verringert den Aufwand zum Erlernen bzw. Wiedererlernen und senkt die Fehlerraten und den Supportaufwand (Richter et al., 2013). Wenn die Softwareentwickler die Schwierigkeiten der unterschiedlichen Benutzergruppen im Vorfeld genau einschätzen können, könnten sie diese durch entsprechende Vorkehrungen reduzieren. So kann der Workflow der Anwendung auf die Arbeitsweise der Benutzergruppen angepasst werden, es können verbesserte Hilfemodule bereitgestellt werden und wiederkehrende Arbeitsschritte mittels Einrichtungsassistenten und Templates unterstützt werden.

Dieter Rams, ein langjähriger Industriedesigner der Braun AG, hat in den „Zehn Thesen für gutes Design" zusammengefasst, was ein gut designtes Produkt ausmacht. Diese Thesen sind der Maßstab für eine neue Verbindung zwischen der Softwarelösungen der Umweltinformatik und deren Design (Arndt, 2013).

2 Stand der Forschung

Mehrere Studien an der Hochschule für Technik und Wirtschaft Berlin (HTW Berlin) haben ergeben, dass bei Unternehmen, die noch keine Usability-Methoden in den Softwareentwicklungsprozessen verankert haben, unter Usability häufig verstanden wird, dass am Ende der Entwicklung einer Software ein Usability-Test (z. B. mit Hilfe von Eyetracking) durchgeführt wird und die Ergebnisse in einmaligen Entwicklungstätigkeiten berücksichtigt werden (Hemke et al., 2015). Dieser Weg ist allerdings nicht unbedingt zielführend, da eine hohe Gebrauchstauglichkeit nicht im Nachhinein in eine Anwendung eingeführt werden kann. Stattdessen sollten potentielle Benutzergruppen von Anfang an in die Entwicklung eingebunden werden, um ihre Ziele, Gewohnheiten und Erwartungen zu verstehen und sie von Beginn an in der Softwareentwicklung zu berücksichtigen.

Häufig fehlt in Softwareentwicklungsprojekten die Perspektive, wie die die späteren Benutzergruppen die Anwendung in ihren Arbeitsalltag einbetten, da das Methodeninventar für eine benutzerzentrierte Gestaltung nicht bekannt ist (Moser, 2012). Stattdessen wird mit gut gemeinten ad hoc-Annahmen bzgl. der späteren Benutzung vorgegangen. Nach Fertigstellung der Software haben Benutzer wenige Möglichkeiten, Informationen an das entwickelnde Unternehmen zu übermitteln, wenn der Umgang mit der Software Probleme bereitet oder Unzufriedenheit herrscht. Somit werden Benutzer häufig dazu gezwungen, ihre Arbeitsprozesse an die Software anzupassen. Eine Software mit einer guten Usability funktioniert in umgekehrter Richtung: Sie passt ihre Funktionalität an die Arbeitsprozesse ihrer Benutzergruppen an.

Um eine benutzerzentrierte Gestaltung von Software zu etablieren, ist die Integration von Usability-Methoden in die Entwicklungsprozesse ein notwendiger Schritt. Zu diesen Methoden zählen bspw.:

1. Contextual Inquiry, wobei Benutzer in ihrem alltäglichen Nutzungsverhalten beobachtet und befragt werden, um ihren Nutzungskontext, ihre Aufgabenstellungen, ihre Ziele und Bedürfnisse zu erheben (Richter et al., 2013).
2. Modellierung von Personas auf Grundlage der Ergebnisse der Contextual Inquiry, um prototypische Benutzergruppen festzulegen, die bei Designern und Entwicklern Empathie für die Benutzergruppen auslösen können.

3. Modellierung von Soll-Szenarien, um die Kernaufgaben und den Workflow der zukünftigen Anwendung für die Personas zu erfinden und zu überprüfen. Aus den Kontext-Szenarien können, je nach Vorgehensmodell der Software-entwicklung, Use Cases oder User Stories abgeleitet werden.

4. Heuristische Evaluation, bei der Usability-Experten prüfen, ob eine Anwendung (insbesondere auch Prototypen) mit anerkannten Gestaltungsgrundsätzen der Dialoggestaltung, z. B. nach EN ISO 9241 - 110, konform ist.

5. Usability-Tests, um die Gebrauchstauglichkeit einer Anwendung mit potentiellen Nutzern empirisch zu prüfen und Optimierungsmöglichkeiten aufzudecken.

Eine besondere Herausforderung stellt in diesem Zusammenhang die agile Softwareentwicklung dar, da nicht mehr ein Entwickler für solitäre Softwareartfakte verantwortlich ist, sondern viele Personen sich Verantwortlichkeiten über viele Softwaremodule hinweg teilen. In agilen Entwurfsansätzen ist der Usability-Fokus bisher weniger ausgeprägt, da die Rollen in der agilen Entwicklung häufig nicht die Perspektive der Benutzer beinhalten. Eine Methode zur Umsetzung von agilen Entwicklungsprinzipien stellt Scrum dar. Die typischen Rollen in einem Scrum-Team lauten (Schwaber, 2007):

1. Product-Owner, dieser vertritt die fachliche Auftraggeberseite für die Anwendung.

2. Scrum-Master, dieser sorgt dafür, dass der Scrum-Prozess korrekt umgesetzt wird.

3. Scrum-Team bestehend aus Entwicklern, Architekten, Testern, technischen Redakteuren.

4. Die Vertreter der Rollen werden dabei in sog. „Pigs and Chickens" (auf Deutsch „Schweine und Hühner") eingeteilt, wobei die Pigs selbst an der Umsetzung der Arbeiten beteiligt sind und größere Verantwortlichkeiten besitzen, wohingegen Chickens relativ unbeteiligte Personen sind, die zwar involviert werden, aber letztlich nicht mit entscheiden dürfen.

Diese Übersicht macht deutlich, dass zwar die Kundenseite prinzipiell durch den Product-Owner repräsentiert wird, aber letztlich keine Berücksichtigung der Endbenutzer stattfindet. Außerdem macht die Einteilung in Pigs and Chickens deutlich, dass nur die Personen ein Entscheidungsrecht haben, die an der Umsetzung der Entwicklungsarbeiten beteiligt sind.

3 Forschungsvorhaben

Einen möglichen Ansatz, um aktuelle Softwareentwicklungsansätze mit den Methoden der benutzerzentrierten Gestaltung (Usability-Engineering) ab der ersten Entwicklungsphase zusammenzubringen, stellt z. B. Design Thinking dar. Design Thinking basiert auf der Idee, dass ein Entwicklungsteam aus möglichst heterogenen Disziplinen zusammengesetzt sein sollte, um unterschiedliche Bedürfnisse von Menschen zu berücksichtigen und in die Konzeptentwicklung einfließen zu lassen (Spool, 2017).

Eine Definition nach (Gibbons, 2017) lautet (freie Übersetzung): „Die Lehre des Design Thinkings erklärt, dass ein praktischer, benutzerorientierter Lösungsansatz für ein Problem, zu einer Innovation und damit zu einer Differenzierung und einem Wettbewerbsvorteil führen kann. Die Lehre wird umgesetzt durch den Design-Thinking-Prozess, der aus sechs Phasen besteht."

Diese sechs Phasen, die iterativ angewandt werden, sind *beobachten, verstehen, Ideen finden, verfeinern, ausführen* und *lernen* (siehe Abbildung 1).

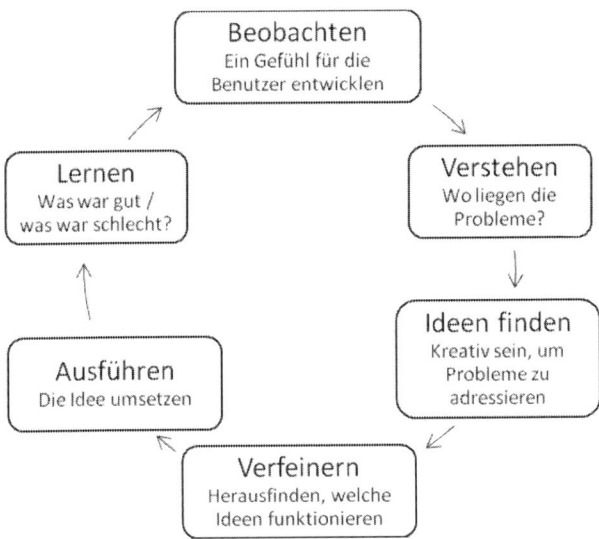

Abb. 1: Die sechs iterativen Phasen des Design Thinking.

Design Thinking wird eingesetzt, um Innovation für Produkte oder Dienste zu entwickeln oder Probleme mit diesen zu ergründen und zu lösen. Zentral ist dabei die Zentrierung auf die Bedürfnisse der Benutzer. Das Design eines Produktes soll durch das Konzept von dem Paradigma getrennt werden, dass am Ende einer Produktentwicklung Farben und Formen definiert werden, um das Produkt zu verschönern und statt dessen zu einem prozessualen Denkansatz gebracht werden, um die Erfahrung des Benutzers mit dem Produkt zu antizipieren und damit berücksichtigen zu können. Das Konzept ist nicht neu, sondern so alt wie das Design von an den Benutzern angelehnten Produkten mittels „learning by doing". Ziel des Design Thinkings ist es, bei der Produktentwicklungen gemeinsam Probleme so zu lösen, dass sie verschiedene Blickwinkel berücksichtigen und aus Anwendersicht überzeugend sind. Die Benutzer-Perspektive wird so stärker und früher im Softwareentwurf verankert.

4 Ausblick

Von diesem Ausgangspunkt soll zukünftig an der HTW Berlin eine Forschungsarbeit durchgeführt werden. Um eine Lösung für die Akzeptanzproblem der BUIS zu finden, lautet die zu evaluierende Grundthese:

Die langsame Adaption von Softwareanwendungen zur Umsetzung von Ressourceneffizienzmaßnahmen in KMU geht auf deren fehlende Berücksichtigung der Benutzerperspektive zurück. Folglich würde eine Verbesserung der Gebrauchstauglichkeit zu einem stärkeren Einsatz führen.
Folgende Forschungsfragen ergeben sich:

1. Was sind die Gründe für die langsame Dynamik bei der Ausbreitung von Ressourceneffizienzmaßnahmen mittels Software durch KMU?
2. Steigert eine Verbesserung der Software-Usability von Anwendungen zur Umsetzung von Ressourceneffizienzmaßnahmen deren Einsatz in diesen Unternehmen?
3. Wie lässt sich eine Vergleichbarkeit erreichen? Was macht eine Software mit einer hohen Gebrauchstauglichkeit aus?
4. Wie kann eine Harmonisierung zwischen aktuellen (agilen) Softwareentwicklungsmethoden und Usability-Methoden erreicht werden?
5. Ermöglicht der Design-Thinking-Ansatz als Verfahrensweise der benutzerzentrierten Gestaltung eine bessere Einbindung der Benutzerperspektive in Entwicklungsentscheidungen?

Zur Beantwortung dieser Forschungsfragen soll an der HTW Berlin zukünftig ein Forschungsfokus gesetzt werden. Da es in Baden-Württemberg eine landesweite Förderung von Ressourceneffizienzmaßnahmen gibt (Umwelttechnik BW, 2017), bietet sich ein Anknüpfungspunkt für praktische Studien. Angedacht ist, zunächst Befragungen im Rahmen von Workshops mit produzierenden Unternehmen zum Einsatz von Ressourceneffizienzmaßnahmen durchzuführen. Hierbei sollen die Gründe für die geringe Dynamik bei der Einführung solcher Maßnahmen herausgearbeitet werden. Anschließend soll eine Untersuchung des Ist-Zustandes hinsichtlich der Usability von möglichen Softwarewerkzeugen erfolgen. Aus den Ergebnissen sollen Verbesserungspotentiale ermittelt werden, die anschließend in Kooperation mit einem Softwareentwicklungsunternehmen umgesetzt werden. Sollte dies zu einer besseren Akzeptanz der potentiellen Anwender führen, wird ein Konzept zur vollständigen Integration der Maßnahmen in den Entwicklungsprozess erarbeitet.

Hierbei ist insbesondere zu untersuchen, inwiefern aktuelle Softwareentwicklungsmethoden die Bedürfnisse der Benutzer adressieren und ob eine Modifikation der Methoden unter Einbeziehung des Design-Thinking-Ansatzes zu einem besseren Ergebnis im Sinne der Forschungsfrage führt. Im Erfolgsfall wäre eine Methodik zu entwickeln, die eine Übertragung der Vorgehensweise auf andere Softwareanwendungen ermöglicht.

Literaturverzeichnis

Arndt H-K (2013) Umweltinformatik und Design - Eine relevante Fragestellung? In: Horbach M (Hrsg.) INFORMATIK 2013: Informatik angepasst an Mensch, Organisation und Umwelt (43. Jahrestagung der Gesellschaft für Informatik, 16.–20. September 2013, Koblenz, Germany), Gesellschaft für Informatik e.V., Bonn, 2013, S. 931-939

Gibbons S (2016) Design Thinking 101. Nielsen Norman Group. https://www.nngroup.com/articles/design-thinking/. Letzter Aufruf: 28.02.2017

Häuslein A, Möller A, Schmidt M (1995) Umberto - ein Programm zur Modellierung von Stoff- und Energieflußsystemen. In: Haasis H-D, Hilty LM, Kürzl H, Rautenstrauch C (Hrsg.) Betriebliche Umweltinformationssysteme (BUIS): Projekte und Perspektiven. 3. Workshop des Arbeitskreises „Betriebliche Umweltinformationssysteme" der Gesellschaft für Information (GI) e.V., Betriebliche Umweltinformationssysteme – Projekte und Perspektiven, Universität Innsbruck, 23./24. Februar 1995, Umwelt-Informatik aktuell, Bd. 5, Metropolis Verlag, Marburg, S. 121-137

Hassenzahl M, Burmester M, Koller F (2008) Der User Experience auf der Spur: Zum Einsatz von www.attrakdiff.de, Fraunhofer IRB Verlag, Stuttgart

Hemke F, Wohlgemuth V, Hühne K, Meyer HA (2015) Improving the Usability of Software and Websites using Eye Tracking Studies in the Field of Environmental Informatics. Berlin.

https://www.researchgate.net/publication/279201157_Improving_the_Usability_of_Software_and_Websites_using_Eye_Tracking _Studies_in_the_Field_of_ Environmental_Informatics. Letzter Aufruf: 27.02.2017

Moser C (2012) User Experience Design - Mit erlebniszentrierter Softwareentwicklung zu Produkten, die begeistern, Springer Vieweg Verlag, Wiesbaden

Richter M, Flückiger M (2013) Usability Engineering kompakt, Springer Vieweg Verlag, Wiesbaden

Schmidt M (1995) Stoffstromanalysen als Basis für ein Umweltmanagementsystem im produzierenden Gewerbe. In: Haasis H-D, Hily LM, Hunscheid J, Kürzl H, Rautenstrauch C (Hrsg.) Umweltinformationssysteme in der Produktion. 4. Workshop des „Arbeitskreises „Betriebliche Umweltinformationssysteme" der Gesellschaft für Information (GI) e.V., Fachgespräch des Arbeitskreises Betriebliche Umweltinformationssysteme, Berlin 1995, Umwelt-Informatik aktuell, Bd. 6, Metropolis Verlag, Marburg, S. 67-80

Schmidt M, Meyer U, Mampel U (1996) Prozeßmodellierung und Datenstrukturierung in Stoffstromnetz-Systemen. In: Scheer AW, Haasis H-D, Heimig I, Hilty LM, Kraus M, Rautenstrauch C (Hrsg.) Computergestützte Stoffstrommanagement-Systeme (Workshop des Arbeitskreises Betriebliche Umweltinformationssysteme, Saarbrücken 1996), Metropolis Verlag, Marburg, S. 25-38

Schmidt M, Häuslein A (1997) Ökobilanzierung mit Computerunterstützung, Springer Verlag, Berlin/Heidelberg/New York

Schwaber K (2007) Agiles Projektmanagment mit Scrum, C.H.Beck Verlag, München

Spool JM (2017) Shh! Don't Tell Them There's No Magic In Design Thinking. Januar 2017. https://articles.uie.com/ssh-dont-tell-them-theresno-magic-in-design-thinking/. Letzter Aufruf: 16.02.2017

Umwelttechnik BW (2017) Portal Umwelttechnik Ressourceneffizienz Baden-Württemberg. http://pure-bw.de/de. Letzter Aufruf: 22.02.2017.

Wohlgemuth V (2005) Komponentenbasierte Unterstützung von Methoden der Modellbildung und Simulation im Einsatzkontext des betrieblichen Umweltschutzes, Shaker Verlag, Aachen

The Service Point of the Future for Sustainable Smartphone Development

Jad Asswad, Georg Hake, Jorge Marx Gómez

Abstract   The rapid development of Information and Communications Techno-logy (ICT) over the last decade and the ongoing replacement of old devices with the newest version of a product, without considering the side-effects of this increa-sed act of consumption on the environment and our society, requires a wake-up call for all stakeholders involved. Academic institutions are long aware of the problem state and proposed several approaches to tackle the situation. However, without going into direct dialogue with political institutions, interest groups, pro-ducers or the customer, awareness can't be spread. The communication and colla-boration of all stakeholders involved needs to be assured in order to generate a mutual understanding between all actors and to launch an innovative development process towards more sustainable products and usage patterns. For this purpose, a common platform is necessary to enable all stakeholders to participate and work together on sustainable solutions. In this work, we present the development of such a communication and collaboration portal in the context of ICT, based on the Ser-vice Point of the Future developed during the INAS workshop series within the interdisciplinary research project eCoInnovateIT.

1 Introduction

The integration of technological solutions into every part of our modern life, grew into an ordinary part of our society. The convenience that ones receive through the functionality of a digital object gets accepted most often without questioning the impact on other parts of our lives. Although questions about privacy and data security come up as apparent problems when giving a third party access to perso-nal information, other areas are not as present and tend to be forgotten (Schom-berg, 2011).

J. Asswad (✉) • G. Hake • J. Marx Gómez
University of Oldenburg, Department of Computing Science
E-Mail: jad.asswad@uni-oldenburg.de; georg.hake@uni-oldenburg.de;
jorge.marx.gomez@uni-oldenburg.de

From a sustainability point of view, the technological development of ICT is a rather new phenomenon, as the impact of technology only became a contemporary worldwide subject that changed the way we do things substantially over the last two to three decades. Especially the era of smartphones and tablets, which gave people the possibilities, that were previously only available through desktop technologies, changed the way we used technology globally (Sarwar et al., 2013).

When powerful processors and storages became cheap and therefore available to anyone, technology spread worldwide. In addition, human like interfaces like the multitouch screen used in the majority of devices, made the functionality that was previously only available to experts usable by anyone. Finally, in addition to the developments in consumer technology, the fourth industrial revolution took place and cyber-physical system were invisibly integrated into infrastructures. Together, these developments supported each other and allowed the market to grow increasingly with no end of this trend in sight (Islam et al., 2014).

However, although this elementary change formed the way on how we do things from day to day, its impact on social, economical and ecological level was left out. The question what all these devices do to us beyond their functionality was neglected. However, the impact of ICT on human life is undeniable more manifold and has to include the overall impact on our life and our environment as well (Ennis, 2005).

In general, three dimensions have to be considered when evaluating the overall impact a product has: profits, people and the planet. The underlying typology, the triple bottom line, requests to evaluate a product not only from an economical viewpoint, but from an ecological and social perspective as well (Elkington, 1997).

From an economical point of view, ICT provides companies and private users with an increase in efficiency that translates to higher profit margins. Hence, ICT is seen as enabler for more efficient processes and ease of use, while at the same time creates an overhead in terms of new technology that has to maintain itself (Hilty et al., 2015).

Moreover, the increase in technological use and complexity leads to stress induced by new technological solutions. As the use of ICT becomes mandatory, some users tend to be overwhelmed by the quick pace of change. In addition, the general use of ICT products in more and more daily situations can cause physical and psychological damage such as neck and back pain, eyestrain, postural abnormality or headaches due to overexposure and ergonomically insufficient use. Furthermore, anxiety, stress and frustration or technology obsession induced by information technology can be signs of negative psychological impact on our life (Ennis, 2005).

In addition to the effects based on the way we use technology, the upstream and downstream phases also hold negative impacts to the people involved in the process. Beginning with the sourcing for materials, over the production process and the disposal process, in each phase substandard working conditions are present (e.g. handling built-in toxic materials without protecting personal health) (Behrendt et al., 2007).

Finally, the environmental impact becomes pivotal, as various ressources, including some scarce materials such as tantalum, indium or coltan, are used to built a modern ICT product and its energy demand throughout its life makes as much as 5 % of the overall energy demand in modern western societies. The sourcing of the chemicals undergoes an uncontrolled acquisition and logistic process that involves unregulated and illegal mines and intransparent provision (Council, 2008, Van Heddeghem et al., 2014).

2 Theoretical Background

The effects of the consumption of ICT products on the dimensions of the triple bottom line are traditionaly classified into three levels. On the first level (direct effects), the direct environmental impacts of the production and consumption of ICT products are described, which include energy demands of the devices and the ressources needed in the production. On the second level (enabling effects), indirect environmental effects are categorized. This includes the induced effects of ICT usage (e.g. the stimulation towards new purchases), the obsolescence effect (e.g another device becomes not usable anymore due to the product), the substitution effect (e.g. choosing a video conference over a long flight) and the optimization effect (e.g. adaptive traffic control systems). On the third level, systemic effects are reviewed. On this level, the effects cannot directly be associated to a specific product, but refer to the overall change process that is induced by the consumption and usage of ICT. On the one hand, the ongoing growth and efficiency in the technology market creates rebound effects (e.g. more energy efficient products increase the access of less efficient backbones) and an increase in risks for companies and end-users due to new gateways for intruder. On the other hand, ICT can enforce the use of more sustainable oriented usage patterns and increase the problem awareness to all stakeholders (Berkhout et al., 2001, Hilty et al., 2015).

In an updated version of their model in 2014, Hilty and Aebischer restructured the levels into three levels of impact, namely the life cycle impact, the enabling impact, and the structural impact. The categories look into the problem from three different abstraction levels. The level closest to the physical product describes the direct impact of ICT caused along the life cycle of ICT. The second level, the enabling impact, looks on the problem from a micro perspective to describe the organizational change, behavioral change and technological change. The most abstract perspective on the impact of ICT then represents structural and institutional change (Hilty et al., 2015).

As it can be seen by the distinction between the three levels in both models, the impact of ICT consumption has negative side effects (induction effects, obsolescence effects, rebound effects, emerging risks), but also creates positive values for the environment, the people and economical growth (substitution effects, optimization effects, support of sustainable behavior). Hence, ICT not only proposes a problem for the goals of the triple bottom line, but also can act as part of a solution (Green in ICT vs. Green by ICT) (Hilty et al., 2011). Besides the well known optimization areas for greener IT related products presented by Murugesan in 2008, such as design for environmental sustainability, energy efficiency, renewable ressources, data center optimization, virtualization, efficient recycling processes, regulatory compliance, green metrics, risk mitigation and eco-labeling, innovative tools can provide solutions for designing, modeling and simulating new proposals along the life cycle of a product and can increase awareness (Murugesan, 2008).

However, looking at the different impact levels in an isolated way neglects external factors that change the devolopment of ICT in a constant manner. On the one hand, regulations from outside the industry change the life cycle of the product due to production and supply chain adaptations. On the other hand, the variables of the ecosystem and the industry are changed, which requires businesses to adapt to the new variables. Pushing drivers are technological developments that change the products outcome or political regulations, compliance standards or laws a company has to include in their decision making. Pulling factors on the other hand are market demands that the industry has to fulfill, including the customer requirements, their outside image, competition or new markets. Hence, pushing factors force an industry to act, while pulling factors require it to follow (Rennings, 2000).

3 Service Point of the Future

Given the current situation, one major goal of the eCoInnovateIT project is to

- provide the user a single point of access to prolong the life of his devices
- give incentives to chose a more sustainable option when consuming or disposing a product
- give all participants the option to participate along the phases of the product's life cycle

To sense the different perspectives of each stakeholder group that is involved in the process, the workshop series INAS (Innovative Sustainable Smartphones)

(Hansen et al., 2016) was initiated at the Centre for Sustainability Management (CSM) of the Leuphana University in Lüneburg, in which representatives from the business side, customers and academia were invited to collectively develop the Service Point of the Future for smartphones. The Service Point of the Future serves as a single point of access and provides the user access in all phases during the lifetime of a product. It is designed to provide the user a comprehensive support in their smartphone needs and a collaboration space with other users targeting towards sustainable smartphone development.

The concept of the Service Point of the Future is depicted in figure 1, which is subdivided into three simplified phases of a typical smartphone life cycle. In the first phase, the design and production phase, a collaborative space is needed to collectively develop innovative ideas between the users. At the same time, a control or rating system should give feedback on how sustainable the developed solutions are and how much they improve current state of the art smartphone solutions. In the second phase, the purchase, use and maintenance phase, the service point should guide users to make choices aware of the consequences for society and the environment. An incentive system encourages the user further to base their decision on more than the economical dimension. Finally, in the end-of-life phase, the user needs to either replace their phone so that resell options need to be provided or given professional support on how to recycle the device and its parts properly.

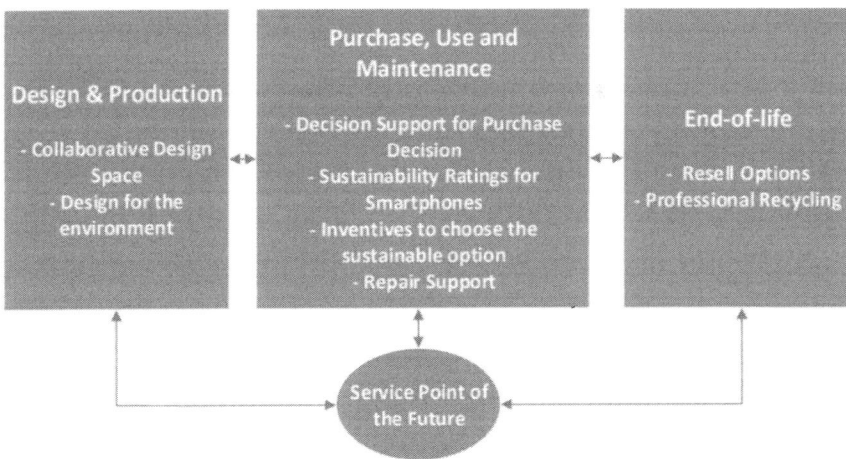

Fig. 1: A Sustainable ICT Platform to Support the Service Point of the Future.

Other than in the traditional life cycle assessment of smartphones, the service point serves as intermediate for all streams between the different phases. For the user this reduces complexity in finding a contact point for his needs and gives producers, politicians and network providers the opportunity to combine economical and ecological motivations in providing circular life cycle design.

Finally, the Service Point of the Future has three different ways to be accessed. First, a physical support and repair shop that a customer can visit and get help at the counter. Second, a smartphone app that allows remote support and can give individual incentives based on the users smartphone usage. Third, a virtual platform where all support options can be accessed online and that provides a comprehensive way to collaborate on the design of innovative ideas, get decision making support based on a smartphone sustainability ranking system and find professional help in repairing or recycling the devices. In the following, the last of the aforementioned options, a virtual platform supporting sustainable smartphone measures, will be described and a prototypical solution approach will be presented.

4 A Model for a Service Point of the Future Platform

Based on the enhanced life cycle with the Service Point of the Future as intermediate, a model has been developed that integrates the functionality of a virtual collaborative space for sustainable development with the toolset of the Open Innovation paradigm and connects it with the extended ICT life cycle (see figure 2).
On the first level, the communication and collaboration level, the most aggregated dimension of functionality on the platform is depicted. As presented in figure 1, the communication, collaboration, and coordination dimensions are necessary to provide the user with the required functionality identified. A platform supporting the basic needs of a smartphone service point, needs to deliver collaboration abilities (e.g. collaborative space), coordinate the user in consuming ICT products (e.g. provide decision support capabilities) and allow stakeholders to communicate with each other to articulate needs and innovative ideas (e.g. mutual repair support).

These general functionalities are accessed through a web-based innovation platform that provides the components inherited from the Open Innovation concept (Chesbrough, 2003). As the sustainable smartphone service point increases the need for a wider interference and a greater involvement and collaboration across all phases of a products lifecycle, the whole innovation process has to be open and the different stakeholders need to have the possibility to get involved in carrying out the innovation process. In this context, the concept of open innovation with its three forms (Chesbrough et al., 2014): Outside-In (Inbound), Inside-Out (Outbound) and Coupled Open Innovation, provides a wide variety of mechanisms that can be used as a toolset for opening the innovation process. The different mechanisms of open innovation support the collaboration between the different stakeholders of the innovation process, in which they enable organizations to benefit from external ideas, technologies and expertise. In addition, they provide various possibilities for exploiting internal knowledge, unutilized ideas or even spillovers through external channels, markets and new business models. Most importantly, open innovation supports the collaboration between organizations by combining both knowledges in- and out-flows through networks, consortia, ecosystems, platforms or other collaboration forms. Across the platform, different features from that concept are supported. Examples for functionalities provided by the platform are interpersonal interaction through different communication media, the coordination of joint activities as well as the collaboration of joint activities. (Riemer et al., 2009).

Finally, the Service Point of the Future serves as intermediate between the Open Innovation Mechanisms and the life cycle of an ICT product. Therefore, it provides through the Open Innovation toolset the functionality identified in figure 1.

5 Conclusion, Outlook & Limitations

In this work we presented the development process of a prototypical software platform that reflects the idea of a Service Point of the Future. The concept of the service point was developed in a series of workshops between practitioners, academic institutions, customer groups and existing environmentally oriented network providers, repair shops and smartphone producers. Within the workshops a closed loop product life cycle oriented approach was proposed and subdivided into eight functional support requirements, which were described and analyzed. Based on the identified requirements a consolidated model was developed that shows the linkage between the platform prototype and the life cycle of a typical smartphone product. The web based innovation platform makes use of the open innovation toolset and, by that, integrates the required functionality of collaboration, coordination and communication. As the overall concept of the Service Point of the Future gets developed within the interdiscplinary project eCoInnovateIT, the proposed prototype and its provided functionality will be extended and evaluated from the findings of the participating research fields within the project such as psychology, sociology, marketing, sustainability and innovation research and business informatics, and during the ongoing workshop series together with practitioners and consumers. In a final step, the resulting platform solution will be opened to the public in order to spread awareness and .give support in maintaining a sustainable relationship when consuming ICT products.

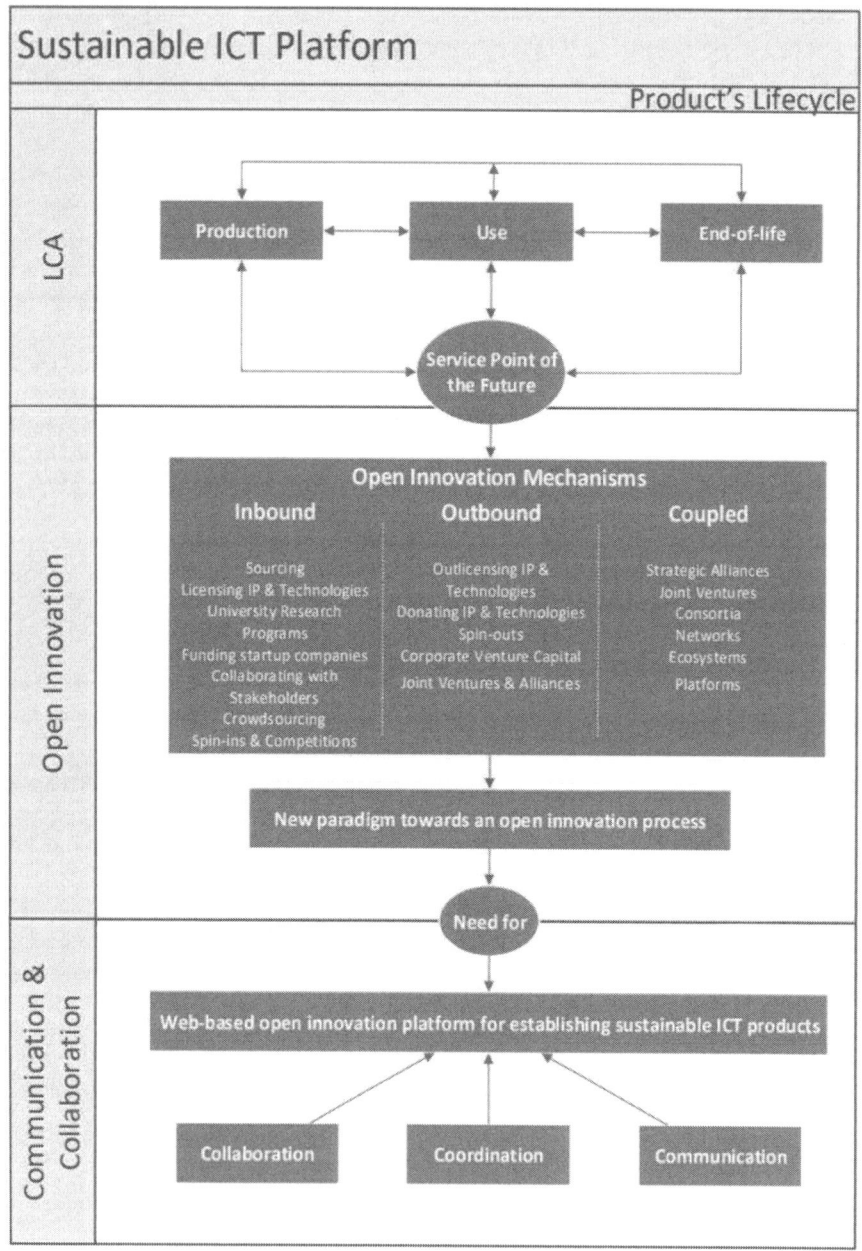

Fig. 2: A Sustainable ICT Platform to Support the Service Point of the Future.

Acknowledgements

This work is part of the project "Sustainable Consumption of Information and Communication Technology in the Digital Society - Dialogue and Transformation through Open Innovation". The project is funded by the Ministry for Science and Culture of Lower Saxony and the Volkswagen Foundation (Volkswagen Stiftung) through the "Niedersächsisches Vorab" grant programme (grant number VWZN3037).

References

Behrendt S, Scharp M, Kahlenborn W, Feil M, Dereje C, Bleischwitz R, Delzeit R (2007) Seltene Metalle: Manahmen und Konzepte zur Lösung des Problems konfliktverschärfender Roh-stoffausbeutung am Beispiel Coltan. Umweltbundesamt, Dessau

Berkhout F, Hertin J (2001) Impacts of information and communication technologies on environ-mental sustainability: Speculations and evidence. Report to the OECD, Brighton 21

Chesbrough H (2003) Open innovation: The new imperative for creating and profiting from tech-nology. Harvard Business Press, Boston

Chesbrough H, Bogers M (2014) Explicating Open Innovation: Clarifying an Emerging Para-digm for Understanding Innovation. SSRN Scholarly Paper ID 2427233, Social Science Re-search Network, Rochester, NY

Council NR (2008) Minerals, Critical Minerals, and the U.S. Economy. The National Academies Press, Washington, DC

Elkington J (1997) Cannibals with forks. The triple bottom line of 21st century

Ennis LA (2005) The evolution of techno STRESS. Computers in Libraries 25(8), pp 10–12

Hansen EG, Weber U, Schaltegger S (2016) Innovationsverbund Nachhaltige Smartphones - Er-gebnisdokumentation. Lüneburg

Hilty LM, Lohmann W, Huang E (2011) Sustainability and ICTan overview of the field. Politeia 27(104), pp 13–28

Hilty LM, Aebischer B (2015) ICT for sustainability: An emerging research field, In: Hilty LM, Aebischer B (Eds.) ICT Innovations for Sustainability, Advances in Intelligent Systems and Computing No. 310, Springer Verlag, Berlin/Heidelberg/New York, pp 3–36.

Islam N, Want R (2014) Smartphones: Past, Present, and Future. IEEE Pervasive Computing 13(4), pp 89–92

Murugesan S (2008) Harnessing Green IT: Principles and Practices. IT Professional 10(1), DOI 10.1109/MITP.2008.10, pp 24–33

Rennings K (2000) Redefining innovation eco-innovation research and the contribution from ecological economics. Ecological Economics 32(2), DOI 10.1016/ S0921-8009(99)00112-3, pp 319–332

Riemer K, Steinfield C, Vogel D (2009) eCollaboration: On the nature and emergence of com-munication and collaboration technologies. Electronic Markets 19(4), DOI 10.1007/s12525-009-0023-1, p 181

Sarwar M, Soomro TR (2013) Impact of Smartphones on Society. European journal of scientific research 98(2), pp 216–226

Schomberg RV (2011) Towards Responsible Research and Innovation in the Information and Communication Technologies and Security Technologies Fields. SSRN Scholarly Paper ID 2436399, Social Science Research Network, Rochester, NY

Van Heddeghem W, Lambert S, Lannoo B, Colle D, Pickavet M, Demeester P (2014) Trends in worldwide ICT electricity consumption from 2007 to 2012. Computer Communications 50. DOI 10.1016/j.comcom.2014.02.008, pp 64–76

Identifizierung und Abbildung von Produktnachhaltigkeitsdaten in SAP S/4HANA

Stefan Wunderlich, Nils Groenhoff, Rene Kessler, Jorge Marx Gómez

Abstract Nachhaltigkeit nimmt in der heutigen globalen Wirtschaft eine immer größer werdende Rolle ein. Auch produzierende Unternehmen sind von diesem Wandel betroffen und müssen sich daher vermehrt mit Themen der Nachhaltigkeit befassen. Aufgrund ihrer heutzutage sehr weiten Verbreitung, müssen auch moderne betriebliche Informations- und Anwendungssysteme diesen Entwicklungen Rechnung tragen. Hierzu wurde ein Vorgehensmodell erarbeitet, welches einen Lösungsansatz zur Identifizierung von Produktnachhaltigkeitsdaten in SAP S/4HANA darstellt.

1 Motivation und Zielbestimmung

Im Zuge der stetig wachsenden Bedeutung der Nachhaltigkeit in der Gesellschaft, hat der Begriff Nachhaltigkeit auch in die Wirtschaft Einzug gefunden. Nachhaltigkeit wird in der Literatur unterschiedlich definiert, jedoch beinhaltet der Begriff immer eine soziale, eine ökologische und eine ökonomische Dimension (Hauff et al., 1987). Jede dieser Dimensionen sollten Unternehmen im täglichen Geschäft beachten. In einer Befragung der Unternehmensberatungsfirma McKinsey aus dem Jahr 2011 (McKinsey, 2011) wurde gezeigt, dass Unternehmen in ihren verschiedensten Organisationseinheiten und Geschäftsprozessen grundsätzlich Ziele der Nachhaltigkeit verfolgen. Auffällig ist, dass über 60 % der Befragten Unternehmen angaben, dass in den täglichen Geschäftätigkeiten versucht wird, Energieverbrauch oder auch Abfallaufkommen zu reduzieren. Dies kann insbesondere für das produzierende oder verarbeitende Gewerbe von großer Relevanz sein. Eine Statistik des statistischen Bundesamtes hat zudem ergeben, dass in Deutschland 93 % der Unternehmen mit über 250 Mitarbeitern ERP-Software einsetzen (Sta-

S. Wunderlich (✉) • N. Groenhoff • R. Kessler • J. Marx Gómez
Carl von Ossietzky Universität, 26129 Oldenburg, Germany
E-Mail: stefan.wunderlich@uol.de; nils.groenhoff@uol.de; rene.kessler@uol.de;
jorge.marx.gomez@uol.de

tistisches Bundesamt, 2015). Im verarbeitenden Gewerbe ergibt sich sogar ein Anteil von 98 %. Durch Verbindung dieser beiden Studienergebnisse, lässt sich schließen, dass umfassende Mehrwerte und Synergien entstehen würden, wenn ERP-Systeme die Nachhaltigkeitsaktivitäten eines Unternehmens besser abbilden und unterstützen würden.

Die beschriebene Konzeption setzt sich mit der Identifizierung und Abbildung von Produktnachhaltigkeitsdaten im betrieblichen Informations- und Anwendungssystemsystem SAP S/4HANA auseinander. Bei der Abbildung dieser Daten sind verschiedene Nutzungsszenarien, wie beispielsweise die Aufbereitung dieser Daten in einem Dashboard oder datengetriebe Echtzeitfrühwarnsysteme, denkbar. Hierzu wird ein generisches Vorgehensmodell erarbeitet, welches im Anschluss auf einen konkreten Anwendungsfall angewandt wird.

Konkret wird hierbei die Produktnachhaltigkeit fokussiert, welche durch die Recyclingquote eines Produktes bestimmt werden kann. Dabei wird aufgezeigt, in welchem Umfang SAP S/4HANA diesen Anwendungsfall unterstützen kann. So wird evaluiert werden, ob das System bereits nutzbare Informationen zur Abbildung der Recyclingquote bietet und auf welche Art und Weise fehlende Inhalte bzw. Daten ergänzt werden können.

2 Methodisches Vorgehen

Zur Identifizierung von Produktnachhaltigkeitsdaten muss zunächst eine umfassende Datenerhebung durchgeführt werden. Zum einen können intuitiv-kreative Methoden wie Brainstorming oder Mind Maps angewandt werden (Brunner, 2009), zum anderen sind auch konventionelle Methoden zur Datenerhebung wie die Literaturrecherche denkbar. Insbesondere eine Kombination verschiedenartiger Methoden erscheint in diesem Ansatz als sinnvoll, da so eine umfassende Betrachtung sichergestellt werden kann.

Im Anschluss daran können die erhobenen Daten kategorisiert werden. Ist dies erfolgt, können die kategorisierten Daten in Hinblick auf ihre Bedeutung im Kontext der Nachhaltigkeit bewertet werden. Festzustellen ist dabei, ob aus der Kombination verschiedener Daten Mehrwerte geschaffen werden können.

Um zu evaluieren welche der erhobenen Daten tatsächlich in SAP S/4HANA abgebildet werden, sollte eine Fit/Gap-Analyse durchgeführt werden. Die daraus resultierenden Fits zeigen, welche Daten bereits im System abgebildet wurden und genutzt werden können, während die Gaps Aufschluss über Ansatzpunkte für Erweiterungen des Systems geben.

Im letzten Schritt können aus diesen Ergebnissen Handlungsempfehlungen abgeleitet werden, mit denen die tatsächliche Umsetzung einer noch nicht im SAP S/4HANA vorhandenen Funktion im Bereich der Nachhaltigkeit geplant werden kann. Das methodische Vorgehen zur Identifizierung von Produktnachhaltigkeitsdaten wurde in der Abbildung 1 ergänzend graphisch dargestellt.

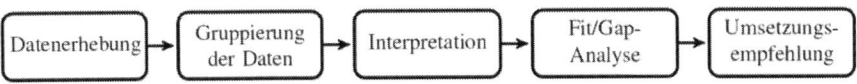

Abb. 1: Prozess: Methodisches Vorgehen.

3 Datenerhebung, Gruppierung und Interpretation

Im ersten Schritt werden Daten erhoben mit denen die Nachhaltigkeit eines Produktes bestimmt werden kann. Im nächsten Schritt wurden die Daten kategorisiert (siehe Tabelle 1). Anschließend erfolgte eine Interpretation der Daten. Zusammenfassend bedeutet dies, dass die ersten drei Schritte des zuvor erarbeiteten Vorgehensmodells in diesem Kapitel kurz beschrieben werden.

Daten zur Bewertung der Produktnachhaltigkeit	
Physikalische Eigenschaften	Gewicht Abmessungen Volumen
Transport	Emissionen
Fertigung	Emissionen Energie Abfallstoffe Hilfsstoffe
Beschaffungsart	Fremdfertigung Eigenfertigung
Rohstoffe	Schadstoffbelastung Recyclingquote Gefahrgut

Tab. 1: Daten im Umfeld der Produktnachhaltigkeit.

Grundsätzlich muss bei der Beschreibung von Daten der ökologischen Nachhaltigkeitsdimension zwischen Umweltdaten und umweltrelevanten Daten unterschieden werden (Pillmann, 1993). In SAP S/4HANA werden beide Begriffe häufig fälschlicherweise synonym verwendet. Umweltdaten haben immer einen direkten Bezug zu Eigenschaften der Medien Luft, Wasser oder Erde. Mit den Daten kann somit beispielsweise der Zustand dieser Medien beurteilt werden (z. B. CO_2-Gehalt in der Luft). Umweltrelevante Daten haben dagegen nur einen mittelbaren Bezug zu Umweltwirkungen. Somit haben diese Daten bzw. die damit verbundenen Folgen einen Einfluss auf die Umwelt (z. B. Emissionsausstoß einer Maschine).

Die Physikalischen Eigenschaften umfassen das Volumen und Gewicht sowie die Abmessungen eines Produktes. Diese Daten können relevant für weitere Kennzahlen zur Ermittlung der Produktnachhaltigkeit sein (Bretzke, 2014). So kann zum Beispiel das Gewicht eines Produktes maßgeblichen Einfluss auf die ausgestoßenen Emissionen beim Transport nehmen.

Bei der Beschaffungsart muss eine Unterteilung in Fremd- und Eigenfertigung vorgenommen werden. Dies ist von besonderer Relevanz, da bei fremdbeschafften Materialien nachvollzogen werden muss, welche einzelnen Ausgangsmaterialien bzw. Rohstoffe verwendet worden sind, um eine konkrete Aussage über die Produktnachhaltigkeit treffen zu können (Stahlmann, 2013).

Beim Transport von Produkten entstehen heterogene Emissionen, die bei der Betrachtung der Produktnachhaltigkeit berücksichtigt werden müssen (Kraus, 1997). Hierbei ist sowohl der Transport von Rohstoffen und Halbfabrikaten zum Produktionswerk gemeint als auch die Auslieferung des Endproduktes zum Kunden. Insbesondere muss hierbei der Modal Split berücksichtigt werden, da die jeweiligen Transportmodi unterschiedliche Umweltwirkungen aufweisen (bspw. Transport zur See oder Luftfracht).

Um die Produktnachhaltigkeit zu bestimmen ist eine Berücksichtigung des Fertigungsprozesses notwendig. So müssen zum Beispiel die in der Produktion verwendeten Hilfs- und Betriebsstoffe mit in die Ökobilanz der Endprodukte einfließen. Weiter ist sowohl der Energieaufwand als auch die im Produktionsprozess entstehenden Emissionen für die Ermittlung der Produktnachhaltigkeit relevant. In diesem Zusammenhang müssen ebenfalls Daten über die im Produktionsprozess anfallende Abfallstoffe erhoben werden. Dies bedeutet, dass eine vollständige Betrachtung des Energie- und Stoffstrommanagements erfolgen muss (Schmidt et al., 2013).

Es fließen verschiedene Rohstoffe in die zu produzierenden Halbfabrikate und Fertigerzeugnisse ein. Diese Rohstoffe besitzen verschiedene Eigenschaften, die es im Hinblick auf die Produktnachhaltigkeit zu analysieren gilt. So müssen Rohstoffe, die ein Gefahrenpotential aufweisen (z. B. in Form ihrer chemischen Eigenschaften) entsprechend gekennzeichnet werden. In diesem Zusammenhang sind

Beschreibung	Datenbanktabelle	Feldbezeichner
Beschaffung		
Beschaffungsart	MARC	BESKZ
Umweltdaten		
Gefahrgutkennzeichenprofil	MARA	PROFL
Hochviskos	MARA	IHIVI
Lose Schüttung / Flüssigkeit	MARA	ILOOS
Umweltrelevant	MARA	KZUMW
Grunddaten		
Größe Abmessung	MARA	GROES
Werkstoff	MARA	WRKST
Bruttogewicht	MARA	BRGEW
Nettogewicht	MARA	NTGEW
Gewichtseinheit	MARA	GEWEI
Volumen	MARA	VOLUM
Volumeneinheit	MARA	VOLEH
Gefahrstoffnummer	MARA	STOFF
Länge	MARA	LAENG
Breite	MARA	BREIT
Höhe	MARA	HOEHE
Längeneinheit	MARA	MEABM
Stücklistendaten		
Zuordnung von Material und Stückliste	MAST	STLNR
Stücklistenkomponente	STPO	IDNRK
Menge der Komponente	STPO	MENGE

Tab. 2: Umweltrelevante Daten in SAP S/4HANA – Datenbanktabellen.

auch andere Schadstoffbelastungen der Rohstoffe zu betrachten, auch wenn diese keine direkten Gefahrgüter darstellen.

4 Fit/Gap-Analyse

Um den Anwendungsfall der Recyclingquote zu implementieren muss auf umweltrelevante Produktdaten zugegriffen werden. Potenziell relevante Daten wurden hierzu im Kapitel 5 näher beschrieben. Nun gilt es, diese Daten mit dem bereits im System vorhandenen Parametern zu vergleichen und mögliche Übereinstimmungen sowie Erweiterungspotenziale zu identifizieren.

In der nachgestellt gezeigten Tabelle (siehe Tabelle 2) werden bereits vorhandene Daten und deren Verfügbarkeit in den SAP Datenbanktabellen inklusive der Feldbezeichner beschrieben. Als besonders relevant haben sich dabei die Tabellen MARC – Werksdaten zum Material, MARA - Allgemeine Materialdaten, MAST – Material/Stücklisten-Zuordnung sowie STPO – Stücklistenposition herausgestellt, da in diesen Tabellen die beschreibenden Parameter eines Materials bzw. Produktes gespeichert werden.

Diese Parameter können unter anderem durch Kombination mit anderen Parametern genutzt werden, um Anwendungsfälle im Bereich der Nachhaltigkeit zu implementieren. In der Tabelle 2 sind verschiedene Felder dieser SAP-Datenbanktabellen aufgelistet. Hierbei sind unter Grunddaten Parameter enthalten, die die äußeren Eigenschaften eines Produktes beschreiben. Die Stücklistendaten und Daten über die Beschaffung können genutzt werden, um Aussagen über die Zusammensetzung eines Produktes treffen zu können. Den stärksten direkten Bezug zur Nachhaltigkeit besitzen die Umweltdaten, welche direkt im Materialstamm erfasst werden können.

5 Umsetzungsempfehlung

Wie in den vorangegangen Kapiteln ersichtlich ist, kann die Produktnachhaltigkeit durch viele verschiedene Daten definiert werden. In diesem Kapitel erfolgt eine Fokussierung auf die Recyclingquote als Nachhaltigkeitsindikator von Produkten. Die Recyclingquote beschreibt den Anteil an wiederverwendbaren Rohstoffen eines Produktes. Hierbei wird zwischen Sekundärbauteilen und Sekundärrohstoffen unterschieden. Sekundärbauteile können als separierte und wiederverwendbare Bauteile bezeichnet werden, wie zum Beispiel die Tür eines PKWs. Sekundärrohstoffe sind Rohstoffe, wie beispielsweise Metall, die wiederverwertbar sind.

Auf Basis der Fit/Gap-Analyse wurde ersichtlich, dass für die Abbildung der Recyclingquote einige ergänzende Implementierungen vorgenommen werden müssen.

Zur Implementierung einer Recyclingquote im SAP S/4HANA können verschiedene Umsetzungswege eingeschlagen werden. Im Folgenden werden zwei mögliche Varianten der Umsetzung beschrieben.

Variante 1: Integration in Materialstamm
Die Variante mit dem womöglich niedrigsten Implementierungsaufwand ist die Integration der Recyclingquote als Parameter in den Materialstamm. Konkret bedeutet dies, dass ein zusätzliches Feld in der SAP-Datenbanktabelle MARA ergänzt wird. Diese Tabelle beinhaltet umfassende Parameter zu den einzelnen

Materialien, welche im System gepflegt werden können. Des Weiteren müsste eine Anpassung der Oberfläche zur Materialpflege vorgenommen werden. Hierbei könnte es sinnvoll sein, den neuen Parameter in den Reiter der Umweltdaten im Dialogfenster „Grunddaten 2" zu ergänzen. Der Anwender hat hierdurch die Möglichkeit, die Recyclingquote manuell über diese Oberfläche zu pflegen. Mögliche Schwierigkeiten bei diesem Ansatz ergeben sich aus der Verfügbarkeit der Recyclinginformationen. Insbesondere wenn es sich um fremdbeschaffte Materialien handelt muss gewährleistet sein, dass der Zulieferer über derartige Informationen verfügt und diese in geeigneter Form veröffentlicht.

Variante 2: Berechnung über verschiedene Bestandteile
Eine weitere Möglichkeit ist die Berechnung der Recyclingquote über die verschiedenen Bestandteile (Rohstoffe) eines Produktes. Hierzu können die bereits in der SAP-Datenbanktabelle MARA existierenden Felder „Bestandteile" genutzt werden. Diese Felder könnten Aufschluss über die verarbeiteten Rohstoffe eines Produktes geben. Des Weiteren beinhaltet die Tabelle ein Feld, welches den prozentualen Anteil des Bestandteils ausgibt. Durch die Ergänzung eines zusätzlichen Feldes, welches angibt ob ein Bestandteil recyclingfähig ist, könnte in Kombination mit dem verwendeten prozentualen Anteil die Berechnung der Recyclingquote erfolgen. Zusätzlich wären weitere Analysen im Hinblick auf Gewicht oder Volumen von Recyclingmaterial möglich. Diese Erkenntnisse könnten beispielsweise für die produktionsintegrierte Rückführung der Recyclingmaterialien relevant sein.

Eine mögliche Variation dieses Ansatzes wäre die Ermittlung der Bestandteile bzw. Rohstoffe über die Stücklisten. Dies setzt voraus, dass keine fremdbeschafften Halbfabrikate verwendet werden. Falls dies doch der Fall sein sollte müssten entsprechende Informationen über die verwendeten Bestandteile weitergeben werden.

6 Fazit und Ausblick

Die Anwendung des in Kapitel 2 erarbeiteten Vorgehensmodell hat gezeigt, welche ökologische Daten bereits im SAP S/4HANA System vorhanden sind. So ist es für die konkrete Abbildung der Recylingquote eines Produktes notwendig, eine Erweiterung der SAP-Datenbanktabellen vorzunehmen. Dies bedeutet, dass der Materialstamm um weitere Parameter ergänzt werden muss. Hierfür wurden zwei konkrete Lösungsansätze aufgezeigt. Des Weiteren wurden Datenbanktabellen im

System identifiziert, die wichtige Materialparameter enthalten, welche bei der Implementierung von weiteren Anwendungen zur Produktnachhaltigkeit relevant sind.

Es kann festgehalten werden, dass das SAP S/4HANA System (ohne Erweiterung des Materialstammes) wenig Optionen für die ökologische Betrachtung von Produkten bietet.

Insgesamt hat sich das Vorgehensmodell zur Identifizierung und Abbildung von Nachhaltigkeitsdaten in SAP S/4HANA als anwendbar erwiesen. Mithilfe dieses Vorgehens konnte gezielt festgestellt werden, an welchen Stellen Anpassungen in SAP S/4HANA nötig sind, um den hier gewählten Anwendungsfall umsetzen zu können.

Um eine umfassende Beurteilung des SAP S/4HANA Systems vornehmen zu können, wäre eine ergänzende Evaluierung der SAP Business-Add-Ins als sinnvoll anzusehen. Hierbei würde entsprechend des Anwendungsfalles geprüft werden, ob das Abbilden einer Recyclingquote auf Basis von Business-Add-Ins möglich wäre.

Ein weiterer Forschungsbedarf besteht in der Fit/Gap-Analyse des Vorgehensmodell. Hier wäre eine weiterführende Untersuchung angebracht, welche Aufschluss über ein effizientes Vorgehen zur Durchführung der Fit/Gap-Analyse im System gibt. Zusammenfassend lassen sich daher die Ergebnisse dieser Konzeption als Basis für weitere Forschungsarbeiten betrachten.

Literaturverzeichnis

Bretzke WR (2014) Nachhaltige Logistik: Zukunftsfähige Netzwerk- und Prozessmodelle, Springer Verlag, Berlin/Heidelberg/New York

Brunner A (2009) Kreativer Denken: Konzepte und Methoden von A-Z, Oldenbourg Verlag, München/Wien

Hauff V, Brundtland GH (1987) Unsere gemeinsame Zukunft. Der Brundtland-Bericht der Weltkommission für Umwelt und Entwicklung. World Commission on Environment and Development. Eggenkamp, Greven 1987

Kraus S (1997) Distributionslogistik im Spannungsfeld zwischen Ökologie und Ökonomie. Gesellschaft für Verkehrsbetriebswirtschaft und Logistik (GVB), Nürnberg

McKinsey (2011) The business of sustainability: McKinsey Global Survey results. http://www.mckinsey.com/business-functions/sustainability-and-resource-productivity/ourinsights/the-business-of-sustainability-mckinsey-global-survey-results. Letzter Aufruf: 18.02.2017

Pillmann W (1993) Gewinnung und Nutzung von Umweltinformationen im internationalen Bereich. In: Jaeschke A, Kämpke T, Page B, Radermacher FJ (Hrsg.) Informatik für den Umweltschutz (7. Symposium, Ulm, 31.3.-2.4.1993), Springer Verlag, Berlin/Heidelberg/New York, S. 1-10

Schmidt M, Schorb A (2013) Stoffstromanalysen: in Ökobilanzen und Öko-Audits, Springer Verlag, Berlin/Heidelberg/New York

Stahlmann V (2013) Umweltorientierte Materialwirtschaft: das Optimierungskonzept für Ressourcen, Recycling, Rendite, Springer Verlag, Berlin/Heidelberg/New York

Statistisches Bundesamt (2015) Unternehmen und Arbeitsstätten: Nutzung von IKT in Unternehmen. https://www.destatis.de/DE/Publikationen/Thematisch/UnternehmenHandwerk/Unternehmen/InformationstechnologieUnternehmen5529102157004.pdf   Letzter   Aufruf: 18.02.2017

Automatisierung

IS Nutzung für Energiemanagement in KMU Fertigungsunternehmen – Status Quo und Weiterentwicklungsaspekte

Heiko Thimm, Can-Osman Kaymakci, Reinhard André, Milan Tanik

Abstract Von Energiemanagementsystemen verspricht man sich umfassende Informationen über Energieströme. Diese Informationen lassen sich zur Verbesserung der Energieeffizienz nutzen. Betriebliche Informationssysteme können bei der Administration, Weiterverarbeitung und Bereitstellung dieser Informationen in verschiedenen betriebswirtschaftlichen Kontexten einen wichtigen Beitrag leisten. Wegen ihres naturgemäß hohen Energiebedarfs, streben kleine und mittlere Unternehmen (KMU) der Fertigungsbranche zunehmend den Aufbau eines Energiemanagementsystems an. Enterprise Ressource Planning (ERP) Systeme mit entsprechenden Erweiterungen wird dabei zukünftig eine Schlüsselrolle zukommen. Im vorliegenden Beitrag werden zunächst zentrale Merkmale der Energiemanagementpraxis von KMU Fertigungsunternehmen beschrieben. Darauf aufbauend werden Aspekte diskutiert, die von Akteuren bei der Weiterentwicklung des heute vorherrschenden rudimentären Energiemanagements zu einem aktiven Energiemanagement zu berücksichtigen sind. Es wird auf Aspekte der Stromverbrauchserfassung und Weiterverarbeitung von Verbrauchsdaten in einem ERP System eingegangen. Außerdem werden Lösungsmöglichkeiten zur Ermittlung auftragsbezogener Stromverbräuche aufgezeigt. Als praktisches Beispiel dient dabei die Lernfabrik der Hochschule Pforzheim.

H. Thimm (✉) • M. Tanik
Hochschule Pforzheim, Fakultät für Technik, 75175 Pforzheim
E-Mail: heiko.thimm@hs-pforzheim.de; milan.tanik@hs-pforzheim.de

C.-O. Kaymakci
Instituto Tecnológico y de Estudios Superiores de Monterrey, 64849 Monterrey, N.L.,
Mexico,
E-Mail: a01675619@itesm.mx

R. André
Abas Software AG, 76135 Karlsruhe,
E-Mail: Reinhard.Andre@abas.de

1 Einleitung

Durch geänderte gesetzliche Rahmenbedingungen und andere Faktoren gewinnt die Einführung eines (aktiven) Energiemanagementsystems (EnMS) bei Energieintensiven aber auch Nicht-Energieintensiven Unternehmen zunehmend an Bedeutung. Die Anforderungen an Unternehmen zur Einführung, Realisierung, Aufrechterhaltung und Verbesserung eines EnMS sind in der internationalen Norm ISO 50001 spezifiziert (ISO, 2011). Nutzenargumente für den Einsatz eines EnMS sind zum Beispiel eine verbesserte Transparenz über alle Energieströme im Unternehmen und die Verwendung von Informationen des EnMS für eine systematische Verbesserung des Energieeinsatzes, des Energieverbrauchs und der Energieeffizienz des Unternehmens (BMU, 2012). Für Energieintensive Unternehmen stellt die Verankerung eines EnMS eine notwendige Voraussetzung dar, um von Steuerermäßigungen zu profitieren.

Unternehmen des produzierenden Gewerbes haben meist einen hohen Energiebedarf. Sie müssen ihr EnMS so ausgestalten, dass Informationen über den Energieverbrauch von Maschinen und Anlagen fortlaufend erfasst und zur weiteren Verarbeitung verfügbar gemacht werden. Eine effiziente Speicherung und Verarbeitung der Datenströme kann mittels eines zentralen Verwaltungssystems erreicht werden. Betriebliche Informationssysteme (BIS) Systeme können dabei eine wichtige Rolle spielen.

Die Ausgestaltung eines aktiven Energiemanagements (EM) bedeutet, dass Energiedaten nicht nur für Berichtszwecke erfasst und verarbeitet werden. Aus den Energiedaten sollen insbesondere Informationen gewonnen werden, die sich zur Verbesserung der Energieeffizienz und zur EM-orientierten Optimierung betriebswirtschaftlicher Aufgaben nutzen lassen. Bei Fertigungsunternehmen sind unter anderem die weit verbreiteten Methoden zur Planung und Optimierung der Produktionsaktivitäten zu betrachten, die von Enterprise Ressource Planning Systemen (ERP) Systemen und anderen BIS System unterstützt werden.

Der vorliegende Beitrag beleuchtet das Aufgabengebiet „Energiemanagement" bei kleinen und mittleren Unternehmen (KMU) der Fertigungsbranche. Der Fokus liegt auf dem Einsatz von BIS Systemen (insbesondere ERP Systeme) zur Unterstützung von EM Aufgabenstellungen. Auf Basis von Expertengesprächen und eigenen Erfahrungen wird die aktuell vorherrschende betriebliche EM Praxis in KMU Fertigungsunternehmen charakterisiert. Die Beschreibung des Status Quo wird ergänzt durch Erfahrungswerte beim Aufbau eines ERP-gestützten EM im Rahmen der Lernfabrik der Hochschule Pforzheim. Der Beitrag analysiert außerdem wichtige Aspekte für die Weiterentwicklung des heute oftmals nur rudimentär ausgeprägten EM zu einem aktiven EM.

Der nachfolgende Abschnitt 2 beschreibt die BIS Nutzung in KMU Fertigungsunternehmen für EM. Im dritten Abschnitt wird die Lernfabrik vorgestellt und im Abschnitt 4 wird auf Aspekte der Weiterentwicklung von EM in Fertigungsunternehmen eingegangen. Abschnitt 5 beschreibt verwandte Arbeiten. Abschnitt 6 schließt den Artikel mit einer Zusammenfassung und einem Ausblick ab.

2 IS-basiertes Energiemanagement – KMU Perspektive

Es ergibt sich bisher noch kein einheitliches Bild hinsichtlich der Frage, welches BIS System vorranging zur Verankerung und den Betrieb eines EnMS genutzt werden sollte. Am Markt sind neben mehr und mehr aufkommenden eigenständigen BIS Lösungen für EnMS auch traditionelle BIS Lösungen verfügbar, die über integrierte EM Funktionen verfügen. Hierzu zählen zum Beispiel ERP Systeme und Manufacturing Execution Systems (MES). In Bezug auf die Automatisierungspyramide (Vogel-Heuserc et al., 2009) weisen MES Systeme im Vergleich zu anderen BIS eine größere „Nähe" zu den Maschinen, Anlagen und Geräten von Produktionsunternehmen auf. In der Diskussion über die Frage des für ein EnMS am besten geeigneten BIS Ansatzes fällt die Argumentation in manchen Fachkreise deshalb zu Gunsten von MES Systemen aus. Mit der im Juni 2016 veröffentlichten Fassung der VDI Richtlinie 5600 (VDI, 2016) liegt eine Richtlinie vor, die diesen Ansatz propagiert und für MES Systeme ein Modul „Energiemanagement" vorschlägt.

Der Standard Funktionsumfang von ERP Systemen für Fertigungsunternehmen enthält meistens Anwendungsmodule für die Produktionsplanung und -steuerung. Von einigen ERP Systemen werden dabei integrierte MES Funktionalitäten angeboten wie zum Beispiel Funktionalitäten für die Betriebsdaten- und Maschinendatenerfassung (BDE/MDE), ein Fertigungsleitstand, Feinplanungsfunktionalitäten für die Maschinenbelegungsplanung und weitere Funktionen der Werkstattsteuerung. Die in den letzten Jahren zunehmende Popularität von MES Systemen hat dazu beigetragen, dass in ERP Systeme integrierte MES Funktionalitäten mehr und mehr von KMU Produktionsunternehmen verwendet werden.

Status Quo der EnMS-Praxis. In den meisten heutigen KMU Fertigungsunternehmen findet bisher noch kein aktives oder nur ein rudimentär ausgeprägtes EM statt (Meyer, 2013; Herbst et al., 2013). In der Kostenrechnung, Angebotskalkulation, Nachkalkulation und in anderen betriebswirtschaftlichen Standardaufgaben werden daher häufig nur sehr grob ermittelte und aggregierte Verrechnungssätze für Energiekosten verwendet oder es wird lediglich mit Schätzwerten gearbeitet.

Von den verschiedenen Energiearten ist bei den Firmen hauptsächlich der Bedarf an elektrischer Energie – zum Beispiel von Maschinen, Anlagen, Materialflusssystemen, Lagersystemen, Gebäudetechnik, IT Systemen – am größten. Die Ermittlung des Stromverbrauchs erfolgt üblicherweise über wenige herkömmliche, zentral installierte Stromzähler. Messungen des tatsächlichen Energieverbrauchs von Maschinen und Anlagen in den verschiedenen Betriebszuständen finden nur in Ausnahmefällen z. B. bei Neuinstallationen und Inbetriebnahmen statt. Nicht selten stehen altersbedingte technische Beschränkungen einer differenzierten Erfassung der Stromverbräuche von Anlagen und Maschinen entgegen.

Infolgedessen stehen auftragsbezogene Kennzahlen über den Stromverbrauch nur in wenigen Unternehmen zur Verfügung. Die Optimierungsmöglichkeiten, die sich aus der Verfügbarkeit EM-spezifischer Kennzahlen für Standardaufgaben ergeben, können daher nicht angegangen werden. Neben den genannten altersbedingten technischen Beschränkungen für die Stromverbrauchserfassung gibt es noch einen weiteren Grund für das Fehlen EM-spezifischer Kennzahlen. Bisher mangelt es bei den im Einsatz befindlichen BIS Systemen an Schnittstellen sowie integrierten Funktionen zur Verarbeitung von Energiedaten und der Bereitstellung flexibler Analysemöglichkeiten.

BIS-basiertes Energiemanagement in heutigen KMUs. MES Systeme mit EM Funktionen werden zunehmend von Fertigungsunternehmen eingesetzt. Auch dedizierte EM Systeme sind bereits vereinzelt anzutreffen. Dennoch kann davon ausgegangen werden, dass ein Großteil der Unternehmen weiterhin davon absehen wird, solche spezialisierten BIS Systeme für den Aufbau und den Betrieb eines EnMS zu verwenden. Dies gilt insbesondere dann, wenn bereits ein ERP System im Einsatz ist, das die Unternehmensanforderungen gut erfüllt und umfassende Anpassungs- und Erweiterungsmöglichketen unterstützt. Der Verzicht auf den Einsatz von spezialisierten Informationssystemen basiert dabei in vielen Firmen auf einer strategischen Entscheidung gegen einen „Best-of-Breed" IT Architektur Ansatz. Bei diesem Ansatz werden zur IT-seitigen Umsetzung neuer und geänderter betrieblicher Aufgabenstellungen bevorzugt kundenindividuelle Anpassungen des ERP Systems vorgenommen.

ERP Systeme haben bei KMU Fertigungsunternehmen zwar eine relativ starke Verbreitung. Von den meisten ERP Anbietern wurde das Thema Energiemanagement bisher jedoch lediglich als Randthema betrachtet. Wie oben bereits beschrieben mangelt es daher vielen ERP Systemen bisher noch an integrierten EM Funktionen.

Ausblick auf zukünftige BIS – Stromverbrauch als auftragsbezogene Kennzahl und als Planungsfaktor. Durch die zunehmende Verfügbarkeit standardisierter Datenaustauschformate und -protokolle für Energiedaten und eine steigende Nachfrage ist von einem wachsenden Angebot an BIS Systemen mit integrierten EM Funktionen auszugehen. Man kann damit rechnen, dass Standardschnittstellen zur Verarbeitung von Stromverbrauchsdaten einschließlich Daten zur Identifikation und Verfolgung von Aufträgen bald zum Standardumfang von BIS Systemen gehören werden. Selbst wenn (zunächst) lediglich „auftragsneutrale" Stromverbrauchsdaten von BIS Systemen empfangen und verarbeitet werden, ist es möglich Energiekennzahlen auf unterschiedlichen Aggregationsstufen zu ermitteln (zum Beispiel Maschine/Anlage in unterschiedlichen Betriebszuständen, Fertigungsauftrag, Arbeitsgang). Sind BDE/MDE Daten im System vorhanden, wie das zum Beispiel bei ERP Systemen teilweise der Fall ist, können mittels Analyseverfahren auftragsbezogene Energiekennzahlen ermittelt werden.

Mit Blick auf den Stromverbrauch für Eigenerzeugnisse kann festgestellt werden, dass die bisher in der Praxis vorherrschenden Planungsmethoden (z. B. Maschinenbelegungsplanung) in punkto Ressourceneffizienz verbessert werden können. Softwarelösungen, die auf diesen Planungsverfahren basieren, sind vor allem in den entsprechenden Anwendungsmodulen von ERP Systemen und MES Systemen aber auch in den Methodenbibliotheken sogenannter „Advanced Planning Systems" (APS) zu finden. Damit Anwenderunternehmen bei der Verankerung und effektiven Nutzung von EnMS adäquat durch diese Systeme unterstützt werden, müssen die Methoden und Systeme weiter entwickelt werden. Es muss das Ziel sein, EnMS-orientierte Planungsmethoden („Eco Production Scheduling") zu entwickeln und zu implementieren. Dabei ist neben den herkömmlichen Planungsfaktoren (Kosten, Arbeit, Zeit), der Energieverbrauch als weiterer gleichrangiger Planungsfaktor zu berücksichtigen.

3 Lernfabrik der Hochschule Pforzheim

Mit der an der Hochschule Pforzheim im Aufbau befindlichen Lernfabrik sollen Forschungs-, Technologieentwicklungs- und Wissenstransferaktivitäten zu drei Themenschwerpunkten durchgeführt werden. Bei den Schwerpunkten handelt es sich um:

1. KMU-taugliche Konzepte zur Weiterentwicklung von BIS Systeme zu EM-orientierten BIS Systemen,
2. Methoden des Ressourceneffizienz Managements und
3. Konzepte und Methoden der Industrie 4.0 Vision.

Zu Demonstrationszwecken und zur Evaluation von Forschungsergebnissen wurde für die Lernfabrik eine Fallstudie entwickelt, in der individualisierbare Flaschenöffner produziert werden. Abbildung 1 gibt einen schematischen Überblick über die Lernfabrik (Kaymakci, 2017).

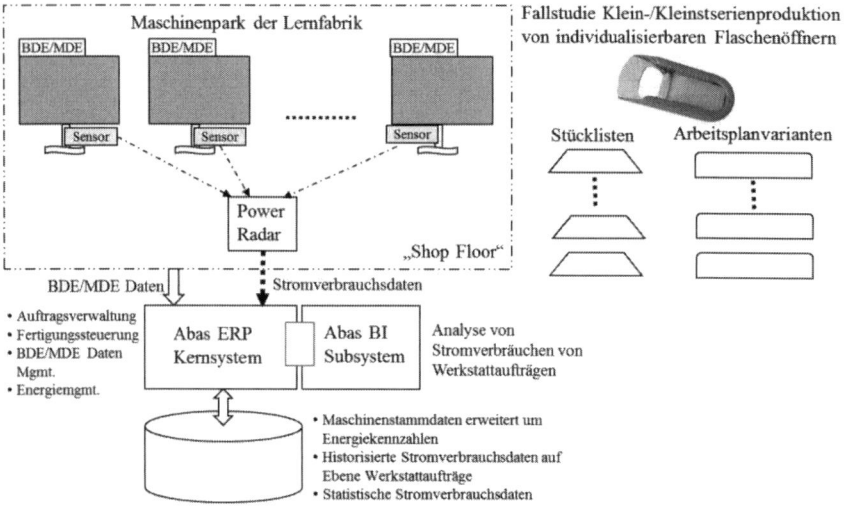

Abb. 1: Überblick über die Lernfabrik der Hochschule Pforzheim.

Die in Bezug auf den Einsatz von Automatisierungstechnologie und IT noch nicht vollständig abgeschlossene Feinspezifikation der Lernfabrik hat zum Ziel ein möglichst realitätstreues Abbild von typischen KMU Fertigungsunternehmen zu schaffen. Vor diesem Hintergrund wurde der Einsatz eines ERP Systems mit integrierten MES Funktionalitäten beschlossen. Ein großer Vorteil solcher ERP Systeme im Vergleich zu MES Systemen besteht darin, dass sie über umfassendere entweder direkt integrierte oder integrierbaren Analysemöglichkeiten verfügen. Diese Möglichkeiten sind hilfreich, um EM-spezifischer Analyseaufgaben effektiv zu erledigen. Es wurde ebenfalls vom Einsatz eines dedizierten EM Informationssystems abgesehen. Nachfolgend wird genauer auf das ausgewählte ERP System und auf wichtige Erfahrungswerte bei der Anbindung der Maschinen an das System eingegangen.

Einsatz des abas ERP Systems in der Lernfabrik. Als zentrale Plattform für das Datenmanagement und für die Abwicklung operativer Prozesse war ein KMU-fähiges ERP System mit integrierten MES-Funktionalitäten auszuwählen. Die Wahl fiel dabei auf das ERP System abas ERP des in Karlsruhe ansässigen und auf mittelständische Fertigungsunternehmen spezialisierten Unternehmens abas Software AG. Das System kann gute Bewertungen in einschlägigen ERP Studien (Konradin Verlag, 2013, Sontow, 2014) vorweisen und ist bei zahlreichen Firmen in der Region im Einsatz. Außerdem unterstützt das abas ERP System umfassende Möglichkeiten zur flexiblen Anpassung und Ergänzung an kundenindividuelle

Anforderungen. Über integrierte EM Standardfunktionalitäten verfügt das System bisher jedoch noch nicht. Mit den oben genannten integrierten flexiblen Erweiterungsmöglichkeiten lässt sich das abas ERP System jedoch relativ einfach um eine Schnittstelle für die Energiedatenerfassung und um integrierte EM Funktionen erweitern.

Der Funktionsumfang des abas ERP Kernsystems kann um Spezialfunktionen auf Basis eines Plug-In Mechanismus erweitert werden. Beispielsweise ist ein sogenanntes „BI-Plug-In" verfügbar, mit dem eine Business Intelligence (BI) Umgebung verfügbar gemacht werden kann. Mit der BI Umgebung können komplexe Standardauswertungen und benutzerindividuelle Auswertungen der ERP Datenbasis durchgeführt werden.

Messung und zentrale Erfassung von Energieverbrauchsdaten. Für ein aktives EM müssen unter anderem aktuelle Energieverbrauchsdaten zur Verfügung stehen wie beispielsweise der Stromverbrauch von Maschinen und Anlagen. Moderne Produktionsmaschinen und Anlagen besitzen daher integrierte Energiemessgeräte. Bei älteren Maschinen und Anlagen ist das oft nicht der Fall. Manche Hersteller bieten deswegen Nachrüstsätze an.

Werkseitig eingebaute Stromzähler sind bei den Maschinen der Lernfabrik nicht vorhanden. Es stellte sich außerdem heraus, dass passende kostengünstige Nachrüstsätze für die Maschinen nicht angeboten werden. Zur nachträglichen Ausstattung der Maschinen mit Stromzählern sind stattdessen kostenintensive Nachrüstprojekte mit individuellen Umbau- und Erweiterungsmaßnahmen notwendig. Neben den hohen Umbaukosten wurde von dieser Möglichkeit auch wegen des erforderlichen hohen Aufwands für die Schnittstellenprogrammierung abgesehen. Für jede Maschine hätte am ERP System eine individuelle Schnittstelle programmiert werden müssen. Die Recherche nach sonstigen Alternativen zur Stromverbrauchserfassung führte zum Lösungsangebot des Unternehmens Panoramic Power (Panoramic Power, 2016). Bei dieser Lösung werden mit Sensoren ausgestattete Spezialklammern direkt an die Versorgungskabel der Maschinen bzw. Maschinenelemente angebracht. Von den Sensoren gemessene Stromwerte werden zyklisch (z. B. alle 10 Sekunden) an die PowerRadar Software zur zentralen Erfassung und Verarbeitung übertragen. Die Software unterstützt eine automatisierte fortlaufende Weiterleitung von „Rohdaten" aber auch von vorverarbeitete Daten an andere Systeme über verschiedene Standardmechanismen (Kaymakci, 2017).

In der Implementierungsarchitektur der Lernfabrik ist die Verwendung der Panoramic Power Lösung vorgesehen. Zunächst sollen dabei nur die Hauptzuleitungen der Maschinen mit den „Klammersensoren" versehen werden. Die Leitungen einzelner Maschinenelemente sollen erst zu einem späteren Zeitpunkt überwacht werden. Es ist vorgesehen, dass die Messwerte von der PowerRadar Software über eine WLAN Verbindung mit zweiminütiger Taktrate an das abas ERP System übertragen werden.

4 Weiterentwicklung zu einem Aktiven Energiemanagement

Von einer schrittweisen Weiterentwicklung des heute bei den meisten KMU Fertigungsunternehmen noch anzutreffenden rudimentären EM zu einem aktiven EM, kann eine substantielle Verbesserung der Energiebilanz erwartet werden (BMU, 2012). Im Folgenden wird auf zentrale Weiterentwicklungsaspekte und auf erste Erfahrungswerte eingegangen, die im Zusammenhang mit der Lernfabrik gewonnen wurden.

Bereitstellung maschinenbezogener Energiekenndaten. Der Stromverbrauch aller in der Produktion eingesetzten Geräte, Maschinen und Anlagen in ihren verschiedenen Betriebsmodi (Einschaltphase/Aufwärmphase, Standby Modus, Volllast, Ausschaltphase ggf. für verschiedene klimatische Umgebungsbedingungen) sollte bekannt sein. In der Praxis ist häufig die Meinung anzutreffen, dass entsprechende Informationen von den Herstellern zur Verfügung gestellt werden. Für die Maschinen der Lernfabrik ist es trotz Kontaktaufnahme zu den Herstellern nicht gelungen, entsprechende Informationen verfügbar zu machen. Es ist ferner kritisch anzumerken, dass Herstellerangaben zum Energieverbrauch in der Regel Richtwerte für bestimmte Herstellvorgänge unter Normalbedingungen darstellen. Oft ist es aber schwierig bzw. unmöglich, aus diesen Richtwerten realistische Stromverbrauchsprofile für die benötigten Fertigungsverfahren herzuleiten. Nur in seltenen Fällen liegt eine hohe Übereinstimmung zwischen den Material- und sonstigen Werkstückeigenschaften, den Werkzeug- und Maschineneigenschaften, Umgebungsbedingungen (Raumtemperatur) und Stückzahlen der Messumgebung des Herstellers mit den Unternehmensanforderungen vor. Außerdem ist zu beachten, dass die Richtwerte eine verschleißbedingte Erhöhung des Stromverbrauchs nur sehr begrenzt abbilden.

ERP-basierte Verwaltung und Weiterverarbeitung von Energiedaten. Als zentrales BIS System zur Verwaltung und Weiterverarbeitung von Energieverbrauchsdaten bietet sich für KMU Unternehmen häufig das meist bereits vorhandene ERP System an. Wie oben beschrieben bestehen verschiedene Möglichkeiten zur Anbindung der Maschinen an ERP Systeme, um in der Datenbank Stromverbrauchsdaten verfügbar zu machen. Wichtige Information lassen sich aus den Verbrauchsdaten ableiten wie beispielsweise auftragsspezifischen Stromverbräuche und die Stromverbräuche von Arbeitsgängen. Diese Informationen können für die Erledigung klassischer Geschäftsvorfälle aber auch Planungs-, Entscheidungs-, und Optimierungsaufgaben genutzt werden.

Es gibt verschiedene Ansätze, um aus den Verbrauchsdaten relevante Informationen abzuleiten (Makita et al., 2012). Werden die Verbrauchsdaten nicht gemeinsam mit Daten zur eindeutigen Identifikation des zugehörigen Werkstattauftrags an das ERP System übertragen, muss zunächst ein Zuordnungsschritt erfolgen. In diesem Schritt müssen die Stromverbrauchswerte den entsprechenden Werkstattaufträgen zugeordnet werden. Dazu können beispielsweise Daten aus der Werkstattsteuerung genutzt werden. Die auftragsspezifischen Verbrauchswerte lassen sich durch eine Aggregation der von Arbeitsgängen verbrauchten elektrischen Energie ermitteln (Kaymakci, 2017).

Im Fall der Lernfabrik ist der oben genannte Zuordnungsschritt notwendig, weil durch den Einsatz der externen Panoramic Sensoren nur Verbrauchswerte ohne auftragsidentifizierende Daten an das abas ERP System übertragen werden. Für die Zuordnung der zeitbehafteten Verbrauchswerte zu Aufträgen werden die in der Datenbank abgelegten BDE/MDE Daten verwendet. Die Verarbeitung solcher über BDE/MDE Terminals direkt an den Maschinen erfassten Daten gehört zum Standardfunktionsumfang des abas ERP Systems. Für die Auswertungen soll die von abas angebotene BI Umgebung genutzt werden.

Energiedatenintegrierte Fertigungsplanung. Fertigungsunternehmen müssen eine Vielzahl komplexer Planungsaufgaben übernehmen. Die vom Markt geforderte flexibel Anpassbarkeit der Pläne sowie und die Auskunftsfähigkeit gegenüber Kunden kann von Unternehmen durch den Einsatz eines ERP Systems geleistet werden. Dazu verfügen ERP Systeme über integrierte Planungsverfahren wie zum Beispiel die Verfahren Material Requirements Planning (MRP), Manufacturing Resources Planning (MRPII) und Verfahren zur Schichtplanung. Historisch bedingt liegt der Fokus dieser Verfahren auf die Einsatzoptimierung der Ressourcen Arbeit, Material, Zeit und Kapital. Der Energieverbrauch wird bestenfalls als einer von vielen anderen Kostenfaktoren, nicht aber als eigenständiger gleichwertiger Optimierungsfaktor berücksichtigt. Die Anbieter von ERP Systemen und anderen BIS Systemen (insbesondere MES) sind deshalb aufgefordert, zukünftig entsprechende Energiedatenintegrierte Planungsverfahren als Bestandteil des Standardfunktionsumfangs anzubieten. Im Rahmen der Lernfabrik wird in Zusammenarbeit mit dem Unternehmen abas Software AG an der Erforschung und Erprobung entsprechender praxistauglicher Planungsverfahren gearbeitet.

5 Verwandte Arbeiten

Ein allgemeiner Ansatz zur Beurteilung von ERP Systemen hinsichtlich ihrer „Umweltfreundlichkeit" („Greenness") findet sich in (Boltena et al., 2014). Der Ansatz basiert auf gängigen Selektionskriterien für ERP Systeme. Die Kriterien

wurden verfeinert, um Aspekte der Umweltfreundlichkeit explizit zu berücksichtigen. Beim Projekt ReMo Green (Meyer, 2013) geht es um adäquate Softwareun-
terstützung für Energieeffizienzmaßnahmen in KMU Unternehmen. Im Rahmen
des Projekts wird an der Entwicklung eines Referenzmodells für KMU-taugliche
Energieeffizienzsoftware gearbeitet. Ein Überblick über die Lösung e&eco-
F@ctory von Mitsubishi Electric wird in (Makita et al., 2012) gegeben. Mit der
Lösung lassen sich Produktionsinformationen mit Energieverbrauchsdaten verknüpfen, um Energieverschwendung im Produktionssystem zu erkennen. Studienergebnisse über den Energiebedarf von typischen Produktionsmaschinen am Beispiel einer Kunststoffspritzmaschine findet man in (Sauer, 2016). Ebenso wird in
dem Beitrag ein Konzept für ein Scheduling System vorgestellt, das die Minimie-
rung von Lastspitzen adressiert.

6 Abschließende Bemerkungen

In einer gemeinsamen Studie des Beratungsunternehmens PwC und der European
Business School (PwC/EBS, 2011) wurde empirisch belegt, dass EnMS für Unternehmen einen hohen Stellenwert haben. Von den Studienteilnehmern wurden
EnMS als drittbeste Maßnahme zur Verbesserung der Energieeffizienz und als
beste Maßnahme zur Verbesserung der Energiekosteneffizienz bewertet. Mit zunehmender Kenntnis von vorhandenen Kostensenkungspotentialen und den neuen
steuergesetzlichen Regelungen kann von einem weiterhin steigenden Interesse an
der Einführung effektiver EnMS ausgegangen werden. Für KMU Fertigungsunternehmen spielen BIS Systeme, allen voran ERP Systeme, bei der Verankerung
von EnMS und ihrer Weiterentwicklung zu aktiven EnMS eine wichtige Rolle.
Von den ERP Systemherstellern sind dazu Weiterentwicklungsmaßnahmen erforderlich. Gefragt sind vor allem Schnittstellen für den Austausch von Energieverbrauchsdaten, neue flexible Analyseverfahren zu Bestimmung des Stromverbrauchs auf unterschiedlichen Aggregationsebenen und Energiedatenintegrierte
Planungsverfahren. Außerdem sollten vorhandene ERP Transaktion überarbeitet
werden, wenn sich durch die Integration von Energiedaten das Nutzenpotential für
Endanwender steigern lässt.

Literaturverzeichnis

BMU (2012) Energiemanagementsysteme in der Praxis, ISO 50001: Leitfaden für Unternehmen und Organisationen. Bundesministerium für Umwelt, Naturschutz und Reaktorsichheit (BMU)/Umweltbundesamt (UBA), Berlin

Boltena A, Rapp B, Solsbach A, Marx Gómez J (2014) Towards Green ERP Systems: The selection driven perspective. Proceedings 28th EnviroInfo 2014 Conference, September 2014.

ISO (2011) Energiemanagemntsysteme - Anforderungen mit Anleitung zur Anwendung. ISO 500001:2011

Herbst A, Jochem E, Idrissova F, John F et al. (2013) Energiebedarf und wirtschaftliche Enegieeffizienz-Potentiale in der mittelständischen Wirtschaft Deutschlands bis 2020 sowie ihre gesamtwirtschaftlichen Wirkungen. Institut für Ressourceneffizienz und Energiestrategien, Karlsruhe, Karlsruhe/Berlin

Kaymakci C-O (2017) Anwendungsszenarien zur Nutung des abas ERP Systems in der Lernfabrik Pforzheim. Bachelor Thesis, Hochschule Pforzheim, Fakultät für Technik

Konradin Verlag (2013). http://www.abas-it.de/download/studien/erp-studien_de_2013.pdf. Letzter Aufruf: 21.01.2017

Makita H, Shida Y, Nozue N (2012) Factory Energy Management System Using Production Information. Electric M. (Hg.) Mitsubishi Electric ADVANCE, pp 7-11

Meyer A (2013) Referenzmodell für eine branchenorientierte Energieeffizienzsoftware für KMU. In: Marx Gómez J, Lang C, Wohlgemuth V (Hrsg.) IT-gestütztes Ressourcen- und Energiemanagement, Konferenzband zu den 5. BUIS-Tagen, Springer Verlag, Berlin/Heidelberg/ New York, S. 11-19

Panoramic Power (2016) Panoramic Power Executive Overview. http://www.panpwr.com/resources#solution-briefs. Letzter Aufruf: 03.02.2016

PwC/EBS (2011) Energieverbrauch erfolgreich steuern. PricewaterhouseCoopers und Strascheg Institute for Innovation and Entrepreneurship, European Business School, Oestrich-Winkel

Sauer J (2016) Scheduling Regarding Energy Efficiency, Tagung KI 2016, 30. PuK-Workshop: Planen/Scheduling und Konfigurieren/Entwerfen, Klagenfurt, September 2016, pp 1-12

Sontow K (2014) ERP-Einsatz in der Unternehmenspraxis. Industrial Engineering, S. 10-19

VDI (2016) VDI Richtlinie 5600 - Manufacturing Execution Systems / Fertigungsmanagementsysteme. Verein Deutscher Ingenieure (VDI), Düsseldorf

Vogel-Heuser B, Kegel G, Bender K, Wucherer K (2009) Global Information Architecture for Industrial Automation. atp-edition, Automatisierungstechnische Praxis, 51, pp 107-115

Architectural Design of Sensor based Environmental Information Systems for Maintainability

Ruthbetha Kateule, Andreas Winter

Abstract The achievement of software quality attributes contributes to the success of any system. As a matter of fact, Maintainability is one of the software quality attributes that plays a major role in attaining system quality. However, it is a time-consuming and expensive phase of system development life cycle. Sensor based environmental information systems have a long operational lifetime. For these reasons, it is very important for sensor based environmental information systems to possess the maintainability quality attribute in order to remain useful during their lifetime. However, the development process of such systems did not realize explicitly the maintainability requirements to sustain the operation of such systems. The fulfillment of quality attributes of the system has been increasing realized as a significant role of software architecture. This work extends the architecture of sensor based environmental information systems for maintainability, using road traffic control system as a case of study. Maintainability is assessed through the use of change scenarios. Architectural design decisions are applied in redesigning the architecture to improve maintainability.

1 Introduction

Sensor based environmental information systems utilize the sensing techniques to manage the data about the air, water, soil and other objects revolving around the world such as road traffic control, air pollution, and fire detection systems (Kateule et al., 2016). The utilization of such systems is increasingly worldwide. This motivates the development process of such systems to be initiated from the existing systems by reusing the developed artifacts: code and architectural designs (Graaf,

R. Kateule (✉) • A. Winter
Carl von Ossietzky University, Oldenburg, Germany
E-Mail: ruthbetha@se.uni-oldenburg.de; winter@se.uni-oldenburg.de

2004). However, the development of such systems emphasizes on the performance, reliability, and usability. The software quality attributes concern the accommodation of likely changes in the future i.e. growth and technology are never explicitly specified, measured or architected during the life cycle of the system.

Maintainability is an essential software quality attribute for the long-term success of software system. It is found that the maintenance phase consumes a large part of a system costs such as between 50 to 80 percent of the system total costs (Lientz et al., 1980; Clements et al., 1998). The conventional sensor based environmental information systems are insufficient in terms of accommodating continuous changing of the requirements, caused by changes in the demands of various stakeholders and environment. This could be addressed by first understanding the system since 47 percent of the maintenance efforts are directly related to the system understanding (Clark et al., 1995) i.e. software architecture.

The software architecture of a program or computer system is the structure or structures of the system, consists of software components and their properties as well as how those software components relate with each other (Clements et al., 1998). Basically, the software architecture is regarded as a blueprint for the development process of a system. The software architecture facilitates the achievement of systems' functional and quality attributes. Software architecture provides an appropriate level of abstraction for evaluating, reasoning and managing the software quality attributes (Kaufmann, 2014). The desired level of software quality could be achieved via comprehensive specification and evaluation of a software quality attributes. System architecture should accommodate quality attributes by providing a foundation for achieving systems quality attributes. Maintainability is one of software quality attributes that could be assessed in architectural level (Wall et al., 2008). The architecture determines the efforts required to find and fix errors as well as moving the software to different platform or hardware. Therefore, the architecture evaluation of maintainability is essential to determine the ability of a system in accommodating new requirements or changes to avoid expensive rework in the future.

Since maintainability is crucial for the long-term success of sensor based environmental information systems. The software architecture plays an important role in achieving this mainly by incorporating new and changed requirements of the system in the early stages of system designs through various architectural design solutions. This results in systems with reduced risks, costs, and efforts in sustaining the effective and efficient operations of the system. However many researchers neglect the maintainability aspect while designing software architecture.

In the previous conference paper, we have provided a preliminary discussion on the essential viewpoints for the reference architecture of sensor based environmental information systems (Kateule et al., 2016). In this work, we extend the proposed architectural design (mainly conceptual viewpoint) with maintainability perspective. The contribution of this paper is the proposed architectural designs (viewpoints) that facilitate the development of maintainable sensor based environmental information system.

1.1 Road Traffic Control System

Before continuing with the related works section, the road traffic control system is introduced as a case of sensor based environmental information system. This system aims at maximizing the efficiency of road networks by minimizing traffic jams. The conceptual view of road traffic control system as presented in figure 1. The system employs sensors i.e. Inductive loop Sensors to count the number of vehicles in road lanes at the junctions, and then the information is sent to the Server. The Server integrates the information collected by various sensors located in different road lanes. Then the Server analyses the collected information and execute suitable control actions through Traffic Signal Actuators and Traffic-Lights Actuators that maximize the traffic flow. The collected information from the sensors as well as control actions executed by the actuators are stored in the Traffic DB. A User Interface displays the road traffic information of various junctions.

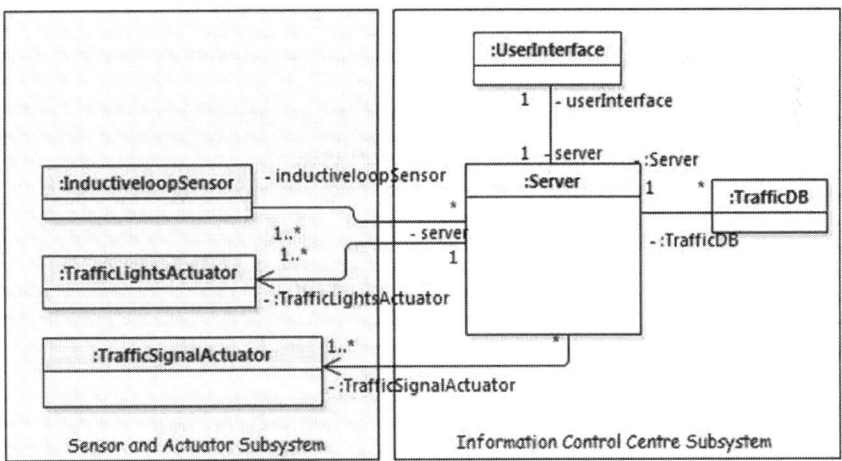

Fig. 1: Conceptual View of Road Traffic Control System.

The remainder of this paper is organized as follows. The related works are given in Section 2. Section 3 presents maintainability aspect on software architecture.

The software architecture description for maintainability is presented in Section 4. The paper ends with the conclusion in Section 5.

2 Related Works

One of the most challenging tasks in designing software architecture is not only to design the specified system functionality but also attaining a specific software quality attributes i.e. performance or maintainability that led to the quality of the system (Bosch et al., 2002). Therefore the evaluation of software quality is crucial to both software engineers and business expertise perspectives.

In (Lindvall et al., 2009), the Tactical Separation Assisted Flight Environment system (TSAFE) was analyzed and investigated over the accommodation of new features. The maintainability and flexibility issues were discovered and their impacts on the software system were analyzed. Then the observed issues were resolved via architecture design decisions that reduce maintenance effort of such system.

Different views of the software systems were proposed to address different concerns of various stakeholders of the system (IEEE, 2011). A view conforms to a corresponding viewpoint. Maintainability being one of the concerns of various stakeholders is addressed by various viewpoints for instance module dependency viewpoint.

A method for reengineering software architecture was demonstrated in (Bengtsson et al., 1998). The method addressed the quality attributes of software architecture. This was achieved through the use of scenarios and then the design transformations were applied to improve the quality attributes of the required system. The method was illustrated via a beer can inspection system.

From the literature, it is found that scenario based technique is mostly used in assessing the maintainability from the architecture point of view. Also, most of the architectural designs that have been proposed belong to various system domains rather than sensor based environmental information systems. Hence this work addresses the issue of maintainability on the architectural level of sensor based environmental information systems.

3 Maintainability Aspects on Software Architecture

Any system intends to provide desired services based on the predetermined quality attributes. The sensor based environmental information systems is expected to possess longer operational lifetime. The stakeholders consider maintainability as the most important quality attributes.

Maintainability is the ability of the system to accommodate new or change requirements with a degree of ease (Christensen, 2003). In general, maintainability is the capability of the software product to be modified (ISO, 2001). This includes the addition or manipulation of functionalities, fixation of errors and fulfilment of new raised requirements to meet the demands of the business.

Maintainability is one of the software quality attributes which is highly affected by the architectural design of a software system. This is because the functionality of the system is decomposed into several components. Hence the introduction of change or new requirements led to the modification of the specified architecture by imposing the changes in several components to accommodate the introduced requirements. This situation could be handled effectively through the analysis and understandability of the software system i.e., if the designed software architecture is extended with the design decisions for maintainability then the system would be able to accommodate change and new requirements against minimal efforts.

4 Software Architecture Description for Maintainability

The description of software architecture for sensor based environmental information system that supports maintainability adopts IEEE 42010 (Recommended Practice for software Architectural Description of Software Intensive Systems) (IEEE, 2011). The developers, architects, and sensor experts are identified as the main stakeholders with maintainability concerns. Since maintainability is one of the software quality attributes that could be expressed naturally through change scenarios, then a scenario-based approach is utilized for the identification of the desirable architectural design. A scenario-based method is a technique of evaluating a software quality attribute of an architecture mainly maintainability by expressing the software quality attribute in terms of scenarios (Kazman et al., 1994). Therefore for our case, change scenarios in road traffic control system as a case of study are utilized as described in the following section.

4.1 Scenarios

A scenario represents an action or sequence of actions that might occur as related to the system. It describes a certain maintenance task. Some of the potential change scenarios of road traffic control system that could arise as new requirements in the future are as described below;

- Hardware change: The sensor, servers, user interfaces and actuators hardware in the system might be changed or added to increase the accuracy or performance of the system hence the corresponding software need to be updated. For instance, the system employed inductive loop detectors and there was a need of adding CCTV camera sensor to increase accuracy. Also, initially the system utilized traditional traffic lights as actuators, the emergence of smart traffic lights enforce the system to replace the traditional traffic lights with new smart traffic lights to increase the performance of the system.
- The change of road traffic algorithms, database or sensor measuring types. Normally the road traffic algorithms serve the traffic demands in the lanes, hence when the traffic demands change mainly due to weather, road maintenance activities, accidents, and others, then there is a need of changing the algorithms to suit the demands. Change of one database schema to another i.e. from SQL to Oracle requires the road traffic control system to be updated. The sensor measuring types could be changed to meet the traffic demands and increasing the accuracy of the system, for instance, the extension of measuring only vehicle counts to include other measuring types such as length, and speed of vehicles.
- Extension of the system with some external systems via data exchange. Rise of new requirements or some events such as travellers need to be updated on the status of road traffic to plan their trips and also occurrence of accidents and some other criminal acts on the roads require the road traffic control system to be extended or provide some information to other systems such as traveller information, emergence and security control systems.

These scenarios are representative scenarios for the maintenance of sensor based environmental information systems.

4.2 Effects on the Architecture

The aforementioned change scenarios are evaluated based on their impacts on the software architecture of road traffic control systems described in section 1.1. The impacts of those change scenarios are as follows:

- The introduction of new or change of hardware in the road traffic control system requires the change of all concerned components since the components are directly connected to each other.
- The road traffic algorithm change affects the Server component, database change affects the TrafficDB component, user interface change affects the UserInterface and Server components and also the change of sensor measuring types affect the Sensor and TrafficDB components.
- To accommodate the extension with new systems the Server component need to be reconfigured.

The realization of these scenarios in the architecture of road traffic control system presented in section 1.1 revealed that the accommodation of those scenarios impose the reconfiguration of the whole architecture since many components are affected. This implies that the demonstrated architecture of road traffic control system possess low maintainability. The main objective of software architectural design is to optimize the potential of the designed architecture in order to fulfill the software quality requirements (Jansen et al., 2005). Therefore there is a need of redesigning the software architecture of road traffic control system taking into consideration the maintainability as the crucial requirement.

4.3 Proposed Architectural View for Maintainability

The effects of those scenarios on the described road traffic control system revealed that the system possesses low maintainability. The main objective of system architecture redesign is to utilize the architectural design decisions to accommodate those requirements. An architectural design decision concerns with the application of the architectural styles and patterns in the system to satisfy the system requirements (Jansen et. al, 2005). The following are critical architectural design decisions that have been applied to extend the architecture design of road traffic control system with maintainability as illustrated in figure 2:

- Addition of New Classes: This handles the clear distribution of activities or functionality of particular component. For instance, a new class Controller implements the Server is responsible with coordinating the activities of all other components in the system, hence reduce inter-components coupling. The expansion of road traffic control system with other systems or functionality could be executed by Controller. Analyser is responsible with analysing the collected traffic information, executing specified algorithm that optimise traffic flow. Parser handles various database schemas by facilitating the insertion and updation of database.

- Interfaces: Each component has been designed with an Interface class that facilitates the inter-components communication. This implies that the hardware and software changes (communication protocols, user-interfaces etc.) could be easily accommodated through interfaces.
- Design Patterns: Client-Server Architectural Style is employed to decouple the GUI from the program logic by separating the program logic Server Interface from the display Client.

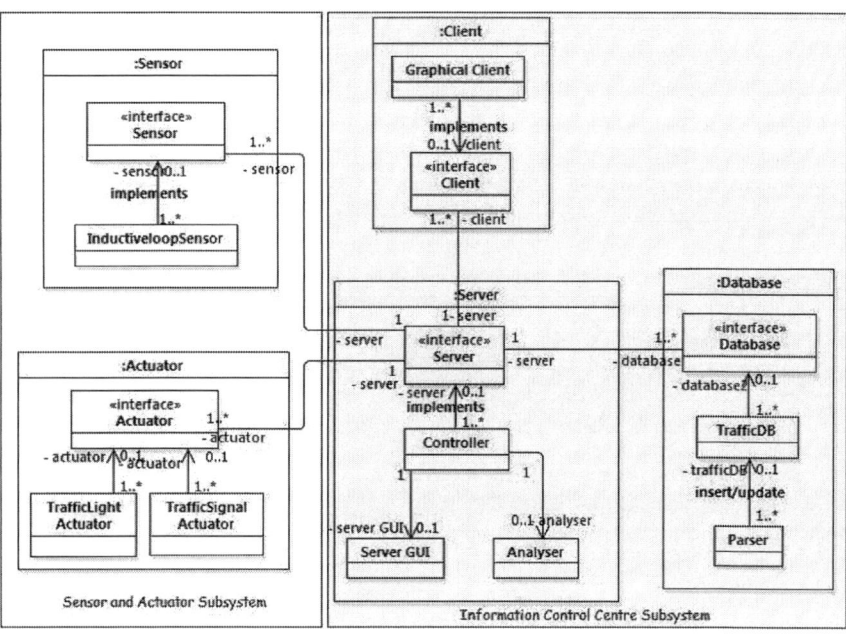

Fig. 2: Redesigned View of Road Traffic Control System.

4.4 Generalised Viewpoint

The generic architectural design (viewpoint) of sensor based environmental information systems for maintainability is derived from the representation of the road traffic control system architecture view presented in the previous section. The viewpoint of sensor based environmental information system as shown in figure 3, consists of the following components Sensor, Actuator, Server, Database and Client. For Maintainability, the architectural design employs new classes for specific functionalities, interfaces for facilitating the communication between the afore-mentioned components and client-server architectural style for separating the pro-cessing of information from the actual displaying functionality. Therefore the de-velopment of any maintainable sensor based environmental information system could be facilitated by deduction of concrete system architecture view from this proposed viewpoint.

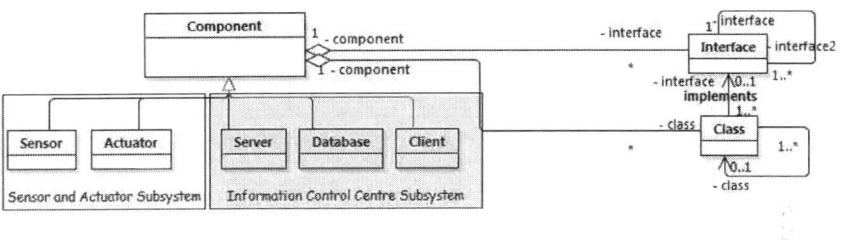

Fig. 3: Conceptual Viewpoint of Sensor based Environmental Information Systems.

5 Conclusion

The architecture of sensor based environmental information systems has been identified as an important aspect in the development of sensor based environmen-tal information system. A well-defined software architecture led into the fulfill-ment of software quality attributes mainly maintainability. The incorporation of maintainability demands in an early phase of system design is crucial for achieving a well-functional and reasonable cost system since the resulted system will be able to accommodate the changes or new requirements throughout its lifetime.

This paper presents the architectural design of sensor based environmental in-formation systems for maintainability. The approach utilizes a scenario-based technique and employs architectural design decisions to achieve the maintainabil-ity software quality attributes. The selected scenarios are aligned with stakehold-ers' concerns on the aspect of maintainability. An architectural view of improving maintainability of road traffic control system is proposed. And finally, the view-point for maintainable sensor based environmental information systems is derived.

References

Bengtsson P, Bosch J (1998) Scenario-based software architecture reengineering. Proceedings of 5th International Conference on Software Reuse

Bengtsson P, Bosch J (1999). Architecture level prediction of software maintenance. Proceedings of 3rd European Conference on Software Maintenance and Reengineering, pp 139–147

Bosch J, Bengtsson PO (2002) Assessing optimal software architecture maintainability. Proceedings of Fifth European Conference on Software Maintenance and Reengineering, pp 168–175

Christensen HB (2003) Using software architectures for designing distributed embedded systems. Technical Report, University of Aarhus, Denmark

Clark CGAA-AB, Boehm B. (1995) On the definition of software system architecture. Technical report: USC/CSE-95-TR-500

Clements LBP, Kazman R (1998) Software Architecture in Practice, Boston (MA): Addison Wesley Longman

Graaf B (2004) Maintainability through architecture development. European Workshop on SA

IEEE (2011) Recommended practice for architectural description of software-intensive systems 42010

ISO (2001) International organization for standardization, ISO 9126-1:2001

Jansen A, Bosch J (2005) Software architecture as a set of architectural design decisions. Proceedings of 5th Working IEEE or IFIP Conference

Kateule R, Winter A (2016) Viewpoints for sensor based environmental information systems. In: Wohlgemuth V, Fuchs-Kittowski F, Wittmann J (Eds.) Environmental Informatics – Stability, Continuity, Innovation. Current trends and future perspectives based on 30 years of history, 30. EnviroInfo, Gesellschaft für Information (GI) e.V., HTW Berlin, 14-16 September 2016, Adjunct Proceedings of the EnviroInfo 2016 conference, Reihe: Umweltinformatik, Aachen: Shaker Verlag, pp 211-217

Kaufmann M (2014) Relating system quality and software architecture. Elsevier Inc., pp 41–73

Kazman R, Len Bass, GA, Webb M (1994) SAAM: A method for analyzing the properties software architectures. Proceedings of the 16th International Conference on Software Engineering, Sorrento, Italy

Lientz B, Swanson E (1980) Software Maintenance Management, Boston (MA): AddisonWesley, Longman

Lindvall C, Dennis G (2009) Redesign for flexibility and mantainability: A case study. Proceedings of European Conference on Software Maintenance and Reengineering

Wall A, Lindgran M, Land R, Norström C (2008) Importance of software architecture during release planning. Proceedings of the Seventh Working IEEE/IFIP Conference on Software Architecture, pp 253–256

Einsatzmöglichkeiten von Methoden der Künstlichen Intelligenz zur Optimierung von Stoff- und Energieströmen und prototypische Umsetzung auf der Basis von Stoffstromnetzen

Martina Willenbacher, Volker Wohlgemuth

Abstract Auf dem Markt erhältliche Betriebliche Umweltmanagementsysteme (BUIS) verarbeiten die enthaltenen Daten über Datenbankabfragen und Funktionen. Dabei stehen spezielle Algorithmen zur Datenerfassung und –auswertung aus dem Bereich der Künstlichen Intelligenz noch nicht im Fokus existierender Systeme. Aber gerade das ermöglicht eine völlig neue Qualität der nutzerzentrierten Informationsbereitstellung, da die Wissensbasis iterativ erweitert wird und somit individuellere Voraussagen und Analysen getroffen werden können. Mit dem Beitrag „Einsatzmöglichkeiten von Methoden der Künstlichen Intelligenz zur Optimierung von Stoff- und Energieströmen und prototypische Umsetzung auf der Basis von Stoffstromnetzen" wird der Versuch unternommen, eine Grundlage für den Einsatz von Methoden der KI in produzierenden Betrieben zu schaffen, welche durch ein zu entwickelndes Künstliches Neuronales Netz in Kombination mit Evolutionären Algorithmen und Fuzzy-Logik unterstützt werden sollen, ressourcen- und energieeffizienter zu arbeiten, wobei jedoch der personelle und finanzielle Aufwand gering bleiben soll.

1 Motivation und Zielstellung

Eine energie- und ressourcenschonende Produktion ist für Industrieunternehmen ein wichtiger Key Performance Indicator, um wirtschaftlich zu arbeiten und somit wettbewerbsfähig zu bleiben. Dafür sind Softwaresysteme zur Analyse, Auswertung, Diagnose und Planung nötig.

M. Willenbacher (✉) • V. Wohlgemuth
HTW Berlin, Fachbereich 2, Umweltinformatik, Wilhelminenhofstraße 75A, 12459 Berlin
E-Mail: martina.willenbacher@htw-berlin.de; volker.wohlgemuth@htw-berlin.de

Aufgrund der ständig steigenden Menge und Komplexität der zu verarbeiten-den Daten sind die vorrangig genutzten konventionelle mathematische Methoden nur bedingt geeignet, ganzheitliche und branchenübergreifende Prozesse abzubil-den, zu berechnen und darauf aufbauend Entscheidungen und Voraussagen zu tref-fen. Auch der Umgang mit dem Vorhandensein von ausreichendem Problemwis-sen sowie die Verarbeitung von unscharfem Wissen und fehlerhaften Daten kann über herkömmliche Verfahren nicht gelöst werden. (Ultsch, 1995)

Eine Möglichkeit, diese Probleme zu umgehen, bietet beispielsweise der Ein-satz von Methoden der Künstlichen Intelligenz (KI). Künstliche Intelligenz wird auch als Computationale Intelligence bezeichnet. Dieser Forschungszweig dient dem Zweck, auf einem Computer Verhaltensweisen von menschlichen Experten und optimierenden Vorgängen aus der Natur zu imitieren bzw. zu simulieren. Das Ziel ist es, assoziatives und schöpferisches Denken zu simulieren und mit dem Computer zu verifizieren. (Grauel, 2008)

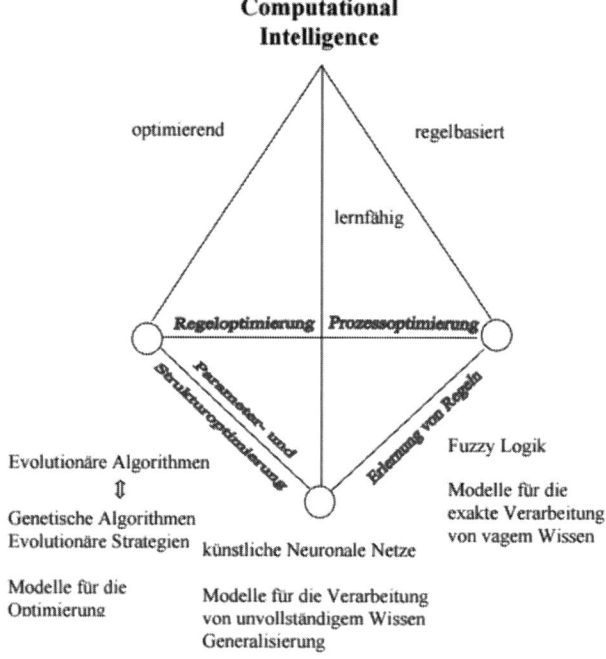

Abb. 1: Computional Intelligence nach Grauel.

In diesem Beitrag soll aufgezeigt werden, welche Möglichkeiten des Einsatzes von Methoden der Künstlichen Intelligenz das Potenzial haben, Stoff- und Ener-gieströme zu analysieren und zu optimieren und dies anhand eines Künstlichen

Neuronalen Netzes (KNN) in Kombination mit Fuzzy Logic und Evolutionären Algorithmen prototypisch zu demonstrieren. Weiterhin soll untersucht werden, ob ein Mehrwert gegenüber dem Einsatz konventioneller Methoden zur Analyse, Berechnung und Auswertung in Umweltmanagementsystemen besteht und wie sich dieser auswirkt. Die Analyse der Auswirkung soll neben dem Entwicklungsaufwand und der Performance des KNN auch Aspekte wie Bedienerfreundlichkeit und die Amortisierung des Gesamtaufwandes in Abhängigkeit der Langzeitnutzung berücksichtigen. Des Weiteren sollen in dem zu entwickelnden KNN auch schwer abzubildende Faktoren wie Alterung und Nutzungsverhalten von Maschinen und Anlagen sowie die damit verbundene Änderung der Energieverbräuche berücksichtigt und untersucht werden. Dazu gehört auch eine Konzeption einer intelligenten Automatisierung der Erstellung der Ökobilanz, durch diese die relevanten Unternehmensdaten bereitgestellt werden. Dabei sollen bereits während des Produktionsprozesses die gemessenen und berechneten Daten der Sachbilanz erfasst und darauf aufbauend mittels Methoden der KI Schätzungen zur ganzheitlichen Abbildung des Produktionsprozesses vorgenommen werden. Neben Energie, Roh- und Betriebsstoffen, physikalischen Größen (z. B. Emissionen, Temperatur, Druck, Phon/Sone) werden auch Produkte, Koppelprodukte, Abfall sowie weitere Umweltaspekte betrachtet. Daneben sollen Maßnahmen zur Optimierung von Energie- und Stoffen als auch Risiken innerhalb der Produktion identifiziert und zur Wirkungsabschätzung herangezogen werden.

Die zentralen Forschungsfragen, welche in diesem Beitrag behandelt werden, lauten:

- Welche Methoden der KI können sinnvoll bestehende Umweltmanagementsysteme bei ihren Berechnungen, Auswertungen und Wissensbasen unterstützen?
- Besteht im Einsatz von Methoden der KI zur Optimierung von Stoff- und Energieströmen ein Vorteil gegenüber konventionellen Methoden und wie gestaltet sich dieser auch im Hinblick auf die Anpassbarkeit bestehender Systeme und die Langzeitnutzung?

Dafür werden in einem ersten Schritt mögliche Einsatzbereiche in der produzierenden Industrie identifiziert, die technischen Anforderungen analysiert, um darauf aufbauend verschiedene praktische Anwendungsfälle und sinnvolle Erweiterungsbedingungen für die Einbindung weiterer indirekter Einflussfaktoren zu entwickeln. Der Vorteil des Einsatzes von KNN bei der Optimierung besteht darin, dass kein explizites Wissen über den eigentlichen Lösungsweg nötig ist, da das Netz das Lösungsverfahren anhand von Trainingsdaten „erlernt".

Es soll der Versuch unternommen werden, mittels Methoden der KI auch nichtlineare Funktionen und dynamische Systeme zu berechnen und somit schwer abzubildende Faktoren wie Alterung, Nutzungsverhalten sowie die damit verbundene Änderung der Ressourcenverbräuche berücksichtigen können. Daher wird das KNN nicht separat betrachtet, sondern mit Methoden computerisierter Denkprozesse, des logischen Schließens und des intelligenten Interagieren künstlicher Maschinen kombiniert.

Im zweiten Schritt werden die identifizierten Prozesse mit ihren komplexen Problemen durch naturanaloge Verfahren modelliert. Dafür sind Datenquellen zu bestimmen, die bezüglich ihrer Qualität und Quantität ein aussagekräftiges Training des Netzes ermöglichen. Nach der Auswahl der Kombination der Netzarchitekturen sowie der Festlegung der Einflussvariablen (Input/Output) und Lernregeln, erfolgt die Modellierung und Programmierung des Netzes. Wenn das KNN ausreichend trainiert ist, erfolgt die Programmierung einer grafischen Benutzerschnittstelle, um die Bedienung für den Anwender zu erleichtern.

Das KNN soll über eine geeignete Schnittstelle in Umberto® implementiert werden, um die Software mit Methoden des maschinellen Lernens zu erweitern. Über eine grafische Benutzerschnittstelle kann das Netz vom Benutzer für verschiedene Anwendungsfälle konfiguriert werden. Dafür werden realistische Anwendungsszenarien erstellt und diese in experimentellen Pilotanwendungen validiert und verifiziert sowie die Möglichkeit einer individuell gestaltbaren Auswertung der Daten erarbeitet. Final soll ein Demonstrator zur Verfügung stehen, welcher das KNN, die Datenbankanbindung, das GUI und eine zu entwickelnde Umberto®-Schnittstelle enthält.

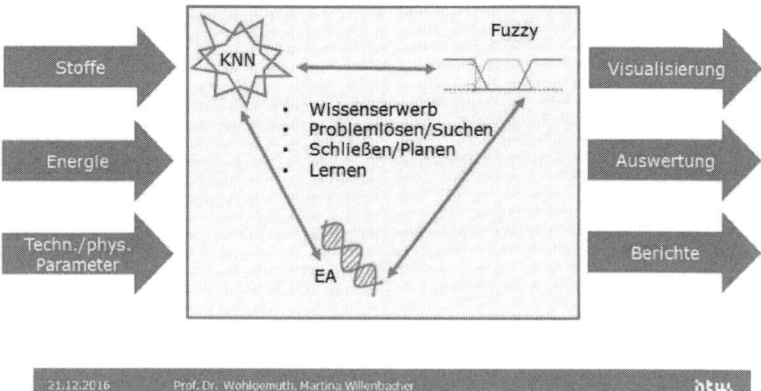

Abb. 2: Eingesetzte Methoden der KI.

2 Stand der Wissenschaft und Technik

Bedingt durch die stark dynamischen Entwicklungsprozesse (ökonomische, demographische, soziologische, ökologisch-biologische Prozesse) ergeben sich hohe Anforderungen an das Auffinden von wissenschaftlichfundierten Antworten auf umweltspezifische Fragestellungen und zur Formulierung von Modellen. Entscheidungsfindungen werden damit einerseits durch die Kürze der zur Herbeiführung von Lösungen verfügbaren Zeit und anderseits durch die Komplexität der Systeme und Prozesse des Umweltbereiches erschwert. Bei Untersuchungen von Umweltsystemen bildet die große Menge von Daten eine weitere Schwierigkeit. Sie sind in der Regel raum- und zeitabhängig und werden in Geoinformationssystemen, Umweltinformationssystemen oder Umweltdatenbanken gesammelt und gespeichert. Die sinnvolle Kopplung von Modellen oder auch Simulationstechniken für den betrieblichen Umweltschutz und Umweltbezug ist heute noch Gegenstand intensiver Forschungsarbeiten (Grützner et al., 1999).

Mit CONKAT (CONnectionistic Knowledge Acquisition Tool) wurde ein wissensbasiertes System mit einem konnektionistischen Modell gekoppelt. Dabei werden Datensatzstrukturen von einem neuronalen Netz erfasst und als symbolisches Wissen bereitgestellt (Ultsch & Halmans, 1991).

Im Bereich der Emissionsreduktion wurde eine Methodik für Produktionsabstimmungmechanismen auf Basis von Fuzzy Logic und Neuronalen Netzen entwickelt (Tuma, 1993).

Des Weiteren gibt es Arbeiten zu einem auf Fuzzy Logic basierenden Prognosesystem zum Energieverbrauch (Lau, 2008) sowie zu einem Energieverbrauchanalysesystem mit Evolutionären Algorithmen.

Für die Prozessoptimierung in der chemischen und verfahrenstechnischen Industrie bietet das Unternehmen atlan-tec Systems GmbH die Software Neuro-Model® (Atlan-tec, 2017) an, welches mit dem Ziel der Kostenminimierung auf dem Markt angeboten wird. Eine KI-Lösung im Bereich der Prozessoptimierung auf Basis der Daten von Stoff- und Energieströmen mit Berücksichtigung der schwer abzubildenden Faktoren wie Alterung und Nutzungsverhalten von Maschinen und Anlagen sowie die damit verbundene Änderung der Energieverbräuche ist bisher nicht bekannt.

3 Konzeption

Konzipiert und implementiert werden soll ein KNN in Kombination mit Methoden der KI, welches auf Basis von Daten modellierter Stoff- und Energieströme sowie weiterer Daten des Unternehmens (Maßnahmenkataloge, Controllingdaten etc.) Zusammenhänge zwischen den verschiedenen Parametern des betrieblichen Umweltmanagements erkennt und Optimierungspotenziale innerhalb der ablaufenden Prozesse ermittelt. In der folgenden Tabelle sind die in die Modellierung einfließenden Daten beispielhaft dargestellt.

	Produktions-stufe 1	Produktions-stufe 2	Produktions-stufe n	Datenquelle
Produkt	Zwischen-produkt 1	Zwischen-produkt 2	Endprodukt	
Input	Transport, Energie, Wasser, Rohstoffe, Hilfsstoffe, Betriebsstoffe			Umweltinformationssysteme, Ökobilanz
Output	Wertstoffe, Reststoffe, Gefahren-stoffe, Energie, Abwasser, Emission		Endprodukt, Reststoffe, Energie, Abwasser, Emission	Umweltinformationssysteme, Ökobilanz
Verbundene Umweltaspekte	Emission, Lärm, Lager, Maschinenwartung, Betriebsmittel für Produktionsanlagen, Verpackung			Unternehmensdatenbanken, manuell aufgenommene Daten
Schwache Faktoren	Nutzungsverhalten der Maschinen (Standzeiten, Auslastung, Wartungsintervalle), Leistungskennzahlen der Maschinen, Alterung, Umgebungstemperatur, Qualitätssicherung, Personal			Unternehmensdatenbanken, manuell aufgenommene Daten

Tab. 1: Beispielhafte Darstellung der in die Modellierung einfließenden Daten.

Im Folgenden werden die einzusetzenden Methoden der KI kurz erläutert bevor auf die technische Umsetzung eingegangen wird.

3.1 KNN

Die Prozessoptimierung für einen effizienten Material- und Energieverbrauch in der Produktion ist ein wesentlicher Bestandteil in der betrieblichen Umweltinformatik. Gerade dieser sehr komplexe Bereich zeichnet sich insbesondere durch eine sehr hohe Anzahl von Parametern aus, die oftmals nicht in direktem Zusammenhang stehen. Bei der Modellierung und Simulation von Energie- und Stoffströmen können Zusammenhänge zwischen den Eingangs- und Zielparametern auftreten, die nicht linear sind. Um eine aussagekräftige Analyse oder Prognose anstellen zu können, reichen die herkömmlichen mathematisch-statistischen Modellierungsmethoden nicht aus. KNN sind in der Lage, auch nichtlineare Beziehungen zwischen den untersuchten Parametern aufzudecken. Beispielsweise kann der Energieverbrauch einer Maschine in der Produktion mit zunehmender produzierter Menge exponentiell steigen. Auch das Abfallaufkommen im Vergleich zur Produktionsmenge kann in einer nichtlinearen Beziehung stehen. Um Optimierungspotentiale aufzudecken, bieten sich demnach hierbei neuronale Netze an, welche mehrdimensionale, nichtlineare Zusammenhänge kompakter abbilden und deren Auswertung vereinfachen. (Willenbacher, 2011)

Für das in diesem Beitrag beschriebene zu entwickelnde KNN wird daher eine nicht-lineare Aktivierungsfunktion der Ausgabeschicht gewählt. Als Lernverfahren kommen das überwachte Lernen zur Anpassung der Netzkonfiguration auf Basis eines Soll- und Istvergleiches sowie das bestärkende Lernen zum Einsatz, welches dem System die Möglichkeit der Entscheidungsfindung auf Basis von vorher durchlaufenen Trainingsdaten gibt. Die Herausforderung dabei liegt in der Kombination verschiedener KI-Methoden mit dem KNN, um optimale Lösungsergebnisse bei differenten Problemstellungen zu erreichen.

3.2 Fuzzy-Logik

Fuzzy-Systeme sind eine Erweiterung der klassischen Logik um unscharfe Mengenzugehörigkeit und Regeln, für die keine exakten Vorschriften bestehen. Sie verarbeiten nicht nur Werte wie 1 und 0, sondern auch Zwischenwerte (Wahrheitswerte), z. B. 0.5, so dass damit auch unscharfe Angaben wie *ein bisschen*, *etwas*, *ziemlich* oder *stark* mathematisch behandelt werden können. Entscheidend ist, dass hinter dieser Logik keine einfache mathematische (lineare) Funktion zu finden ist. Vielmehr müssen die maßgebenden Werte aus Erfahrungen, Beobachtungen und empirischen Untersuchungen gewonnen werden.

Um den Nachteil der Black-Box-Sicht des KNN zu eliminieren und eine Wissensintegration in das Netz zu ermöglichen, wird das zu entwickelnde KNN mit Fuzzy-Mengen kombiniert. Dies dient einer Vorauswahl der Entscheidungsfindung zur Komplexitäts- und Rechenleistungsreduktion. Die Gewichtung des KNN erfolgt über Fuzzy-Mengen. Damit können den Regeln, die für das KNN festgelegt wurden, sogenannte Wahrheitsgrade zugewiesen werden. Das bedeutet, dass der gleiche Zustand verschiedene Aktionen auslöst. Ein Beispiel dieses Verfahrens soll an folgendem Skizzenmodell verdeutlicht werden.

Regel	Zustand 1: „Abfall erzeugt"	Zustand 2: „produzierte Menge"	Aktion
	Wenig Abfallerzeugung	Wenig Produktion	Aktion 2
	Mittlere Abfallerzeugung	Wenig Produktion	Aktion 3
	Viel Abfallerzeugung	Wenig Produktion	Aktion 3
	Wenig Abfallerzeugung	Mittlere Produktion	Aktion 1
	Mittlere Abfallerzeugung	Mittlere Produktion	Aktion 2
	Viel Abfallerzeugung	Mittlere Produktion	Aktion 3
	Wenig Abfallerzeugung	Viel Produktion	Aktion 1
	Mittlere Abfallerzeugung	Viel Produktion	Aktion 2
	Viel Abfallerzeugung	Viel Produktion	Aktion 3

Tab. 2: Beispiel für eine Fuzzy-Menge.

Als Beispiel werden die Intervalle A = [10,50], erzeugter Abfall in Tonnen und P = [100,1000], produzierte Menge in Stück, verwendet. Auf Basis der erzeugten Regeln wird anschließend der Erfüllungsgrad über die Zugehörigkeitsfunktion bestimmt, um die Fuzzifizierung des Systems vorzunehmen.

3.3 Evolutionäre Algorithmen (EA) für die Optimierung der Produktionsplanung und Prozesssteuerung

Evolutionäre Algorithmen sind eine Klasse von Verfahren zum Auffinden einer Näherungslösung für ein bestehendes Optimierungsproblem. Diese zur Klasse der Metaheuristiken gehörenden Verfahren basieren auf den biologischen Prinzipien der Mutation, Reproduktion und Selektion. Grundlage ist dabei der Fortpflanzungs- bzw. Evolutionsprozess. Durch Mutation ist es den genetischen Erben möglich, sich an die ändernden Umwelt-/Lebens-/Umgebungsprozesse anzupassen. Die an die Umwelt am besten angepassten Individuen verdrängen die Schwächeren und geben die optimierten Erbinformationen in die nächste Generation weiter. (Lippe, 2006) Die ersten Einsatzgebiete von EA begründen sich in den 60er und 70er Jahren in Arbeiten der TU Berlin in den Bereichen der Thermodynamik und Baustatik.

In dieser Forschungsarbeit soll untersucht werden, inwieweit das Supply Chain Management, also die Prozesse in einem Unternehmen entlang der Lieferkette/des Liefernetzwerkes, im Hinblick auf die Stoff- und Energieströme unter Berücksichtigung bestehender Informationsflüsse mit EA optimiert werden können. Dabei kann beispielsweise die Reihenfolge der produzierten Güter betrachtet werden aber auch die logistische Zulieferung von Bauteilen. Die Herausforderung liegt dabei in der Betrachtung gegensätzlicher Kriterien. Dabei ist es das Ziel, das Element des Suchraumes zu finden, welches für alle Zielfunktionen den besten Wert liefert. Folgende Fragestellungen sollen dabei betrachtet werden:

- Die Produktion mehrerer Produkte einer Anlage mit dem Ziel, die Reihenfolge der bestmöglichen Produktionsmenge unter optimaler Auslastung der Anlage zu ermitteln;
- Die Bewertung von Produktionsanlagen vor dem Hintergrund der Ressourceneffizienz und des Energieverbrauchs unter Berücksichtigung verschiedener Faktoren (Kosten, Produktionssteigerung, Wartung, Reparatur, Nutzungsdauer, Durchsatz)
- Die Bewertung der Produktion sekundärer Produkte vor dem Hintergrund der Ressourceneffizienz und des Energieverbrauchs unter Berücksichtigung verschiedener Faktoren (Gewinnsteigerung, Anlagennutzung, Personalaufwand)

Ein Lösungsansatz besteht darin, möglichst viele pareto-optimale Lösungen für multiobjektive Probleme zu bekommen. Für die Berechnung wurden die Algorithmen Strength Pareto Evolutionary Algorith 2 (SPEA2) (Zitzler et al. 2001) sowie Pareto-archived Evolutionary Strategie (PAES) (Knowles et al., 1999) angewandt.

Mit SPEA2 (Kruse et al., 2015) ist eine feinere Fitnesszuweisung, welche die Anzahl der dominierenden Lösungen einer Problemlösung berücksichtigt sowie eine Verbesserung der Effizienz der Diversitätsberechnung durch die Bestimmung neuer Nachbarn (Dichtemaß) möglich. Nicht-dominierende Individuen (Pareto-Grenzen) können in einem Archiv abgelegt werden, welches durch eine Archivgrößenbegrenzung gekennzeichnet ist. Dadurch können nur durch Entfernen älterer Individuen neue hinzugefügt werden. (Mehnen, 2004)

Beim PEAS wird das Archiv als mehrdimensionale Hash-Tabelle dargestellt, bei denen die Hash-Werte die Nischen definieren. (Kruse et al., 2015)

4 Technische Umsetzung

Die Entwicklung des Künstlichen Neuronalen Netzes mit Fuzzy Logic und Evolutionären Algorithmen erfolgt in der Programmiersprache C/C++ mit Microsoft Visual Studio (Microsoft Corporation, 2017).

Für die Visualisierung des Netzes kommt die Software MemBrain20 zum Einsatz. MemBrain stellt für die Anbindung an Visual Studio eine DLL zur Verfügung, welche mit den Sprachen C, C++ und C# genutzt werden kann.

Für den Einsatz in der betrieblichen Umweltinformatik wird das fertiggestellte
Netz an Umberto (ifu) über eine xml-Schnittstelle angebunden.

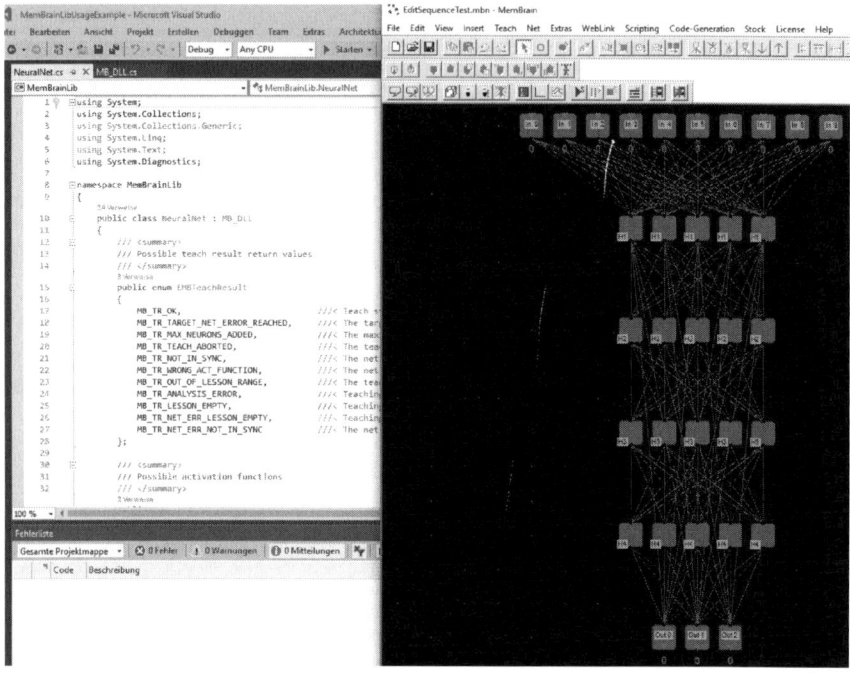

Abb. 2: Beispielhafte technische Umsetzung mit MemBrain und Visual Studio.

5 Fazit

Mit künstlichen neuronalen Netzen ist es möglich, auch Aussagen zum Verhalten
eines Systems zu treffen, wenn die Datenbasis lückenhaft ist.

Ebenso können sie mit leicht verfälschten Eingaben eine gute Aussagekraft erreichen. Besondern im Bereich mit interdisziplinären Datensätzen und dynamischen Modellen, wie es in der betrieblichen Umweltinformatik meistens der Fall
ist, bietet der Einsatz von KNN in Kombination mit Fuzzy-Logik und EA deutliche Vorteile:

- Lernfähigkeit des KNN aus Trainingsdaten sowie Assoziationsfähigkeit, d.h. Lösen ähnlicher Probleme nach absolviertem Training
- Hohe Fehlertoleranz des KNN gegenüber verrauschten Daten
- Abbildung des menschlichen Schließens durch Fuzzy-Systeme
- Entscheidungsunterstützung bei erstmalig auftretenden Aufgaben durch Operationalisierung linguistischer, subjektiver Werte durch Fuzzy-Systeme
- Entscheidungsunterstützung bei Problemen mit sehr vielen Lösungsmöglichkeiten oder bei Problemen ohne genug strukturelles Wissen durch EA

Nachteilig ist allerdings, dass das Wissen innerhalb der KNN nur schwer interpretierbar ist. Dies ist besonders bei der Analyse des Systemverhaltens mit unvollständigen oder teilweise fehlerhaften Daten der Fall, denn diese Ergebnisse lassen sich oft nur schwer nachvollziehen. Die Flexibilität beim Entwurf der KNN bringt auch Nachteile. Es gibt keine allgemeingültige Methode zur Konzeption von KNN. Daher ist die Entwicklung meist experimentell und sehr aufwändig, verbunden mit hohen Entwicklungskosten. Jedoch muss hierbei beachtet werden, dass KNN, wenn sie erst einmal entwickelt sind, in der Anwendung in Betrieben kostengünstiger und schneller sind als herkömmliche Anwendungen. (Willenbacher, 2011)

Literaturverzeichnis

Atlan-tec Systems GmbH (2017) Prozessoptimierer. http://www.atlan-tec.de/loesungen/prozess-optimierer/. Letzter Aufruf: 20.02.2017

Brause R (1991) Neuronale Netze. Eine Einführung in die Neuroinformatik, Teubner Verlag, Stuttgart

Grauel A (2008) Center Computational Intelligence and Cognitive Systems: Tutorial – Neuronale Netze, Fachhochschule Südwestfalen, S. 4-5

Grützner R, Möhring M (1999) Werkzeuge für die Modellierung und Simulation im Umweltbereich: 9. Workshop Koblenz 1999. ASIM-Mitteilungen 62, http://www.informatik.uni-rostock.de/~ns/gruetzner/Koblenz.html, Letzter Aufruf: 27.02.2017

Ifu (2017) Institut für Umweltinformatik Hamburg GmbH: https://www.ifu.com/umberto/. Letzter Aufruf: 14.03.2017

Knowles J, Corne D (1999) The pareto archived evolution strategy: A new baseline algorithm for pareto multiobjective optimization, Proceedings of the 1999 Congress on Evolutionary Computation (CEC 99), pp 98-105

Kruse R, Borgelt C, Braune C, Klawonn F, Moewes C, Steinbrecher M (2015) Computational Intelligence – Eine methodische Einführung in Künstliche Neuronale Netze, Evolutionäre Algorithmen, Fuzzy-Systeme und Bayes-Netze. 2. Aufl., Springer Vieweg, Wiesbaden

Lambrecht H (2011) Stoffstromnetzbasierte Optimalplanung des Ressourceneinsatzes industrieller Produktionssysteme. Dissertation Leuphana Universität Lüneburg

Lau HCW, Cheng ENM, Lee CKM, Ho GTS (2008) A fuzzy logic approach to forecast energy consumption change in a manufacturing system, Expert Systems with Applications. Vol. 34(3), April 2008, pp 1813-1824

Lippe, W-M (2006) Soft-Computing, Springer Verlag, Berlin/Heidelberg/New York

Mehnen J (2004) Mehrkriterielle Optimierverfahren für produktionstechnische Prozesse. Habilitationsschrift zur Erlangung der Lehrbefugnis für das Fach Informationssysteme in der Produktionstechnik an der Universität Dortmund

MemBrain (2017) http://www.membrain-nn.de/index.htm. Letzter Aufruf: 14.03.2017

Microsoft Corporation (2017) Visual Studio. https://www.visualstudio.com/de/. Letzter Aufruf: 14.03.2017

Rojas R (1993) Theorie der neuronalen Netze, Springer Verlag, Berlin/Heidelberg/New York

Russell SJ, Norvig P (2002) Artificial Intelligence – A modern approach. 2. Aufl., Prentice Hall, Upper Saddle River (NJ)

Tuma A, Haasis H-D, Rentz O (1993) Entwicklung emissionsorientierter Produktionsabstimmungsmechanismen auf der Basis fuzzyfizierter Expertensysteme und Neuronaler Netze. In: Jaeschke A, Kämpke T, Page B, Radermacher FJ (Hrsg.) Informatik für den Umweltschutz (7. Symposium, Ulm, 31.3.-2.4.1993), Springer Verlag, Berlin/Heidelberg/New York, S. 178-189

Ultsch A (1995) Einsatzmöglichkeiten von Neuronalen Netzen im Umweltbereich. In: Page B, Hilty LM (Hrsg.) Umweltinformatik: Informatikmethoden für Umweltschutz und Umweltforschung, Handbuch der Informatik Nr. 13.3, 2. Aufl., Oldenbourg Verlag, München/Wien, S. 219-244

Ultsch A, Halmans G (1991) Data normalization with self-organizing feature maps. Neural Networks 1991. IJCNN-91-Seattle International Joint Conference on, Vol. 1, pp 507 ff

Willenbacher M (2011) Prozessoptimierung mit künstlichen neuronalen Netzen. Akademiker Verlag, Saarbrücken, pp 145-148

Wohlgemuth V (2005) Komponentenbasierte Unterstützung von Methoden der Modellbildung und Simulation im Einsatzkontext des betrieblichen Umweltschutzes, Shaker Verlag, Aachen

Wohlgemuth V (2014) Die Entwicklung der Stoffstromsimulation. In: Umweltinformatik - Einblick in drei Jahrzehnte der Entwicklung einer Wissenschaftsdisziplin, Shaker Verlag, Aachen, April 2014

Wohlgemuth V (2015) Ein Überblick über Einsatzbereiche von betrieblichen Umweltinformationssystemen (BUIS) in der Praxis. In: Cunningham DW, Hofstedt P, Meer K, Schmitt I (Hrsg.) INFORMATIK 2015: Informatik, Energie und Umwelt (45. Jahrestagung der Gesellschaft für Informatik, 28. September – 02. Oktober 2015, Cottbus Deutschland), Gesellschaft für Informatik e.V., Bonn, S. 223-237

Zell A (2003) Simulation neuronaler Netze. München, 2., unveränd. Nachdruck der Ausgabe Bonn, Addison-Wesley 1994. Aufl., Oldenbourg Verlag

Zitzler E, Laumanns M, Thiele L (2001) SPEA2: Improving the Strength Pareto Evolutionary Algorithm, TIK-Report 103, ETH Zürich

Nachhaltige Gestaltung von Betrieblichen Umweltinformationssystemen: Die Schrift

Hans-Knud Arndt, Peter Krummhaar

Abstract Die Gestaltung von Satzschriften (Schriftarten) hat seit der Erfindung des Buchdrucks durch Johannes Gutenberg im Jahr 1450 eine lange Tradition. Auch für die nachhaltige Usability (Gebrauchstauglichkeit) bzw. User Experience (Benutzererlebnis) von Betrieblichen Umweltinformationssystemen (BUIS) stellt die Wahl der passenden Schriftart einen wichtigen Parameter dar. Moderne zeitgemäße Schriftarten sind üblicherweise spätestens seit dem klassischen Bauhaus durch ein „weniger ist mehr" gekennzeichnet und es dominieren serifenlose Schriftarten. Dieser Minimalismus trägt zweifellos zu einer Nachhaltigkeit bei, ist aber gerade bei Informations- und Kommunikationssystemen nicht unkritisch zu sehen. Dies belegt u.a. der Schriftartwechsel im Zuge der Neupositionierung (flaches Design) des mobilen Betriebssystems iOS in der Version 7 des Unternehmens Apple, welcher zu Kritik und später zu einem weiteren Schriftartwechsel durch das Unternehmen Apple führte. Dieses Paper möchte deshalb Fragen einer nachhaltigen Schriftart für Informations- und Kommunikationssysteme, insbesondere von und in Betrieblichen Umweltinformationssystemen, diskutieren.

1 Benutzerschnittstellen von Betrieblichen Umweltinformationssystemen

Betriebliche Umweltinformationssysteme (BUIS) bzw. Umweltmanagementinformationssysteme (UMIS) können definiert werden als „ein organisatorisch-technisches System zur systematischen Erfassung, Verarbeitung und Bereitstellung umweltrelevanter Informationen in einem Betrieb" (Haasis et al., 1995) bzw. Organisationen jeglicher Art. Die Handhabbarkeit (Usability) stellt eine große Herausforderung dar und ist von immenser Bedeutung für den Erfolg von BUIS. Diese

H.-K. Arndt • P. Krummhaar
Otto-von-Guericke-Universität Magdeburg
Magdeburg, Germany
E-Mail: hans-knud.arndt@iti.cs.uni-magdeburg.de; peter.krummhaar@ovgu.de

Herausforderung ist auch im Zusammenhang der Nachhaltigkeit von BUIS als solche zu diskutieren. Die Handhabbarkeit von BUIS betrifft einerseits die Darstellung der Informationen, andererseits die Interaktion des Nutzers mit dem Informationssystem. Deshalb sind hohe Anforderungen an die Gestaltung der Benutzerschnittstelle von BUIS zu stellen. Nach der DIN EN ISO Norm 9241-110 werden unter einer Benutzerschnittstelle „alle Bestandteile eines interaktiven Systems (Software oder Hardware), die Informationen und Steuerelemente zur Verfügung stellen, die für den Benutzer notwendig sind, um eine bestimmte Arbeitsaufgabe mit dem interaktiven System zu erledigen" (DIN, 2008), verstanden. Wesentlicher Bestandteil einer jeden Benutzerschnittstelle stellt die jeweils gewählte Schrift(art) dar:

„After all, typography isn't just an element of user interface; on some type-heavy mobile apps, it is the user interface" (Stinson, 2015).

2 Satzschrift

Die Satzschrift (umgangssprachlich auch als Druckschrift bezeichnet) bildet die Grundlage für die Typographie und stellt einen in einer bestimmten Schriftart und mit einer bestimmten Technik entworfenen Zeichensatz dar (Kapr und Fischer, 1973). Als Typographie wird die „Kunst der Gestaltung von Druck-Erzeugnissen nach ästhetischen Gesichtspunkten" (Duden, 2017b) bezeichnet. Die erste Satzschrift geht auf den Erfinder des Buchdrucks, Johannes Gutenberg, im Jahr 1450 zurück und wurde durch in Blei gegossene Buchstaben erstellt. Dieser Bleisatz war bis in die 1980er Jahre das vorherrschende Produktionsverfahren für Schriftarten (englisch: Fonts) von Druckerzeugnissen.

Mit der Vorstellung des Microcomputers Macintosh (Mac) durch das Unternehmen Apple Inc. aus Kalifornien am 24. Januar 1984 wurde die digitale Revolution in der Druckindustrie angestoßen (siehe dazu auch die Abbildungen 1 und 2): „Weil der Mac eine Bitmap-Darstellung hatte, konnte man ihm eine endlose Zahl von Fonts mitgeben, von elegant bis verrückt, und sie Pixel für Pixel auf den Bildschirm bringen (...) die Auswahl an schönen Macintosh-Schriftentypen sollte, als Laserdrucker und Bildschirme mit besserer Grafikfähigkeit dazukamen, das Desktop Publishing ermöglichen und dem Absatz von Apple zusätzlich zugutekommen. Und auf diese Weise wurden alle möglichen Menschen, von Schülerzeitungsredakteuren bis hin zu Müttern, die den Rundbrief des Elternbeirats tippten, mit der aufregenden Welt der Typografie vertraut, die vorher nur für Setzer, angegraute Verleger und andere Tintenkleckser reserviert gewesen war" (Isaacson, 2011). Die Bedeutung der Schrift für den Microcomputer bzw. Personal Computer

(PC) erkannte der Apple Gründer sehr früh und konnte dabei auf seine Kenntnisse aus einem Kalligrafie-Kurs, den er als Student am Reed College in Portland (USA) besucht hatte, zurückgreifen. Steve Jobs sagte dazu später (auch in Bezug auf das Betriebssystem Windows des Unternehmens Microsoft): „Wenn ich diesen Kurs am College nicht entdeckt hätte, hätte der Mac niemals eine Vielzahl von Schriftarten oder Proportionalschriften aufgewiesen. Und da Windows den Mac einfach nachgeahmt hat, ist anzunehmen, dass kein PC sie haben würde" (so zitiert in: Isaacson, 2011).

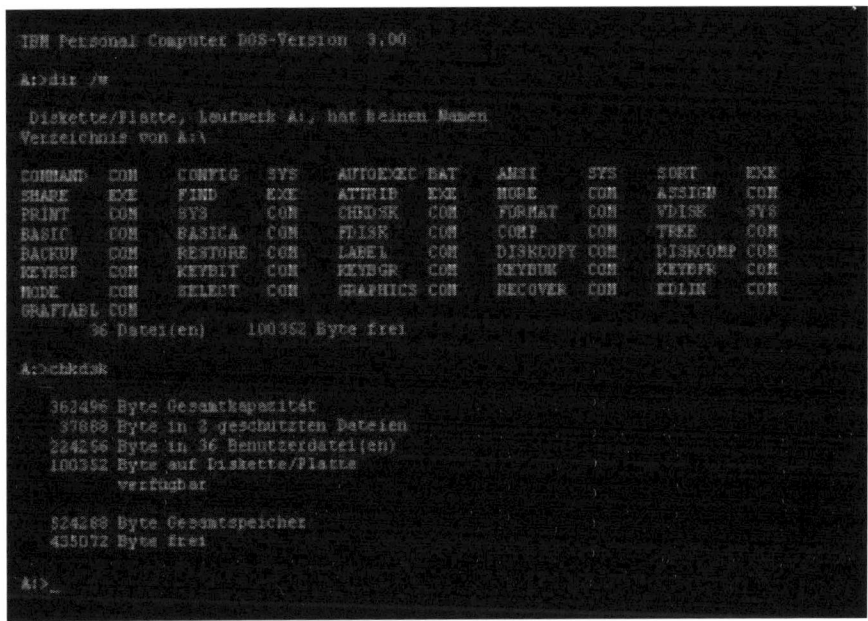

Abb. 1: Schriftart „CGA/VGA System Font" des Betriebssystems PC-DOS 3.0 eines IBM AT PCs aus dem Jahr 1984 (Quelle: Computermuseum München, 2011).

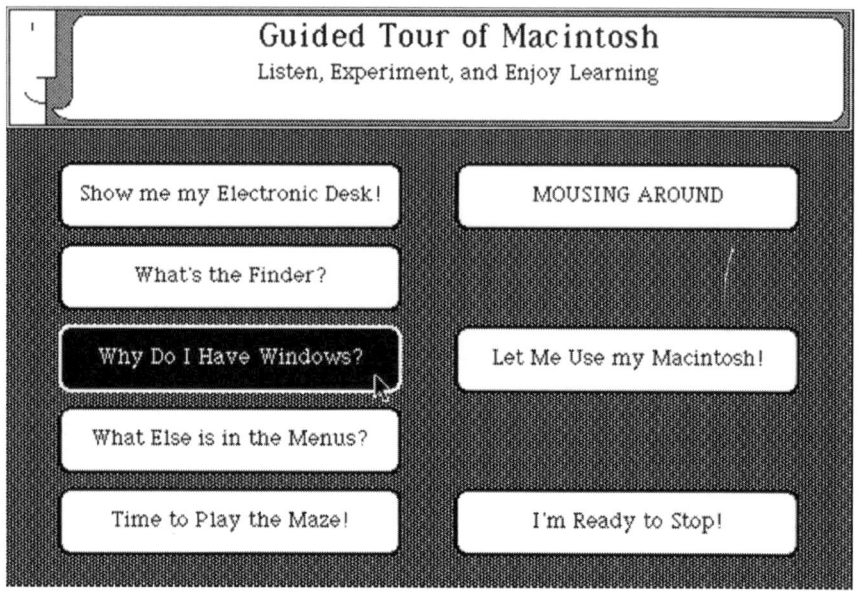

Abb. 2: Schriftart „San Francisco (1984 typeface)" des Betriebssystems Mac OS 0.97 (System 1) eines Apple Macintosh aus dem Jahr 1984 (Quelle: InterstateBot, 2010).

Das Deutsche Institut für Normung (DIN) e. V. gibt folgende, nicht unumstrittene Klassifikation von Schriftarten vor (DIN, 1964):

- *Gruppe I: Venezianische Renaissance-Antiqua:* Kennzeichnend sind kräftige Serifen (eine Serife ist ein „kleiner, abschließender Querstrich am oberen oder unteren Ende von Buchstaben" (Duden, 2017a)) und eine Schrägstellung der oberen Serifen.
- *Gruppe II: Französische Renaissance-Antiqua:* Kennzeichnend sind gleichmäßige Strichstärken und ausgerundete Serifen.
- *Gruppe III: Barock-Antiqua:* Kennzeichnend ist das Nachempfinden des Schreibens mit einer Breitfeder.
- *Gruppe IV: Klassizistische Antiqua:* Kennzeichnend ist das Nachempfinden des Schreibens mit einer Spitzfeder.
- *Gruppe V: Serifenbetonte Linear-Antiqua:* Kennzeichnend ist die Betonung von Serifen.
- *Gruppe VI: Serifenlose Linear-Antiqua:* Kennzeichnend dieser auch als Grotesk bezeichneten Schriftarten sind endstrichlose (serifenlose) Buchstaben.
- *Gruppe VII: Antiqua-Varianten:* Kennzeichnend sind dekorative Schriftarten, die nicht in die übrigen Antiqua-Klassen eingeordnet werden können.

- *Gruppe VIII: Schreibschriften:* Kennzeichnend ist das Nachempfinden von Handschriften.
- *Gruppe IX: Handschriftliche Antiqua:* Kennzeichnend sind auf Antiqua basierende Schriften, die in einem handschriftlichen Erscheinungsbild gestaltet werden.
- *Gruppe X: Gebrochene Schriften:* Kennzeichnend sind ein oder mehrere starke, optisch wahrnehmbare Verlaufsänderungen in der Strichführung, die zu sichtbaren Knicken im Bogen führen.
- *Gruppe XI: Fremde Schriften:* Kennzeichnend sind Schriftarten, die nicht auf lateinischen Zeichen basieren wie z. B. griechische, kyrillische, hebräische, arabische oder asiatische Schriftsysteme.

Die Kritik an dieser Klassifizierung bezieht sich im Wesentlichen auf die Punkte, dass erstens fast alle heutzutage entwickelten Satzschriften der Gruppe VI zuzuordnen sind, und dass zweitens die große Gruppe XI der fremden Schriften im Hinblick auf die sprachlichen Herausforderungen der Globalisierung wenig tauglich ist.

Die Wahl der richtigen Satzschrift hat auch für die Handhabbarkeit und die Nachhaltigkeit von BUIS eine große Bedeutung.

3 Nachhaltigkeit von BUIS durch Schriftartwahl

Es stellt sich die Frage, welche Schriftart bzw. welche Gruppe Schriftarten eine gute und Handhabbarkeit und den nachhaltigen Einsatz von BUIS ermöglicht. Der Schlüssel zu einer guten Gebrauchstauglichkeit (Usability) und einer guten Nachhaltigkeit liegt in der Einfachheit. Also ein „weniger ist mehr" im Sinne von Ludwig Mies van der Rohe, dritter Direktor des historischen Bauhauses. Praktisch umgesetzt werden kann eine solche geforderte Einfachheit durch einen Minimalismus (Arndt, 2017). Dies entspricht auch der zehnten These für gutes Design vom Industriedesigner Dieter Rams (Vitsoe, 2017): „

Gutes Design ist so wenig Design wie möglich
Weniger Design ist mehr, konzentriert es sich doch auf das Wesentliche, statt die Produkte mit Überflüssigem zu befrachten.

Zurück zum Puren, zum Einfachen!"

Der Ansatz des Minimalismus lässt sich auf viele Bereiche des Designs anwenden und so findet auch in der Gestaltung von Satzschriften eine Minimalisierung statt, indem Schriftarten ohne Serifen (also Gruppe VI) bevorzugt werden. Dies zeigt sich u.a. in dem regelmäßigen Einsatz der Schriftart „Helvitica":

> „Helvetica wurde in der zweiten Hälfte des letzten Jahrhunderts zu einer der beliebtesten Schriftarten im Westen, wurde mit ihrer sauberen, verspielten Erscheinung zum Synonym für modernes, kosmopolitisches Design. (...) Helvetica schien perfekt für jeden Anlass.
> So gab es den Satz:
> ,Im Zweifelsfall Helvetica verwenden'" (Khunkham, 2015).

Abb. 3: Apple Betriebssystem iOS 6.1.6: Schriftart „Helvetica" (Quelle: Eigene).

Der Vorteil des Einsatzes einer Schriftart der Gruppe VI wie Helvetica für Benutzeroberflächen (User Interfaces) wird darin gesehen, dass sie eben gerade über keine Serifen verfügen, „denn die stehlen Platz auf dem Bildschirm – hat aber auch zur Folge, dass das große i und das kleine L ziemlich gleich aussehen" (Khunkham, 2015).

Das mobile Betriebssystem iOS wurde von dem Unternehmen Apple 2007 zunächst unter dem Namen iPhone OS auf der MacWorld Conference and Expo vorgestellt und kam mit dem ersten iPhone am 29. Juni 2007 in den Vereinigten Staaten auf den Markt. Bereits in dieser ersten Version von iOS setzte Apple auf „Helvetica" als Schriftart (siehe Abbildung 3) und verzichtete auf eine eigens entworfene Satzschrift.

„Helvetica" konnte zum damaligen Zeitpunkt als pragmatische Lösung bezeichnet werden, denn sie hatte sich bereits über Jahrzehnte bei Druckerzeugnissen bewährt und aufgrund der geringen Auflösung des Displays von 480 x 320 Pixeln ließen sich Parallelen zwischen beiden Medien ziehen.

In den folgenden zwei Jahren veröffentlichte Apple weitere Generationen des iPhones und mit ihnen auch neue Versionen des Betriebssystems iOS. Viele neue Funktionen kamen hinzu und verbesserten die Usability des iPhones. Die Wahl der verwendeten Systemschrift änderte sich hingegen nicht, da hierzu keine Notwendigkeit bestand. Das iPhone 3 GS wurde am 8. Juni 2009 mit der iOS Version 3.0 in San Francisco vorgestellt und wies noch immer die gleiche Displayauflösung des ersten iPhones auf.

Erst im Jahr 2010 sollte sich eine Änderung in der typografischen Ausgestaltung des Betriebssystems ergeben. Mit der Vorstellung des iPhone 4 am 7. Juni 2010 präsentierte Apple erstmals ein Gerät mit einem hochauflösenden Display, welches einen Handlungsbedarf auslöste. Die in den Jahren zuvor gezogene Parallele zu Druckerzeugnissen galt nicht mehr und die klassische „Helvetica" wirkte in der bisher genutzten Ausprägung „Regular" viel zu grob auf diesem Display, welches bei gleicher Größe doppelt so viele Pixel darstellen konnte.

Das Unternehmen Apple entschied sich aus diesem Grund für einen Verbleib der Schriftart „Helvetica" auf vorherigen Generationen des iPhones und für die Nutzung der Schriftfamilie „Helvetica Neue" auf Geräten mit hochauflösendem Display.

Die Schriftart „Helvetica" wurde von Max Miedinger im Jahre 1957 entworfen. Über die Jahrzehnte wurde sie verändert und an die verschiedenen Bedürfnisse angepasst, weshalb noch heute eine Vielzahl verschiedener Darstellungen zu finden sind. Im Jahre 1983 wurde eine grundlegende Überarbeitung dieser Schriftart unter dem Namen „Neue Helvetica" vorgenommen mit dem Ziel, eine in sich gestalterisch stimmige Schriftfamilie zu schaffen. Einige Änderungen im Detail (Strizver, 2011):

- Die Breite einiger Buchstaben, wie die des großen M, wurde erweitert, um das Gleichgewicht und die Ästhetik zu verbessern.
- Erweiterte Querbalken bei den Kleinbuchstaben t und f erhöhen die Buchstabenerkennung im Text.

- Abgerundeten Buchstaben wurden weichere Kurven gegeben, um besser mit dem Rest des Designs zu harmonieren.

Mit der Vorstellung des iPhone 5s am 20. September 2013 trennte sich Apple von seiner bisherigen Lösung in Bezug auf die Nutzung der Systemschrift, denn mit der Einführung der siebenten Version des Betriebssystems iOS wurden nur noch Geräte mit hochauflösendem Retina-Display bedient, weshalb die Schriftart „Helvetica" vollständig durch die Schriftart „Helvetica Neue" ersetzt wurde.

Abb. 4: Apple Betriebssystem iOS 7.1 Schriftart „Helvetica Neue" (Quelle: As11ley, 2014).

Innerhalb der Neugestaltung von iOS (flaches Design), welche sich durch eine Abkehr vom Skeuomorphismus deutlich auszeichnete, fand auch eine Überarbeitung der Systemschrift statt. Das Unternehmen Apple wollte die Schriftart noch besser in Bezug zur neuen Gestaltung der Icons setzen und wählte dafür die Ausprägung „Ultra-Light".

Der deutsche Typograph Erik Spiekermann erkennt das hohe Designbestreben vom Unternehmen Apple an, doch er bemängelt an der Wahl der Ausprägung vor allem die Lesbarkeit: „Und wenn man die so in 13 Pixeln sieht, dann ist das ein schöner und gleichmäßiger, aber unlesbarer Teppich. (...) Und man kann es wirklich ganz ganz schwer lesen. Das ist eine absolute Katastrophe. Es perlt wunderbar, es wird auf dem Retina-Display wahrscheinlich auch toll aussehen. Aber: Es sieht eben aus, es sieht nicht an!" (Spiekermann, 2013)

Bis zur finalen Veröffentlichung von iOS 7 am 18. September 2013 überarbeitete Apple noch einmal das Schriftkonzept und setze „Helvetica Neue" in der Ausprägung „Light" anstelle von „Ultra-Light" ein, um die Lesbarkeit zu erhöhen und um auf die aufkommende Kritik zu reagieren (siehe Abbildung 4).

Mit der Vorstellung der ersten Apple Watch in den Größen 38 mm und 42 mm am 9. September 2014 fand eine neue Schriftart Einzug in ein Produkt von Apple, die „San Francisco". Als Systemschrift wird sie in der Ausprägung „Compact" innerhalb der Anwendungen im Betriebssystem watchOS eingesetzt und nimmt damit die Funktion der Schriftart „Helvetica Neue" ein. Das Smartwatch-Betriebssystem watchOS basiert auf dem mobilen Betriebssystem iOS und wurde speziell auf die Apple Watch angepasst. Deshalb hätte auch in Betracht gezogen werden können, dass bereits in der am 17. September 2014 vorgestellten Version 8 des Betriebssystems iOS die Schriftart „San Francisco" ebenfalls vorzufinden ist, was jedoch nicht der Fall war. Erst in der Version 9 des Betriebssystems iOS, welches am 8. Juni 2015 im Rahmen der Worldwide Developers Conference (WWDC) in Kalifornien vorgestellt wurde, wurde die Schriftart „San Francisco" offiziell als neue Systemschrift präsentiert (siehe Abbildung 5).

Seit der Veröffentlichung der ersten Version des mobilen Betriebssystems iOS von Apple im Jahre 2007 veränderte sich das Erscheinungsbild und entwickelte sich von Version zu Version weiter. Dieser Prozess glich dem Erlernen des Gehens eines Kindes in den ersten Jahren nach der Geburt. Auf die ersten Fortbewegungsmethoden des Krabbelns folgten erste Versuche des aufrechten Stehens welche in sicheres Gehen übergingen. Analog dazu betrachtet beinhaltete die erste Version von iOS kaum mehr Funktionen als ein, für die damalige Zeit übliches, Tastentelefon. Selbst mobile Anwendungen suchte man vergebens. Mit jeder Version kamen neue Funktionen hinzu und alte Paradigmen verschwanden, unter anderem auch der Skeuomorphismus. Das mobile Betriebssystem iOS entwickelte sich und bietet heute einen Funktionsumfang, welcher sich mit dem eines Betriebssystems von Microcomputern bzw. Personal Computern messen kann, ohne jedoch dessen Komplexität anzunehmen.

Nur die Systemschrift folgte nicht dieser schrittweisen Entwicklung, sondern glich einem in der Forschung eingesetztem Experiment. Die verschiedenen Ausprägungen der „Helvetica" und der „Helvetica Neue" führten zu keinem für den Nutzer und für Apple befriedigenden Ergebnis und zeigten einen Schwachpunkt im sonst durchdachten Benutzerschnittstellendesign von iOS auf. Das Unternehmen Apple hatte der Schrift zu wenig Bedeutung zugeschrieben und sie vernachlässigt. Doch um auf das oben genannte Zitat zu verweisen: Die Schrift ist nicht

Abb. 5: Apple Betriebssystem iOS
10.2.1: Schriftart „San Francisco"
(Quelle: Eigene).

nur ein kleiner Bereich einer Benutzerschnittstelle, sondern oftmals der Kern einer Benutzerschnittstelle. Dies gilt umso mehr für BUIS und deren nachhaltige Gestaltung.

Das Unternehmen Apple nahm sich dieser Problematik im Jahre 2014 an und veröffentlichte mit der Schriftart „San Francisco" die erste eigene Schriftart seit über 20 Jahren. Die Apple-Schriftart „San Francisco" aus dem Jahr ist konsequenterweise eine serifenlose Schrift, während die Apple-Systemschrift „San Francisco" aus dem Jahr 1984 des Apple Macintosh noch Serifen aufwies (siehe Abbildung 2). Die Apple-Entwickler hatten erkannt, dass im Sinne der Gebrauchstauglichkeit und der Nachhaltigkeit keine klassische Schriftart mehr in Frage kommen und nur eine auf das Betriebssystem iOS abgestimmte Schrift die notwendige Konsequenz sein konnte.

4 Zusammenfassung und Ausblick

Die Qualität der Gestaltung von Benutzeroberflächen ist ein entscheidender Faktor für den Erfolg von Betrieblichen Umweltinformationssystemen (BUIS) bzw. Umweltmanagementinformationssystemen (UMIS). Gleichzeitig beeinflusst die gewählte Ausgestaltung der Benutzeroberflächen die Gebrauchstauglichkeit (Usability) und die Nachhaltigkeit von BUIS. In diesem Zusammenhang stellt die Wahl der passenden Schriftart einen wichtigen Parameter dar. Bei der Gestaltung von Benutzeroberflächen werden fast ausnahmslos serifenlose Schriftarten eingesetzt. Dadurch wird ein gestalterischer Minimalismus auch im Bereich der Schriftarten verfolgt. Dies kann aber unter Umständen zu Problemen bei der Lesbarkeit führen, wie u. a. der Schriftartwechsel im Zuge der Neupositionierung (flaches Design) des mobilen Betriebssystems iOS in der Version 7 des Unternehmens Apple belegt. Damit lässt sich festhalten, dass die Auswahl und Ausgestaltung der jeweiligen Schriftart(en) von Benutzeroberflächen einen ganz wesentlichen Teil zum Erfolg, zur Gebrauchstauglichkeit sowie zur Nachhaltigkeit von BUIS beitragen.

Literaturverzeichnis

Arndt H-K (2017) Nachhaltige Gestaltung von Informations- und Kommunikationstechnik – Farben, Formen, Materialien. In: Eibl M, Gaedke M (Hrsg.) INFORMATIK 2017: Digitale Kulturen (47. Jahrestagung der Gesellschaft für Informatik, 25.–29. September 2017, Chemnitz Germany), GI-Edition-Lecture Notes in Informatics (LNI), P-275, Gesellschaft für Informatik e.V., Bonn, 2017, S. 1961-1971

As11ley (2014) To illustrate the default layout and configuration of the iOS 7 homescreen as released by Apple, Wikipedia, 01.05.2014. https://upload.wikimedia.org/wikipedia/en/a/a4/IOS_7.1_homescreen.png. Letzter Aufruf: 11.06.2017

Computermuseum München (2011) ... über MS/PC-DOS - PC/MS-DOS 3.0 (August 1984), http://www.computermuseum-muenchen.de/images/dos/dos30_scr.jpg. Letzter Aufruf: 11.06.2017

Deutsches Institut für Normung e.V. DIN (1964) DIN 16518:1964-08 - Klassifikation der Schriften, Beuth Verlag, Berlin/Wien/Zürich

Deutsches Institut für Normung e.V. DIN (2008) DIN EN ISO 9241-110 - Ergonomie der Mensch-System-Interaktion – Teil 110: Grundsätze der Dialoggestaltung (ISO 9241-110:2006); Deutsche Fassung EN ISO 9241-110:2006, September 2008, Beuth Verlag, Berlin/Wien/Zürich

Dudenredaktion, Bibliographisches Institut GmbH (2017a) Serife, die, 2017, http://www.duden.de/node/744879/revisions/1215242/view. Letzter Aufruf: 11.06.2017

Dudenredaktion, Bibliographisches Institut GmbH (2017b) Typografie, Typographie, die, 2017, http://www.duden.de/node/683921/revisions/1625717/view. Letzter Aufruf: 11.06.2017

Haasis H-D, Hilty LM, Kürzl H, Rautenstrauch C (1995) Anforderungen an Betriebliche Umweltinformationssysteme (BUIS) und Ansätze zu deren Realisierung. In: Haasis H-D, Hilty

LM, Kürzl H, Rautenstrauch C (Hrsg.) Betriebliche Umweltinformationssysteme (BUIS): Projekte und Perspektiven. 3. Workshop des Arbeitskreises „Betriebliche Umweltinformationssysteme" der Gesellschaft für Information (GI) e.V., Betriebliche Umweltinformationssysteme – Projekte und Perspektiven, Universität Innsbruck, 23./24. Februar 1995, Umwelt-Informatik aktuell, Bd. 5, Metropolis Verlag, Marburg, S. 7-25

InterstateBot (2010) Mac11windows.gif, 19.08.2010, http://apple.wikia.com/wiki/System_1.0? file=Mac11windows.gif. Letzter Aufruf: 11.06.2017

Isaacson W (2011) Steve Jobs: Die autorisierte Biografie des Apple-Gründers, C. Bertelsmann Verlag, München

Kapr A, Fischer H (1973) typoart – typenkunst (Aus Anlaß des 25jährigen Bestehens von TYPOART), VEB Fachbuchverlag, Leipzig

Khunkham K (2015) Helvetica vs San Francisco – Sehen Sie den Unterschied bei Apples neuer Schrift? kosmos@kritsanarat, WeltN24 GmbH, 14.06.2015, http://kosmos.welt.de/2015/06/ helvetica-vs-san-francisco-sehen-sie-den-unterschied-bei-apples-neuer-schrift/. Letzter Aufruf: 11.06.2017

Spiekermann E (2013) iOS 7: Es sieht eben aus, es sieht nicht an!, iphone-ticker, 20.08.2013, https://www.iphone-ticker.de/erik-spiekermann-ios-7-52392/. Letzter Aufruf: 11.06.2017

Stinson E (2015) Why Apple Abandoned the World's Most Beloved Typeface, wired.com, 09.06.2015. https://www.wired.com/2015/06/apple-abandoned-worlds-beloved-typeface/. Letzter Aufruf: 11.06.2017

Strizver I (2011) Helvetica: Old and Neue, fonts.com, https://www.fonts.com/content/learning/ fyti/typefaces/helvetica-old-and-neue. Letzter Aufruf: 11.06.2017

Vitsoe (2017) Dieter Rams: Zehn Thesen für gutes Design. https://www.vitsoe.com/de/ueber-vitsoe/gutes-design. Letzter Aufruf: 11.06.2017

Wirtschaft & Politik

Boundaries of Decision-Making Simulations in Operation and Maintenance of Offshore Wind Farms

Dirk Bendlin, Gerrit Wolken-Möhlmann, Marcel Wiggert, Sean Parker, Jorge Marx Gómez

Abstract High wind speeds, rain and sea states are only one part of the challenging conditions for the operation and maintenance of offshore wind farms. The availability of vehicles, technicians and spare parts are adding additional boundary conditions. To cope with this complexity, decision support tools have been developed for the prioritization of operation and maintenance works performed by individual decision makers. Current decision support tools focus mostly on environmental conditions, logistical setups, associated risks and failure behavior in the installed technology. While some models include decision processes evaluated by experts, present research neglects one important aspect: the evaluation of work prioritization by real human decision makers. This work aims to understand the decision limitations used in present decision support tools. We will create an overview of boundaries, to enable future research of human decision making processes for the advancement of decision support tools.

D. Bendlin (✉) • M. Wiggert
Fraunhofer IWES, Bremerhaven, Germany
E-Mail: dirk.bendlin@iwes.fraunhofer.de; marcel.wiggert@iwes.fraunhofer.de

G. Wolken-Möhlmann
Tufts University, Boston, USA
E-Mail: gerrit.wolken-mohlmann@tufts.edu

S. Parker
University of California, Santa Barbara, USA
E-Mail: sean.parker@dcs.ucsb.edu

J. Marx Gómez
Carl von Ossietzky University of Oldenburg, Oldenburg, Germany
E-Mail: jorge.marx.gomez@uni-oldenburg.de

1 Introduction

Each time the offshore wind industry in Europe has reached new milestones, like 12.6 GW installed offshore wind turbines (windeurope.org, 2016), new obstacles arise. An example is the industry-trend for wind farms further offshore requiring new logistical setups and causing higher operating costs. Additionally, tendering systems have been or will be established throughout Europe to lower the costs of offshore wind energy. Market expertise combined with advanced planning, and mature supply chains for near shore wind farm logistic resulted in a new record of reduced costs of 49.9 €/MWh in the Danish tendering round for Kriegers Flak (Vattenfall.com, 2016). This tender excluded the offshore substation as well as the grid connection (50Hertz.com, 2017). For reaching the new target costs, offshore wind energy has to optimize the whole value chain. The reduction of levelized cost of energy (LCOE) can be supported by operation and maintenance (O&M) cost reduction (Brink et al., 2015). The extensive costs of O&M for offshore wind have an extreme impact on the LCOE compared to other energy sources. These expenses increase when combined with environmental uncertainties and maintenance downtime due to turbine failures. This multiple boundary conditions put high pressure on decision makers. Studies in the oil and gas industry show that human errors and attributed costs increased under high pressure (Mathisen et al., 2016). Decision support tools have already reached a certain maturity but will need to incorporate human decision processes in the future.

Present tools are normally focused on logistical setups, wind farm failures and environmental conditions (Bendlin et al., 2016). An overview of some of the most cited publications and their focus is shown in figure 1.

Collaboration between the researchers has led to some joint publications. Those collaborations could increase their expertise and build the base line for the development of offshore wind O&M decision support tools (Dinwoodie et al., 2015; Sperstad et al., 2016). Due to the scientific relevance, in combination with the best overview of methodologies and their historical development used for decision support tools their research results have been chosen as a main source for this publication.

2 Operation and Maintenance in Offshore Wind Farms

To evaluate human decision processes, boundary conditions from previous research need to be identified. With this foundation, decision processes can be simulated, assessed and their results can be used for future decision making tools. An overview of the boundary conditions and possible set-ups of O&M for offshore wind farms can be found in figure 2.

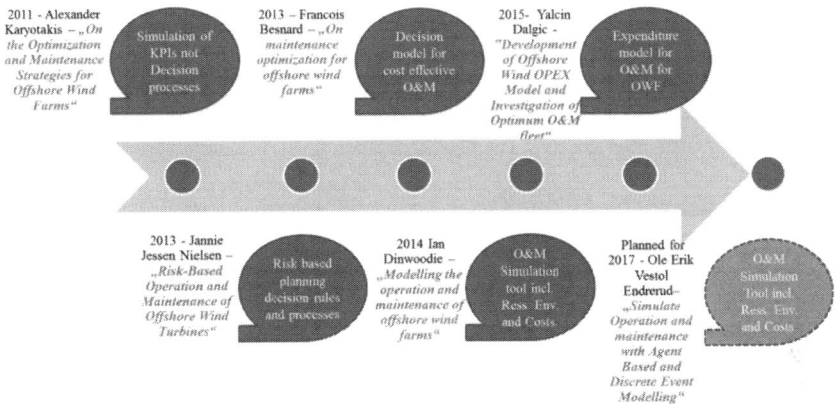

Fig. 1: Research in Decision Support for Operation and Maintenance of Offshore Wind Farms.

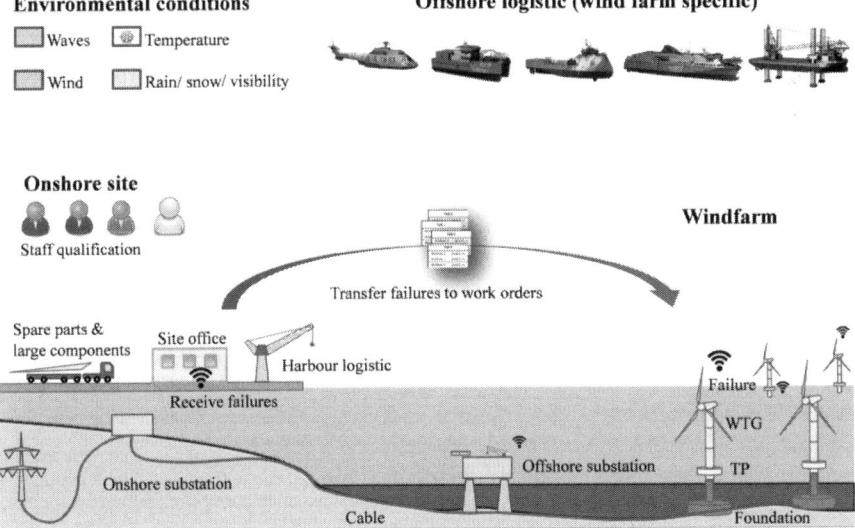

Fig. 2: Boundary Condition Overview for Decision Makers in Offshore Wind Farm Service. Parts of the Figure Courtesy of GRS Global Renewable Shipbrokers GmbH.

Site managers (located in the onshore site office) need to consider and balance multiple information to decide on the prioritization of work. A single offshore wind turbine has an average failure rate of 10 failures per year (Carroll et al., 2016). For an example wind farm of 80 turbines, this would equal an average of 800 failures per year. The electronics located in the transition piece, the foundation and offshore substation include multiple sensors, which cause additional failures. Once a fault occurs, the site office receives fault messages from the installed sensors of the wind farm as well as the offshore substation. Now they need to consider required spare parts and staff qualification, environmental conditions as well as available or necessary offshore logistic. Once all the information is assessed, the failure messages are transformed to work orders. These must be executed by the technicians. Based on the reviewed research, different locations can be distinguished into: Onshore Site, wind farm and offshore logistics all affected by environmental conditions.

3 Onshore Site

Decision makers, here individual service site managers, are setting priorities in operation and maintenance of offshore wind farms. The efficiency of decisions therefore depends on skill level and preferences of individuals. Understanding those preferences helps to evaluate hidden costs due to human errors. Conflicting targets of different operation and maintenance strategies have an influence on preferences, too. One strategy could be reducing wind turbine downtime, where every defect is immediately repaired. In contrast, another strategy might aim to the best logistic utilization. In this strategy, tasks need to be clustered to reach the best utilization of logistic. Focusing on reducing downtime might lead to ineffective utilization of logistic, while a focus on clustering tasks may result in higher downtime, and thus a reduction of produced energy.

Offshore wind decision support tools started evaluating corrective maintenance strategies, where failures are repaired on occurrence, without any optimization and very limited information from only few near shore wind farms. (Karyotakis, 2011) O&M models were divided into sub models with different goals e.g. reliability, economic model as well as a stochastic model for availability and energy production. Subsequent research added forecasting models as well as the use of historical data for environmental modelling (Besnard, 2013). This research also investigated the planning of the onshore site and the influence of distance to shore, the number of CTVs as well as the use of helicopters, the work shift organization and the associated costs. The biggest challenges were identified by creating a system capable of coping with deviations from design assumptions to real scenarios (Nielsen,

2013). Design parameters are the intellectual property of the component manufacturers. Therefore, wind farm operators might not have the needed insight for proper planning. Thus deterioration models, which can give an idea about possible faults in components need to be developed further and proved on the basis of failure data from the field.

Besides component failures, the offshore logistic is an important aspect for the planning activities at the onshore site. The transition time model added a possibility to evaluate different vessel types as well as heavy lifting vessels (Dalgic, 2015).

In summary, it can be said that research developed different decision making models, which are in some cases evaluated against real project data. The main boundary condition for the decision making at the onshore site is failures of installed components which trigger the planning of activities. Planning requires the evaluation of the required vehicle, necessary staff, spare parts as well as associated costs. All planning needs to be performed under the environmental restrictions of the respective activities.

4 Wind Farm

The wind farm consists of the installed components, i.e. the wind turbines and the respective balance of plant (BoP) including the foundations, inner park cabling offshore substations and the grid connection. O&M for these components is normally split between wind farm operators for the BoP and the wind turbine manufacturers for the wind turbine for the warranty period. The grid connection and associated offshore substations are in the responsibility of offshore transmission owners (OFTO). This also means that wind farm operators only have limited available failure data over the lifetime of the components, which is restricted by the manufacturers. Simulation models have dealt with this uncertainty with different approaches. In the beginning, empirical stress factors were used (Karyotakis, 2011). The harsh offshore conditions led to increased failure rates in early offshore turbines; future wind farms add to this risk a higher distance to shore and respective environmental risks (Besnard, 2013). A combination of Bayesian network and Monte Carlo simulation was introduced to cope with this complexity (Nielsen, 2013). Later models combined the Monte Carlo simulation with Markov Chains. The main finding of this simulation was that an increase in the size of the turbine from 5 to 10 MW leads to an O&M cost decrease of 28 %. A high number of installed turbines per wind farm also increases the need for long time chartering strategies due to the amount of necessary operations (Dinwoodie, 2014). As only limited field data has been available in 2014 for the failure behavior of components, failure models needed to be developed further.

In a study based on ~350 offshore wind turbines, failure rates have been evaluated. Due to intellectual property reasons, the type of turbine has not been disclosed. The study revealed that per year and turbine approximately 10 failures can be expected for the third year of operation. The majority of these failures have been minor repairs, ~17.5 % major repairs, and ~2.5 % major replacements (Carroll et al., 2016). The longest repair time was found for blades and gearboxes, mostly due to a limited availability of heavy lifting vessels and the number of necessary technicians. As the major replacement rate for hub and blades is very low, the highest contribution to offshore maintenance cost are most likely the gearbox or the generator faults (Carroll et al., 2016).

The current modelling of offshore wind farms is strongly focused on the behavior of major component failures of wind turbines, neglecting the offshore substation inner park cabling and foundations. This is combined with still very limited available data for research. Future deterioration models will need to be able to model increased complexity down to subcomponent level and longer time periods, therefore collecting and sharing available data is the most crucial aspect.

5 Offshore Logistics

Different logistical setups are found for O&M for offshore wind farms which are summarized in the following tables. Logistical setups for offshore wind farms depend on the distance to shore as well as on the environmental conditions on site of the wind farm. Three major categories can be identified based on their main purpose:

- Transportation (standard transportation equipment)
- Accommodation (for far-shore wind farms)
- Special equipment (e.g. for major component replacement)

5.1 Transportation

Type	Picture	Purpose and major feature
Crew Transfer Vessel (CTV)		These vessel type is used for crew (12 – 24 persons) and small cargo transport. Besides the shown catamaran, types like mono-hull, trimarans or Small Waterplane Area Twin Hulls (SWATHs) are used in offshore wind.
Helicopter		Helicopter allows fast (250 – 300 km/h max) transfer of crews and small cargo independent of wave conditions (Range of 800 km).

Tab. 1: Overview Vehicles Mainly Used for Transport Figure Courtesy of GRS Global Renewable.

5.2 Accommodation

Type	Picture	Purpose and major feature
Service Operating Vessel (SOV)		SOV provide extensive accommodation and storage for service activities. Motion compensated gangways allow transferring under bad weather conditions (up to 3 m maximum wave height).
Accommodation Platform		Service teams can stay on site to reduce travelling time. Besides mobile solutions, the German far-shore wind farm Global Tech 1 features accommodation facilities in their offshore substation (OSS).
Hotel Vessel		Mainly used to accommodate staff, hotel vessel are for example used during annual service

Tab. 2: Vehicles Mainly Used for Accommodation Figure Courtesy of GRS Global Renewable.

5.3 Special Equipment

Type	Picture	Purpose and major feature
Heavy Lifting / Jack-Up Vessel		Due to the crane capacity, heavy lifting vessel are used for the exchange of heavy components on site, such as blades, blade bearings or gearboxes.
Multicat		The spacious deck allows to transport buoys or Remote operated vehicles (ROVs) as well as other site investigations. High flexibility enables multipurpose use mainly on nearshore or shallow water sites.
Tugboat		Tugging of large floating structures or other vessels are the main use of the tugboat. The power of tugs is measured in bollard pull, which could vary between 30 up to 250 and more tones, depending on the application.
Barge		Barges storing and transporting large components such as wind turbine parts or the offshore substation. They could be used in cases of large component exchange in offshore wind maintenance as well.
Mini CTV		Transport of technicians on site for example from the wind turbines to an accommodation vessel or platform is done via mini CTVs.
Dive support vessel (DSV)		Visual inspections on foundation structures of the offshore substation or the wind turbines can be performed with a DSV. Those vessels are equipped with cranes and sometimes ROVs.
ROV		Used for underwater inspections of e.g. cables and foundations; ROVs are operated by a team of operators on board of a DSV.
Transfer system		Motion compensated gangways or transfer systems are used to transfer personnel safely also during extreme sea states (3m HS). They can be combined with different vessel types e.g. the SOV.

Tab. 3: Special Equipment Overview Figure Courtesy of GRS Global Renewable Shipbrokers GmbH.

A wide range of vessel types is available to cope with the demand of different projects. Future trends like far-shore wind farms are included as well as the increase of accessibility with modern transfer systems or helicopters. Early research was mainly focused on the optimization of CTV operation, helicopter use, offshore accommodation and different working shift models (Besnard et al., 2013; Dinwoodie, 2014). A case study of the research found that offshore accommodation with a hotel vessel could deliver 4-20 % more availability (Dinwoodie, 2014). According to (Dalgic, 2015), the transportation system accounts for more than 50 % of the overall O&M costs, and therefore is very important for cost saving measures. Seasonal changes in the fleet as well as clustering concepts are upcoming trends. In summary boundary conditions for offshore logistic are the operation purpose (e.g. technician transport, heavy lifting), the capacity (e.g. staff, storage space) and the performance (speed, power, weather restrictions).

6 Environmental Conditions

Offshore activities are very sensitive to several environmental conditions. The most important parameter is the significant wave height, but also other parameters like wind speed, currents, temperature, visibility etc. may influence the execution of different tasks. Early simulation models were using weather statistics to cope with the weather risk (Karyotakis, 2011). For distinct vessels, tools or procedures, thresholds for the different parameters have been defined. These must not be exceeded for the successful completion of a single activity.

By combining time series of environmental parameters for a distinct location and the known parameter thresholds for vessels or activities, the feasibility of a strategy can be assessed (Besnard, 2013; Nielsen, 2013). Possible origins for the time series data can be either model or measurement data from several different sources (Dinwoodie, 2014; Dalgic, 2015). Both measurement and model data contain uncertainties, whether linked to model restrictions or measurement device accuracy or limits of use. Hence the data quality must be assessed and considered for the analysis. A simple form of analysis is generating so called weather window or persistence statistics. Here the probability for the successful execution of an activity for a given month is stated. A more sophisticated method is performing a direct time-series based simulation (Wolken-Möhlmann et al., 2016).

An application for this method was presented in (Wolken-Möhlmann et al., 2016): An installation schedule for 20 offshore wind turbines was defined, comprising approximately 1400 individual activities. The weather restriction for each activity was defined between 1.5 m and 2.5 m significant wave height (Hs) and maximum allowed wind speeds from 12 m/s to 20 m/s. The durations for the single activities were between 3 and 30 hours. The total project duration, omitting additional waiting time due to adverse weather, covers 86 days. Results from the months July show significant increases in the weather risks compared to May for several locations in the North Sea. For locations far from shore, the waiting or contingency time needs to be increased.

Due to its deterministic and easily implementable approach, this method was realized in several projects. Those validations with real project data confirmed the accuracy of the developed algorithms.

In real life, the decision for the beginning of an activity is much more complex. One reason are the complex met-ocean conditions, with Hs being a statistical description of the complex sea states. Wave periods or wave directions may influence the behavior of a ship, but these are difficult to consider within a simulation. The decision makers such as the captain and the marine warranty surveyor play an important role in this case. Activities are stopped at lower sea states or could maybe executed during higher sea states, compared to the defined thresholds. Here it is difficult to determine if a delay is due to uncomplete definition of the thresholds or environmental parameters, wrong decisions by the decision makers, or other reasons such as an unexperienced crew or an unprecise forecast. Forecasting models are used to predict wind power production (Besnard, 2013) and for the planning of offshore activities (Dinwoodie, 2014). These forecast models are used for generating model data for different simulations using past weather conditions as input time series.

It can be summarized that the maximum wave height combined with the wind speed still are important aspects. To cope with the higher environmental risks of far-shore wind farms, future models will need to assess more accurate data including currents, wave frequencies for different locations. This will allow to get realistic simulations of regional aspects of weather risks for example along vessel routes.

7 Conclusion and Outlook

For future decision support models, the model complexity needs to be increased. Reliability models need to look at the whole design lifetime and need to be based on real field data (Besnard, 2013). Present decision support tools are based on data and would be able to summarize more information than the decision maker could have (Nielsen, 2013). Enabling decision makers to cope with all available information can only be granted if future research evaluates, on which information decision makers should base their decision preferences. Results will allow the industry and researchers to evaluate human decision impacts on costs. This enables the industry to align strategies with the help of decision support tools coping with the human factor and lowering the cost of O&M for offshore wind farms. This is the next big step for cost savings. Future work will need to focus on evaluating the variables of boundary conditions in decision processes. Understanding which of those variables contributes to hidden cost factor will be even more important in the future, when offshore wind eventually replaces nuclear and coal power plants.

Acknowledgement

The publication of the pictograms of the offshore logistic in this article occurs with the kind permission of the GRS Global Renewable Shipbrokers GmbH (GRS Global Renewable Shipbrokers GmbH 2017).

References

50Hertz.com (2017) Kriegers Flak – Combined Grid Solution. http://www.50hertz.com/de/Netzausbau/Leitungen-auf-See/Projekte/Combined-Grid-Solution. Accessed: 22.02.2017

Bendlin D, Marx Gómez J, Wolken-Möhlmann G (2016) Decision support with weather statistics and simulation software for offshore wind farms

Besnard F (2013) On maintenance optimization for offshore wind farms, Chalmers University of Technology

Besnard F, Fischer K, Tjernberg LB (2013) A Model for the Optimization of the Maintenance Support Organization for Offshore Wind Farms. IEEE Trans. Sustain. Energy 4(2), DOI: 10.1109/TSTE.2012.2225454, pp 443–450

Brink T, Madsen SO, Lutz S (2015) Perspectives on how operation & maintenance (O&M) innovations contribute to the reduction of Levelized Cost of Energy (LCOE) in offshore wind parks

Carroll J, McDonald A, McMillan D (2016) Failure rate, repair time and unscheduled O&M cost analysis of offshore wind turbines. Wind Energ. DOI: 10.1002/we.1887, 19 (6) pp 1107–1119

Dalgic Y (2015) Development of offshore wind operational expenditure model and investigation of optimum operation and maintenance fleet, University of Strathclyde. Dept. of Naval Architecture, Ocean and Marine Engineering

Dinwoodie I (2014) Modelling the operation and maintenance of offshore wind farms

Dinwoodie I, Endrerud O-EV, Hofmann M, Martin R, Sperstad IB (2015) Reference Cases for Verification of Operation and Maintenance Simulation Models for Offshore Wind Farms. Wind Engineering DOI: 10.1260/0309-524X.39.1.1, 39(1) pp 1–14

Globaltechone (2017) Ein neues Konzept – Das schwimmende Offshore-Umspannwerk. http://www.globaltechone.de/technik-bau/umspannstation/. Accessed: 13.02.2017

GRS Global Renewable Shipbrokers GmbH (2017) http://www.grs-offshore.com/. Accessed: 27.02.2017

Karyotakis A (2011) On the Optimisation of Operation and Maintenance Strategies for Offshore Wind Farms. Doctoral thesis, University College London

Mathisen GE, Bergh LIV (2016) Action errors and rule violations at offshore oil rigs: The role of engagement, emotional exhaustion and health complaints. Safety Science 85, pp 130–138

Nielsen JS (2013) Risk-Based Operation and Maintenance of Offshore Wind Turbines. River Publishers Niels Jernes Vej 10 9220 Aalborg Ø Denmark

Sperstad IB, Stålhane M, Dinwoodie I, Endrerud O-EV, Martin R, Warner E (2016) Testing the Robustness of Optimal Vessel Fleet Selection for Operation and Maintenance of Offshore Wind Farms

Vattenfall.com (2016) Vattenfall wins tender to build the largest wind farm in the Nordics. https://corporate.vattenfall.com/press-and-media/press-releases/2016/vattenfall-wins-tender-to-build-the-largest-wind-farm-in-the-nordics/. Accessed: 10.02.2017

WindEurope.org (2016) The European offshore wind industry: Key trends and statistics 2016.

Wolken-Möhlmann G, Bendlin D, Buschmann J, Wiggert M (2016) Project Schedule Assessment with a Focus on Different Input Weather Data Sources. DOI: 10.1016/j.egypro.2016.09.226, Energy Procedia 94, pp 517–522

Nachhaltige Motivations- und Produktivitätssteigerung der Mitarbeiter: Eine Aufgabe für Betriebliche Umweltinformationssysteme

Roksolana Pleshkanovska, Hans-Knud Arndt

Abstract Die Ziele für nachhaltige Entwicklung (Sustainable Development Goals (SDGs)) als politische Zielsetzungen der Vereinten Nationen (UN) sehen in Ziel 4 „Bildung für alle – inklusive, gerechte und hochwertige Bildung gewährleisten und Möglichkeiten des lebenslangen Lernens für alle fördern" sowie in Ziel 8 „Nachhaltiges Wirtschaftswachstum und menschenwürdige Arbeit für alle – dauerhaftes, breitenwirksames und nachhaltiges Wirtschaftswachstum, produktive Vollbeschäftigung und menschenwürdige Arbeit für alle fördern" vor. Auch aktuelle weltweite Forschungsergebnisse belegen eindeutig, dass sich fehlende Motivation und nicht ausreichendes Engagement von Mitarbeitern am Arbeitslatz signifikant negativ auf deren nachhaltige Leistung und somit auch auf das gesamte Betriebsergebnis auswirken. Die Vielzahl der Motivationsmöglichkeiten, die Vielfalt der Arbeitsaufgaben, die sich stets verändernden Rahmenbedingungen verbunden mit steigendem Arbeitsdruck und die Existenz von kulturellen Unterschieden unter den Arbeitnehmern stellen deshalb eine große Herausforderung für Betriebliche Umweltinformationssysteme dar. Das Ziel der vorliegenden Untersuchungen besteht darin, die Vorschläge für Betriebliche Umweltinformationssysteme, die der nachhaltigen Entwicklung in Bezug auf höhere Produktivität und Mitarbeiterzufriedenheit dienen sollen, auszuarbeiten und vorzustellen.

R. Pleshkanovska (✉) • H.-K. Arndt
Otto-von-Guericke-Universität Magdeburg, 39106 Magdeburg, Germany,
Fakultät für Informatik, Institut für Technische und Betriebliche Informationssysteme,
E-Mail: roksolana.pleshkanovska@ovgu.de; hans-knud.arndt@iti.cs.uni-magdeburg.de

1 Einführung und Zielsetzung

Die Ziele für nachhaltige Entwicklung gehören zu den politischen Zielsetzungen der Vereinten Nationen, deren Entwicklung auf der Rio+20-Konferenz 2012 beschlossen wurde. Sie dienen der Sicherung der nachhaltigen Entwicklung auf der ökonomischen, sozialen und ökologischen Ebene (United Nations, 2012). Die siebzehn „Ziele für nachhaltige Entwicklung" wurden am 25. September 2015 auf dem Weltgipfel in New York von der Generalversammlung der Vereinten Nationen verabschiedet (Deutscher Bundestag, 2016). Sie traten am 1. Januar 2016 mit der Laufzeit von 15 Jahren (bis 2030) in Kraft und gelten für alle Staaten. Eine besondere Beachtung findet bei diesen Zielen die Förderung von nachhaltigem Wirtschaftswachstum und menschenwürdiger Arbeit für alle. So soll u. a. eine höhere wirtschaftliche Produktivität durch Diversifizierung, technologische Modernisierung und Innovation erreicht werden und entwicklungsorientierte Politiken gefördert werden, die produktive Tätigkeiten und die Schaffung menschenwürdiger Arbeitsplätze unterstützen (Martens, 2015).

Bei der Verfolgung von Zielen für nachhaltige Entwicklung darf nicht außer Acht gelassen werden, dass die Entwicklung zu einer computer- und informationsbeherrschten Gesellschaft am Ende des 20. Jahrhunderts unser Grundverständnis von Arbeit und Arbeitsethik verändert hat. Unternehmen, die neue Technologien anwenden, sind durch einen raschen Wandel in der Arbeitsumgebung durch den Einsatz neuer Produkte betroffen (Applebaum, 1998). Dies liegt daran, dass neue Technologien über eine größere Komplexität verfügen und nicht routinemäßig wie alte Technologien eingesetzt werden können (Martin, 2006). Die daraus resultierenden umfangreichen Änderungen der Arbeitsplatzaktivitäten und -verfahren in vielen Branchen haben zu drastischen Veränderungen der Bildungs-, Ausbildungs- und Umschulungsbedürfnisse der Mitarbeiter geführt (DIANE Publishing, 1983).

Die heutigen Unternehmen verändern sich mit enormer Geschwindigkeit auf der Schwelle zur Industrie 4.0. Die Industrie 4.0 verzahnt die industrielle Produktion mit moderner Informations- und Kommunikationstechnik, angetrieben durch die zunehmende Digitalisierung von Wirtschaft und Gesellschaft. Intelligente und digital vernetzte Systeme bilden die technische Grundlage. Sie gewährleisten eine praktisch selbstorganisierte Produktion: Mensch, Maschine, Anlage, Logistik und Produkte kommunizieren und kooperieren direkt miteinander. Auf diese Weise kann statt eines Produktionsschrittes eine ganze Wertschöpfungskette optimiert werden, die alle Phasen eines Produktlebenszyklus beinhaltet (Bundesministerium für Wirtschaft und Energie, 2017). In diesem Kontext gewinnen Teamarbeit und persönliches Pflegen und Nutzen eines Kontaktnetzwerkes zum Zwecke des ge-

schäftlichen Erfolges und der eigenen Karriere an Bedeutung (Erez, 2001). Gleichzeitig werden Arbeitsaufgaben komplexer und anspruchsvoller, wodurch die Mitarbeiter einer enormen Arbeitsbelastung ausgesetzt sind (Reynolds, 1992).
Doch auch angesichts des steigenden Arbeitsplatzabbaus und der Abkehr von
der Lebenszeitbeschäftigung fühlen sich die Mitarbeiter unsicher und besorgt um
den Arbeitsplatzverlust, was sich negativ auf ihre Arbeitsmoral auswirkt (Reynolds, 1992). Aber auch nach einem ersten Engagement am neuen Arbeitsplatz
sinkt die Motivation der Mitarbeiter, sodass sich viele Mitarbeiter relativ bald mit
nur mittelmäßigen Arbeitsergebnissen zufrieden geben (Gustavson et al., 2014).
Wie man diesen Tendenzen unter Anwendung einer softwarebasierten Methode
zur Motivationsförderung entgegenwirkt, soll im Rahmen der nachfolgenden Untersuchungen dargestellt werden.

2 Engagement und Zufriedenheit am Arbeitsplatz im weltweiten und europäischen Vergleich

Nachfolgende Studien belegen, dass nur ein kleiner Teil der Beschäftigten an seinem Arbeitsplatz engagiert ist. Laut dem White Paper von Dale Carnegie und
MSW Research sind fast drei Viertel (71 %) der 1.500 befragten US-Mitarbeiter
nicht voll am Arbeitsplatz engagiert, davon sind 45 % nur teilweise engagiert und
26 % sind nicht engagiert (Dale Carnegie & Associates, 2012).
Noch kritischer sind die weltweiten Daten im Hinblick auf das Engagement der
Mitarbeiter. Towers Perrin Global Workforce Study (Towers Perrin HR Services,
2006) hat 85.000 Vollzeitmitarbeiter von großen und mittelständischen Unterneh-
men in 16 Ländern befragt. Die Studie zeigte, dass 62 % der weltweiten Mitarbei-
ter im Idealfall durchschnittlich engagiert sind und 24 % aktiv nicht engagiert sind.
Auch in Deutschland sind nur 12 % der Mitarbeiter hoch engagiert (The Steelcase
Global Report, 2016), was in etwa dem weltweiten Durchschnittswert entspricht.
Nachfolgende Untersuchungen auf dem US-Arbeitsmarkt belegen, dass nur ein
kleiner Teil der Beschäftigten mit seiner Arbeit zufrieden ist. So sind laut dem
Conference Board Bericht von 2016 (The Conference Board, 2016), wie schon im
Jahr 2005 erforscht, 50 % der US-Mitarbeiter nicht mit ihrer Arbeit zufrieden. Vor
allem waren die Befragten unzufrieden mit der Weiterentwicklung (66,2 %), der
Anerkennung (68,5 %), den Bildungs- und Berufsbildungsprogrammen der Firma
(70,2 %), der Leistungsbewertung (71,3 %), der Belohnungspolitik (75,7 %) und
der Förderung (76,2 %).

Der Vergleich der weltweiten Daten im Hinblick auf die Arbeitszufriedenheit mit den europäischen Daten zeigt, dass die Mitarbeiter in Europa über einen höheren Zufriedenheitsgrad verfügen. So wurde in einer Studie der RDA Group festgestellt, die 168.000 Mitarbeiter aus 30 Ländern in der Kelly Global Workforce Index Umfrage befragte (Kelly Services, 2012), dass sich im Jahr 2012 47 % der Mitarbeiter nicht glücklich in ihrem Job fühlten, während der Job Satisfaction Index 2015 Bericht (Krifa und The Happiness Research Institute, 2015) belegte, dass sich gerade einmal 23 % der europäischen Arbeitnehmer nicht zufrieden mit ihren Arbeitsbedingungen fühlen.

Im Gegensatz zu weltweiten und europäischen Daten ist die Arbeitszufriedenheit in Deutschland als außerordentlich hoch einzustufen: Sieben von acht Mitarbeitern (ca. 88 %) sind mit ihrer Arbeit zufrieden (Sozioökonomisches Panel, 2013; Brenke, 2015). Dadurch, dass die Arbeitsintensität und -komplexität in den kommenden Jahren tendenziell steigen werden, müssen wirksame Methoden zur nachhaltigen Förderung des Engagements und der Zufriedenheit der Mitarbeiter entwickelt werden. Dies sollte der Vorbeugung der Demotivation der Mitarbeiter aufgrund der Überbelastung dienen.

3 Motivationsbeeinträchtigung und deren Bekämpfung

Es gibt eine große Anzahl von Einflussfaktoren, die Motivationsverlust fördern und intrinsische Motivation der Mitarbeiter zerstören können. Zu den wesentlichen von ihnen gehören:

Unstrukturierter und an strategischer Ausrichtung mangelnder Führungsstil. Dessen Folgen sind:

- Mitarbeiter fühlen sich in ihrem Beruf unsicher, weil sie das Coaching und klare Arbeitsanweisungen von ihrem Arbeitgeber vermissen (Michael Page International Recruitment, 2016).
- Sowohl eine langweilige, nicht befriedigende oder inspirierende Arbeit (Hedges, 2014) als auch eine nicht realistische Arbeitsmenge (Oakes, 2013) wirken demotivierend.
- Mitarbeiter erhalten nicht genug Anerkennung und Wertschätzung für ihren Arbeitserfolg (Michael Page International Recruitment, 2016) oder werden ungenügend in die Entscheidungsfindung mit einbezogen.

Unzureichende Weiterbildungsmöglichkeiten:

- Fehlende Lern-, Trainings- und Entwicklungschancen führen zur Demotivation (Michael Page International Recruitment, 2016), weil den Mitarbeitern klare Karriereperspektiven innerhalb der Firma fehlen.

Schlechtes Arbeitsklima:
- Unangenehme Mitarbeiterbeziehungen verursachen Stress und Unbehagen, die bei den Mitarbeitern Desengagement auslösen (Hedges, 2014).
- Besondere Behandlung ausgewählter Mitarbeiter führt zur Missstimmung unter Kollegen (Oakes, 2013).

Ungerechtes Entlohnungssystem:
- Niedrige Einkommensniveaus und unklare Gehaltssysteme (Grant, 2008) entmutigen Mitarbeiter ebenso wie ungerechte Belohnungen (Curtis, 2012).

Die meisten der oben genannten Gründe sind struktureller Natur, sie beeinflussen sich gegenseitig und treten in der Regel nicht vereinzelt auf. Um deren negative Auswirkung zu kompensieren, bedarf es eines systematischen Einsatzes von softwareunterstützten Managementmethoden. Diese sollten nahezu alle Organisationsbereiche, u.a. die Arbeitszufriedenheit, die Organisations- und Arbeitsbindung, die Arbeitsstruktur und Bonusprogramme (Vroom, 1970), betreffen.

Zum einen ist es erforderlich, das Bewusstsein der Führungskräfte für die Bedeutung der Mitarbeiterentwicklung und die dauerhafte Erhaltung eines positiven organisatorischen Klimas zu sensibilisieren. Zum anderen muss das durch das Management erzeugte und aufgezwungene demotivierende organisatorische Klima (Tracy, 2013), das zulässt, dass die Mitarbeiter einander in einer herablassenden Weise behandeln, konsequent bekämpft werden.

Ferner soll die Investitionsbereitschaft der Unternehmen, in Schulungs-, Bildungs- und Personalentwicklungsprogramme zu investieren, deutlich erhöht werden. Dadurch wird die bildungsbezogene Qualifikationslücke der Mitarbeiter kompensiert (Halvorson, 2015; Schrager, 2014) und deren Leistungsfähigkeit und Motivation erhöht.

Die Erkenntnis darüber, dass die Motivation der Mitarbeiter die Effektivität der Organisation steigert und die Leistung der Mitarbeiter positiv beeinflusst (Ghafoor, 2011; Lather, 2005), muss den Führungsstil auf allen Unternehmensebenen prägen. Schließlich gilt als erwiesen (Harter et al., 2002), dass die Qualität der Mitarbeiterzufriedenheit und des Mitarbeiter-Engagements die Fähigkeit des Unternehmens prognostiziert, außergewöhnlich hohe Ergebnisse mit Gewinn, Kundenzufriedenheit, Sicherheit am Arbeitsplatz zu erzielen und ein niedriges Niveau der Mitarbeiterfluktuation zu erreichen (Buckingham et al., 1999).

Die Analyse der aktuellen Situation zur fehlenden Arbeitszufriedenheit und Motivation am Arbeitsplatz sowie deren Folgen zeigt, dass eine Auseinandersetzung mit dem o. g. Thema mehr denn je vorangetrieben werden muss.

4 Sozialgesellschaftliche Folgen der Demotivation

Sozialwissenschaftler vermuten, dass Demotivation durch z. B. fehlende Anerkennung des Arbeitgebers und der Arbeitskollegen sowie Überlastung im schlimmsten Fall in Gefahren wie Depressionen, Selbstmordgedanken und andere psychische Gesundheitsprobleme verwandelt werden könnte.

Die Zahl der im Zusammenhang mit dem Arbeitsplatz stehenden Selbstmorde wächst im internationalen Kontext. Selbstmorde am Arbeitsplatz wirken sich auf die Mitarbeiter und das Unternehmen aus. Fast 800.000 Menschen begehen jedes Jahr Selbstmord (World Health Organization, 2016). Die jährlichen Kosten der Selbstmorde beliefen sich in den USA allein im Jahr 2005 auf 34,6 Milliarden US-Dollar in medizinischen Rechnungen und Produktivitätsverlusten (Research America, 2012).

Hauptsächlich sind Länder wie USA, Australien, Japan, Südkorea, China, Indien und Taiwan betroffen, wie die jüngsten Studien zeigen. Viele Mitarbeiter begehen Selbstmord durch einen starken Arbeitsdruck und eine Verschlechterung der Arbeitsbedingungen (Chan, 2016). So fanden im Jahr 2013 von den etwa 40.000 Selbstmorden in den USA 270 auf der Arbeit statt (Brennan, 2016). Insbesondere die japanischen Arbeitnehmer sind dafür bekannt, Selbstmord aufgrund von psychischem Stress zu begehen, verursacht durch – nicht gesetzlich verbotene – unverhältnismäßig viele Überstunden, ein Phänomen namens Karoshi, das seit den 1980er Jahren bekannt ist. Die Selbstmordzahlen in Japan schlagen das Rekordniveau im Jahr 2016, mit 1.456 Klagen wegen Schadensersatzansprüchen laut dem japanischen Arbeitsministerium (Lakhwani, 2016).

Auch im europäischen Umland unterscheidet sich die Situation kaum. Von den rund 10.000 Selbstmorden in Frankreich jedes Jahr sind mehr als 400 mit Stress verbunden (Willsher, 2014). Als Gründe dafür sind u. a. Arbeitsdepressionen zu benennen, die infolge ungeeigneter Arbeitsbedingungen, Praktiken und Managementmethoden entstehen (Swartz, 2015).

Um die Selbstmordraten zu verringern, muss die öffentliche Politik mehr in personalisierte, präventive und innovative psychische Gesundheitsprogramme investieren, die darauf fokussiert sind, die Büroumgebung zu verbessern (Holmes, 2015). Diese Programme sollten so gestaltet werden, dass sie die Motivation der Mitarbeiter erhöhen, indem sie das Stressniveau senken und das psychische Wohlbefinden verbessern. Inwieweit sich in diesem Zusammenhang der Einsatz digitaler Lösungen als nützlich erweist, kann erst im Verlauf der weiteren Untersuchungen beantwortet werden.

5 Schlussfolgerung und Vorschläge zur Software-Entwicklung zur Motivationssteigerung

Da ein relativ hoher Anteil an Beschäftigten weltweit über eine fehlende Zufriedenheit mit der Arbeit verfügt, führt es im Endergebnis zu einem nicht ausreichenden Motivationsgrad und Engagement. Signifikante Gründe dafür wurden bereits erläutert.

Aus diesem Grund stellt sich die Frage, wie die Mitarbeiter durch eine Software zur Motivationsförderung zusätzlich unterstützt werden können, um ihre intrinsische Motivation und damit die Zufriedenheit und Produktivität am Arbeitsplatz zu erhöhen beziehungsweise aufrechtzuerhalten. Diese Software sollte es den Mitarbeitern jederzeit ermöglichen, schneller und effektiver miteinander und mit dem Arbeitgeber über ein internes Netzwerk zu interagieren, um so einen starken Zusammenhalt der Teammitglieder sicherzustellen.

Die Umsetzung von nachfolgend genannten motivationsfördernden Maßnahmen wird durch die zu entwickelnde Software unterstützt:

- Quantitative System-Verifizierung der durch die Mitarbeiter erreichten Arbeitsziele (Flashpoint Training, 2016), die durch die Führung vorgegeben werden, indem die Anzahl der bereits erledigten Aufgaben eines Mitarbeiters in einem bestimmten Zeitraum vom System mit Hilfe eines Zählers erfasst und in Relation zur vorgeschriebenen Anzahl an Aufgaben gesetzt wird,
- Kommunikation von Erwartungen und Leistungszielen an die Mitarbeiter (Liff, 2011) in Form von eindeutig zugewiesenen Arbeitsaufgaben mit vorgegebenen Bearbeitungszeiträumen,
- Visualisierung des Beitrags des Mitarbeiters zu den Arbeitsergebnissen (Gustavson und Liff, 2014), indem der gerade geleistete Beitrag des Mitarbeiters als ein Teil der beispielsweise wöchentlichen Beiträge aller Mitarbeiter der Firma grafisch angezeigt wird,
- Förderung von Teamarbeit (u. a. Thomas, 1997) durch die Förderung der Erledigung von Gruppenaufgaben und
- Anwendung unterschiedlicher Arten von Vergütungssystemen (u. a. Jensen et al., 2007), die in Abhängigkeit von Arbeitsaufgaben, Arbeitsumgebung, Qualifikationsniveau der Mitarbeiter, etc. eingesetzt werden. Ob hierbei weitere Faktoren wie Berufserfahrung, Alter, Dauer der Betriebszugehörigkeit und Gesundheitszustand darauf Einfluss nehmen sollten, ist noch zu klären. Damit es keine Unklarheiten über die Funktionsweise des Vergütungssystems gibt, muss diese mit den jeweiligen Spielregeln für alle Mitarbeiter

einsehbar online zugänglich sein. Ein Vergütungssystem sollte außerdem nicht bestimmte Berufsgruppen bevorzugen.

Die durch die Führung aufgestellten und bei Bedarf mit Prioritäten versehenen Arbeitsziele dienen als Messgrundlage, um zum einen Arbeitsfortschritte zu quantifizieren und zum anderen daraus resultierendes Vergütungssystem festlegen zu können. Aus diesem Grund stellen die automatische Verwaltung durch das System und die Kommunikation der Erfüllung von Arbeitszielen an die Mitarbeiter durch die Führung mit Hilfe von versendeten Benachrichtigungen sowie die zusätzliche Belohnung von Teamarbeit wesentliche Bausteine des Systems dar. Dabei bestätigt der Mitarbeiter selbst zunächst mit einem Häkchen, dass er eine Aufgabe abgeschlossen hat, anschließend muss nur noch der Chef die erfolgreiche Erledigung auf die gleiche Weise bescheinigen. Dieses Vorgehen dient der doppelten Qualitätssicherung. Dabei gilt zu beachten, dass die positiven Auswirkungen eines neuentwickelten Vergütungssystems erst in der Praxis getestet werden müssen, bevor weitreichende Schlussfolgerungen über ihren möglichen Einsatz in einem Unternehmen gezogen werden können.

Während die kontinuierliche Erfassung der Motivationsfaktoren eines Mitarbeiters (Richmond und Schepman, 2005), die Erfüllung eines psychologischen Vertrages zwischen dem Unternehmen und dem Mitarbeiter (Jensmon, 2013), die Bereitstellung von sinnvollen Aufgaben und zusätzlichen Verantwortlichkeiten (Carleton, 2011) und faire Arbeitsbedingungen (Creech, 1995) nicht ohne Weiteres im Rahmen des Systemdesigns sichergestellt werden können, da es eher zu den täglichen Aufgaben des Arbeitgebers gehört, gibt es Aspekte, die in das Systemdesign einbezogen werden können, ohne dass weitere finanzielle oder personelle Ressourcen erforderlich werden. Dazu zählen:

- Schaffung von spielerischen Aktivitäten im Arbeitsumfeld (u. a. Morris und Steinberg, 1991), indem auf Elemente der Gamification wie Leaderboard, Achievements und weitere Elemente beim Systemdesign zurückgegriffen wird,
- Nutzung von für Mitarbeiter durch die Führung festgelegten Leistungsstandards als Wettbewerbskriterien (u. a. Morris und Steinberg, 1991), die durch den wöchentlich an den Mitarbeiter zugeschickten Aufgaben-Pool reflektiert werden, wobei der Umfang der Arbeit, die zeitgerechte Erledigung und die Qualität der Ausführung berücksichtigt werden,
- Förderung von positiven Mitarbeiterbeziehungen (Basford und Offermann, 2012), die sich in Form von freiwilligem Erfahrungsaustausch, gegenseitiger Unterstützung und Coaching äußern können, indem man als Mitarbeiter auf dem Profil anderer Mitarbeiter positive Kommentare zur gemeinsamen Zusammenarbeit hinterlassen kann,

- Gewährleistung von Lob durch Führungskräfte und Kollegen (Lazaroiu, 2015) durch regelmäßige automatische Erinnerungsnachrichten (Push Notifications) durch das System mit der Aufforderung zur Leistungsbewertung von Mitarbeitern des eigenen Teams,
- Bereitstellung von Lern-, Trainings- und Fördermöglichkeiten (u. a. Alnasrallah, 2016) und
- Sicherstellen der Chance auf größere Leistungen (Christensen, 2002), indem über das Aufgaben-Pool hinausgehend den Mitarbeitern, die ihr wöchentliches Arbeitspensum erledigt haben, freiwillig zu erledigende Aufgaben angeboten werden, deren Erledigung entsprechend mit Punkten honoriert wird.

Wie die Umsetzung von oben genannten Motivationsfaktoren in Form von Software-Funktionalitäten die Effizienz des zu entwickelnden Belohnungssystems beeinflussen wird, wird im Rahmen einer Software-Evaluierung durch die Befragung der Softwarenutzer geklärt werden.

Auch weitere Merkmale von Belohnungssystemen, wie z. B.:

- Formaler Verzicht auf Leistungsvergleiche zwischen den Mitarbeitern (Mullen, 1993), indem den Mitarbeitern beispielsweise nicht mehr der monatliche Arbeitsfortschrittsbericht per Email zugeschickt wird, der Mitarbeiter weiter unter Druck setzt, aber Belohnung für beendete Aufgaben (Brecher, 2010), indem die Belohnungen aus einem Online-Belohnungskatalog entsprechend der erreichten Punktzahl ausgesucht werden können,
- Faire Zuweisung von Belohnungen an die Mitarbeiter (Mullen, 1993), indem jeder Mitarbeiter für die gleiche Leistung auf die gleiche Weise belohnt wird sowie keine Differenzierung zwischen der Führung und den Mitarbeitern, indem der gleiche Belohnungskatalog für die Führung und die Mitarbeiter vom System freigeschaltet wird,
- Verhinderung von Betrugsversuchen durch die Systemnutzer (u. a. Gubler et al., 2013), indem diese durch das System erkannt und unterbunden werden, dadurch dass z. B. keine Aufgaben von Mitarbeitern abgehakt werden können, die noch nicht erledigt wurden,
- Informelle und persönliche Belohnungen (Wallsten, 1998) wie Kinogutscheine, die optional und zeitlich befristet zum Einsatz kommen können,
- Verzicht auf Bestrafungspraktiken (Bruening, 1990), bei denen dem Mitarbeiter zur Bestrafung mittelmäßig erledigter Aufgaben Punkte abgezogen werden, die das Klima der Angst vor beruflichen Misserfolgen verstärken und
- Freie Entscheidung über die Auswahl und Durchführung von Arbeitsaufgaben (Brecher, 2010), indem v.a. das konkrete Arbeitsvorgehen nicht vom System vorgegeben wird,

müssten hierbei berücksichtigt werden.

Dennoch kann kein Softwaresystem alleine die Belohnung von nur exzellenter Arbeitsleistung und nicht die Vergütung der Fertigstellung von Standardaufgaben sicherstellen (Gubler et al., 2013), genauso wenig, wie ein Softwaresystem auf individuelle Bedürfnisse und Anforderungen zugeschnittene Belohnungen mit einem persönlichen Wert für Mitarbeiter garantieren kann (Grant, 1989). Aus diesem Grund muss der Arbeitgeber, bevor das Softwaresystem in Betrieb genommen wird, verifizieren, dass gerechte Belohnungen für korrekt erledigte Aufgaben an die richtigen Mitarbeiter vergeben werden.

Folgende ganzheitliche Leitphilosophien können für das Softwaresystem insgesamt aufgestellt werden:

- *Belohnung des Einzelnen und Erzeugung der Nähe zwischen dem Vorgesetzten und dem Angestellten* durch einen Belohnungskatalog und ein privatisiertes Messaging-System, indem der Chef dem Mitarbeiter persönlich per Nachricht zum aktuellen Arbeitserfolg gratulieren und dadurch ein gutes Verhältnis zum Angestellten aufbauen kann.
- *Freie Wahl der Belohnung* anhand der durch das Punktesystem vergebenen Anzahl an Punkten aus einer Liste an Boni, die zur Auswahl stehen, vergleichbar mit Treuepunkte-Systemen wie Payback oder DeutschlandCard. Welche Boni zur Auswahl stehen, wird von der jeweiligen Firma in Absprache mit dem Management entschieden.
- *Kleine Belohnungen können viel bewirken:* bei geschäftlichen Erfolgen der Firma alle Angestellten z. B. mit einer Pizza oder einem Kinogutschein auf Firmenkosten belohnen statt nur Geld-Boni zu vergeben.
- *Illusion der freien Wahl,* indem der Mitarbeiter ein Wochenpensum an Arbeitsaufgaben gestellt bekommt, sodass er die Erledigung dieser Aufgaben beliebig über die Woche verteilen und sich für neue Aufgaben freiwillig melden kann. Wird das Wochenpensum erfüllt, erhält der Mitarbeiter einen größeren Bonus (z. B. eine Riesenpizza).
- *Angestellte – Freunde statt Feinde:* dieses Leitprinzip wird gewährleistet, indem Messaging zwischen den Mitarbeitern durch eine Chat-Funktion ermöglicht wird und Gruppenaufgaben gestellt werden, bei denen sich eine Maximalanzahl an Mitarbeitern jeweils für eine bestimmte Aufgabe bzw. ein Projekt eintragen lassen kann. Dadurch, dass man sieht, wer sich schon für ein Projekt eingetragen hat, kann die Motivation dieses Projekt anzunehmen erhöht werden, da man sich aussuchen kann, mit welchen Mitarbeitern man zusammenarbeiten will.
- *Mitarbeiter nicht festfahren lassen:* Mitarbeiter können sich Aufgaben innerhalb eines Aufgaben-Pools aussuchen. Der Aufgaben-Pool wird ihnen vom Vorgesetzten wöchentlich zugeschickt. Bei den Aufgaben handelt es

sich um Einzel- bzw. Gruppenaufgaben. Zudem besteht die Möglichkeit eines fairen Tauschs von Aufgaben mit anderen Mitarbeitern der eigenen Abteilung. Dabei kann der Mitarbeiter eine Notiz in Form eines Memos zu jeder Aufgabe anfertigen. Die Aufgaben werden im System in folgende Kategorien einsortiert und auf dem Profil des Mitarbeiters aufgelistet: To-Do, In-Progress und Done Tasks.

- *Mitarbeiter helfen Mitarbeitern:* Ein Forum zum Posten von Problemen bei der Arbeit ermöglicht Hilfe von anderen Mitarbeitern innerhalb der eigenen Abteilung. Gleichzeitig können auch Probleme anderer Abteilungen eingesehen werden. Soweit man der Ansicht ist, dass das gepostete Problem ausreichend beantwortet wurde, kann das Problem mit einem Häkchen abgehakt werden. Ist das Problem gelöst, wird es in die Solved Questions Kategorie einsortiert. Solange das Problem ungelöst bleibt, befindet es sich in der Open Questions Kategorie. Für die Umsetzung wird die Forensoftware vBulletin verwendet, welche als sehr zuverlässig und sicher gilt und die mithilfe von Add-ons perfekt angepasst werden kann.

Um die Motivation der Mitarbeiter und ihre Arbeitserfolge zu erhöhen, werden Progress-Bar, Scoring, Boni und Achievements als Gamification-Elemente eingesetzt. Um dem Systemnutzer durch einen Fortschrittsbalken grafisch zu zeigen, wie erfolgreich er seine Arbeitsaufgaben erledigt hat, wird eine visuelle Progress-Bar mit einer Text-Repräsentation des Fortschritts in einem Prozentformat auf seinem Profil verwendet. Auf diese Weise wird der Wochenfortschritt des Mitarbeiters angezeigt. Dieser könnte auf den Ergebnissen eines Punktezählers basieren. Auf der Grundlage der erreichten wöchentlichen Punktzahl bekommt der Mitarbeiter z. B. Sterne auf dem Profil zugewiesen. Sterne repräsentieren das Scoring. Um den Wettbewerb zwischen den Systemnutzern zu fördern, erfolgt ein automatisches Scoring durch das System hinsichtlich z. B. der Profil-Vervollständigung, der Annahme neuer Arbeitsaufgaben, der Erledigung von Gruppenaufgaben, etc. Die freiwillige Annahme von nicht verpflichtenden Aufgaben ermöglicht es dem Nutzer, ein höheres Scoring zu erreichen. Gehört der Systemnutzer zu den besten 5 % der Mitarbeiter seiner Firma im jeweiligen Monat, bekommt er fünf Sterne. Als ein Bonus, Mitarbeiter mit fünf Sternen kommen in die engere Auswahl der Mitarbeiter, die vom Arbeitgeber eine spezielle Auszeichnung verliehen bekommen. Achievements sind wiederum spezielle Abzeichen, die Mitarbeiter für besondere Leistungen verliehen bekommen. Als Achievements werden vom System u. a. das Nachteule-Abzeichen und das Morgenarbeiter-Abzeichen vergeben. Mögliche Achievements müssen überraschend verteilt werden. Der Mitarbeiter sollte nicht wissen, wofür genau er sie bekommt. Die außerdienstlichen Arbeitszeiten können z. B. automatisch durch die Check-In-Karten der Mitarbeiter erfasst werden. Verdient ein Mitarbeiter ein neues Abzeichen, erhält er eine Lob-Nachricht vom Chef oder wird zu einem persönlichen Gespräch eingeladen. Außerdem wird die Anzahl der Dienstjahre auf dem Profil angezeigt. Zu jedem Dienstjubiläum wird dem Mitarbeiter persönlich durch eine Nachricht vom Chef gratuliert. Des Weiteren können Mitarbeiter Kommentare auf den Profilen anderer Mitarbeiter mit der Bewertung der gemeinsamen Arbeit hinterlassen. Diese Kommentare können, sofern sie zu negativ formuliert sind, von den Mitarbeitern ausgeblendet und an den Chef gemeldet werden. Im Rahmen der Chat-Kommunikation mit anderen Mitarbeitern werden die Rolle dieser Person in der Firma und die letzte gesendete Nachricht angezeigt. Für die Umsetzung der Chat-Funktion bietet es sich an, auf bereits erprobte und frei verfügbare Software zurückzugreifen, weshalb das Extensible Messaging and Presence Protocol (XMPP) genutzt wird, für das bereits Bibliotheken und Clients zur Verfügung stehen. Des Weiteren erlaubt diese modulare Implementierung eine gute Skalierung. Um die Identifikation des Mitarbeiters mit der Firma zu erhöhen, kann auf jeder Seite des Systems der Firmenname angezeigt werden.

Die Entwicklung eines solchen Softwaresystems, das in der realen betrieblichen Umgebung getestet werden muss, kann weitreichende Erkenntnisse hinsichtlich der Motivationsverbesserung und somit einer nachhaltigen Produktivitätserhöhung der Mitarbeiter bringen. Die Testphase kann sowohl in den Dienstleistungsunternehmen als auch im produzierenden Gewerbe stattfinden. Hierbei wäre ein europäischer Vergleich im Sinne der strukturellen Unterschiede genauso erstrebenswert wie ein kultureller Vergleich innerhalb eines Landes.

Die generelle Struktur und das funktionale Design des vorgeschlagenen Systemdesigns werden mit dem Web-Service Proto.io erstellt. Für die Entwicklung eines visuell ansprechenden, interaktiven Looks und Layouts bestimmter Komponenten des User Interface Designs werden Android Studio IDE und Java SDK angewendet. Gleichzeitig werden ähnliche digitale Anwendungen zur Motivations- und Produktivitätssteigerung der Mitarbeiter getestet und reviewed, um Schlussfolgerungen zu ziehen, was getan werden kann im Hinblick auf die Struktur, Funktionalität und Design des Softwaresystems.

Um für Unternehmen verschiedener Größen gerüstet zu sein, wird das Softwaresystem für die Cloud entwickelt, womit Kapazitäten und Ressourcen bei Bedarf leicht zu skalieren sind. Dort werden relationale Datenbanken bereitgestellt, welche sämtliche Daten, wie Personen- und Firmenprofile, Arbeitsaufgaben, Achievements, etc. redundant und bei Bedarf verschlüsselt verwahren. Mediendateien wie Profilbilder, Icons, Videos, etc. werden in einer separaten Speicherinstanz verwahrt und für authentifizierte Nutzer bereitgestellt. Idealerweise kann bereits auf im Unternehmen existierende Infrastruktur zurückgegriffen werden wie z. B. auf vorhandene LDAP-Server zur Authentifizierung von Mitarbeitern. Alternativ wird dieser Server ebenfalls in der Cloud erstellt.

6 Zusammenfassung und Ausblick

Fehlende Motivation und das nicht ausreichende Engagement der Mitarbeiter am Arbeitslatz wirken sich negativ auf deren Leistungsniveau und somit auch auf das Betriebsergebnis aus. Die Vielzahl der Motivationsmöglichkeiten, die Vielfalt der Arbeitsaufgaben, die sich stets verändernden Rahmenbedingungen verbunden mit steigendem Arbeitsdruck und die Existenz von kulturellen Unterschieden unter den Arbeitnehmern stellen eine große Herausforderung auf dem Weg zur digitalen Problemlösung dar. Der vorliegende Beitrag befasste sich mit den Vorschlägen zur Entwicklung eines Softwaresystems, das beim Einsatz in einer realen betrieblichen Umgebung der Motivationssteigerung und Produktivitätserhöhung von Mitarbeitern dienen sollte. Es wird während der Testphase angestrebt, weitreichende Erkenntnisse hinsichtlich der Motivationsverbesserung und somit einer nachhaltigen Produktivitätserhöhung der Mitarbeiter sowohl im europäischen Vergleich als auch unter Berücksichtigung der strukturellen und kulturellen Unterschiede zu erlangen. Inwiefern die zu entwickelnde Software den Bedürfnissen der Unternehmen entspricht, kann im Rahmen der anschließenden Softwareevaluierung durch die Softwarenutzer unterschiedlicher Unternehmensebenen beantwortet werden.

Literaturverzeichnis

Ahmad N, Ahmed RR, Mangi RA, Palwishah RI, Susan A (2014) Factors Motivating Employees in Public Sector Banks: An Empirical Investigation. European Academic Research, Vol. II, Issue 5, p 6010

Alnasrallah Y (2016) Employee Motivation and Performance. International Journal of Scientific & Engineering Research, Vol. 7, Issue 1

Applebaum HA (1998) The American Work Ethic and the Changing Work Force: An Historical Perspective. Greenwood Publishing Group

Basford TE, Offermann LR (2012) Beyond Leadership: The Impact of Coworker Relationships on Employee Motivation and Intent to Stay. Journal of Management and Organization, Vol. 18, No. 6

Brecher ND (2010) FANTASTIC FOUR: Ignite Employee Motivation with a Quartet of Proven Principles. Journal of Property Management, Vol. 75, No. 6

Brenke K (2015) Job Satisfaction. The vast majority of employees in Germany are satisfied with their jobs. DIW Economic Bulletin 32+33.2015, pp 429-437

Brennan S (2016) Suicide at Work: A Reality Check for HR. http://www.hrtechblog.com/suicide-at-work-a-reality-check-for-hr/. Letzter Aufruf: 10.12.2016

Bruening JC (1990) Shaping Workers' Attitudes toward Safety. Occupational Hazards, Vol. 52, No. 3

Buckingham M, Coffman C (1999) First, break all the rules: What the world's greatest managers do differently. New York, Simon & Schuster

Bundesministerium für Wirtschaft und Energie (2017) Was ist Industrie 4.0? http://www. platt-form-i40.de/I40/Navigation/DE/Industrie40/WasIndustrie40/was-ist-industrie-40.html. Letzter Aufruf: 22.04.2017

Carleton K (2011) How to Motivate and Retain Knowledge Workers in Organizations: A Review of the Literature. International Journal of Management, Vol. 28, No. 2

Chan J (2016) Is globalization to blame? Workplace Suicides Are On The Rise Across The World. http://digg.com/2016/work-suicide-globalization. Letzter Aufruf: 02.11.2016

Christensen P (2002) Motivational Strategies for Public Managers: The Budgetary Belt-Tighten-ing Precipitated by the Recession Has Placed Renewed Emphasis on the Importance of Em-ployee Motivation. Government Finance Review, Vol. 18, No. 2

Creech R (1995) Employee Motivation. Management Quarterly, Vol. 36, No. 2

Curtis MB (2012) The Affirmation Principle: How Effective Leaders Bring Out the Best in Peo-ple. Xlibris Corporation

Dale Carnegie & Associates (2012) What Drives Employee Engagement and Why It Matters. White paper

Deutscher Bundestag (2016). Antrag der Fraktionen der CDU/CSU und SPD. UN-Ziele für nach-haltige Entwicklung – 2030-Agenda konsequent umsetzen. http://dip21.bundestag.de/dip21/btd/18/073/1807361.pdf. Letzter Aufruf: 02.04.2017

DIANE Publishing (1983) Automation and the workplace: selected labor, education, and training issues: a technical memorandum

Erez M, Eden D (2001) Introduction: trends reflected in work motivation. In: Erez M, Kleinbeck U, Thierry H (ed) Work Motivation in the Context of a Globalizing Economy. Lawrence Erlbaum Associates, London, pp 1-8

Flashpoint Training (2016) 6 Ways to Stay Motivated When Looking For a Job. http://fptrai-ning.com.au/6-ways-to-stay-motivated-when-looking-for-a-job/. Letzter Aufruf: 19.09.2016

Ghafoor MD (2011) Organizational effectiveness: a case study of telecommunication and bank-ing sector of Pakistan. Far East Journal of Psychology and Business, Vol. 2, No. 1, pp 37-48

Grant PC (1989) Employee Motivation: The Key to Training. Supervisory Management Vol. 34, No. 6. Grant K (2008) ECMLG2008-Proceedings of the 4th European Conference on Mana-gement Leadership and Governance: ECMLG. Academic Conferences Limited

Gubler T, Larkin I, Pierce L (2013) The Dirty Laundry of Employee Award Programs: Evidence from the Field. Working Paper Summaries. In: Harvard Business School

Gustavson P, Liff S (2014) A Team of Leaders: Empowering Every Member to Take Ownership, Demonstrate Initiative, and Deliver Results. American Management Association, New York

Halvorson C (2015) 5 Reasons You Should Be Investing in Employee Development. http://www.inc.com/chad-halvorson/5-reasons-you-should-be-investing-in-employeedevel-opment.html. Letzter Aufruf: 18.11.2016

Harter JK, Schmidt FL, Hayes TL (2002) Business-unit-level relationship between employee satis-faction, employee engagement, and business outcomes: a meta-analysis. Journal of Ap-plied Psychology, Vol. 87, No. 2, pp 268-279

Hedges K (2014) 8 Common Causes Of Workplace Demotivation. http://www.forbes.com/sites/work-in-progress/2014/01/20/8-common-causes-of-workplacedemotiva-tion/#34920ba8675a. Letzter Aufruf: 18.12.2016

Holmes L (2015) Healthy Living. Workplace Suicide On The Rise, According To New Study. In: Huffington Post. http://www.huffingtonpost.com/2015/03/17/workplace-suicider-ates_n_6879046.html. Letzter Aufruf: 11.10.2016

Jensen D, McMullen T, Stark M (2007) The Manager's Guide to Rewards: What You Need to Know to Get the Best for—and from—Your Employees. American Management Associa-tion, New York

Jensmon G (2013) A Study on Factors Affecting Employees' Psychological Contract and Its Impact on Employee Motivation in BHEL EDN, Bangalore. Asia Pacific Journal of Management & Entrepreneurship Research, Vol. 2, No. 2

Kelly Services (2012) Acquisition and Retention in the War for Talent. Kelly Global Workforce Index

Kimball LS, Nink CE (2006) How to Improve Employee Motivation, Commitment, Productivity, Well-Being and Safety. Corrections Today, Vol. 68, No. 3

Krifa and The Happiness Research Institute (2015) Job Satisfaction Index 2015 – What drives job satisfaction?

Lakhwani N (2016) Japan literally working itself to death as work stress-related suicides hit all time high. In: International Business Times. http://www.ibtimes.com.au/japan-literally-working-itself-death-work-stress-related-suicides-hit-all-time-high-1511461. Letzter Aufruf: 19.11.2016

Lather AS, Jain S (2005) Motivation and job satisfaction: a study of associates of public and private sector. Delhi Business Review, Vol. 6, No. 1, pp 77-84

Lazaroiu G (2015) Employee Motivation and Job Performance. Linguistic and Philosophical Investigations, Vol. 14

Liff S (2011) Improving the Performance of Government Employees: A Manager's Guide. American Management Association, New York

Martens J, Obenland W (2015) Die 2030-Agenda: Globale Zukunftsziele für nachhaltige Entwicklung. https://www.globalpolicy.org/images/pdfs/GPFEurope/Agenda_2030_online.pdf. Letzter Aufruf: 08.04.2017

Martin G (2006) Managing People and Organizations in Changing Contexts. Routledge

Michael Page International Recruitment (2016) Employer advice. Seven reasons for employee demotivation. http://www.michaelpage.co.uk/advice/management-advice/development-and-retention/seven-reasons-employee-demotivation. Letzter Aufruf: 09.11.2016

Morris JJ, Steinberg F (1991) And the Winner Is... Enhancing Employee Motivation. Journal of Property Management, Vol. 56, No. 4

Mullen P (1993) Employee Monetary Systems: The Past or Future in Employee Motivation. Industrial Management, Vol. 35, No. 6

Oakes L (2013) 10 Reasons for Employee Demotivation. http://blog.aaronwallis. co.uk/2013/05/10-reasons-for-employee-demotivation.html. Letzter Aufruf: 09.10.2016

Qayyum A, Sukirno M (2012) An Empirical Analysis of Employee Motivation and the Role of Demographics: The Banking Industry of Pakistan. Global Business and Management Research: An International Journal, Vol. 4, No. 1

Research America (2012) Investment in research saves lives and money. Facts about suicide. #21 in a series

Reynolds L (1992) America's work ethic: lost in turbulent times. Management Review, Vol. 81, No. 10, Erlbaum Associates, pp 20-25

Richmond FL, Schepman S (2005) Fifty Years of Employee Motivation Surveys: Three from the Final Half of the Twentieth Century. Journal of Organizational Culture, Communications and Conflict, Vol. 9, No. 2

Schrager A (2014) Why Companies Don't Train Workers Anymore. https://www. bloomberg.com/news/articles/2014-08-22/is-on-the-job-training-still-worth-it-forcompanies. Letzter Aufruf: 18.11.2016

Swartz A (2015) Workplace Suicides are on the Rise. http://www.theatlantic.com/health/archive/2015/03/workplace-suicides-are-on-the-rise/387916/. Letzter Aufruf: 15.11.2016

Kan M, Levanon G, Li A, Ray RL (2016) Job Satisfaction: 2016 Edition: Tightening Labor Market Means More Opportunity, More Satisfaction. The Conference Board

The Steelcase Global Report (2016) Engagement and the Global Workplace

Thomas M (1997) Mastering People Management: Build a Successful Team: Motivate, Empower and Lead People. Thorogood, London

Towers Perrin HR Services (2006) Winning Strategies for a Global Workforce. Attracting, Retaining and Engaging Employees for Competitive Advantage. Towers Perrin Global Workforce Study - Executive Report

Tracy B (2013) Motivation. The Brian Tracy Success Library Series. AMACOM Div American Mgmt Assn.

United Nations (2012) General Assembly. A/RES/66/288. Resolution adopted by the General, July 2012. Sixty-sixth session. 123rd plenary meeting. The future we want. http://www.un.org/ga/search/view_doc.asp?symbol=A/RES/66/288&Lang=E.   Letzter Aufruf: 23.04.2017

Vroom VH, Deci EL (1970) Management and Motivation, Penguin, New York (NY)

Wallsten K (1998) Targeted Rewards Have Greater Value – and Bigger Impact. Workforce, Vol. 77, No. 11, pp 66-71

Willsher K (2014) Orange. Orange France investigates second wave of suicides among staff. https://www.theguardian.com/business/2014/mar/19/orange-france-investigatessecond-wave-suicides. Letzter Aufruf: 19.10.2016

World Health Organization (2016) Mental health. Suicide data. http://www.who.int/mental_health/prevention/suicide/suicideprevent/en/. Letzter Aufruf: 12.11.2016

Bildung

Using the Co-Simulation Mosaik for Teaching Energy Informatics

Jörg Bremer, Sebastian Lehnhoff

Abstract Existing techniques in electricity generation, transmission and distribution are currently transformed to foster the integration of a large share of renewable energy generation. Designing the future smart grid poses challenges regarding fluctuating and hardly predictable feed-in, inverse load flow, decentralized load planning and distributed control strategies, decentralized state estimation and many more aspects. To achieve the goal of a smart, fully decentralized grid, also experts from computing science are needed with skill in modeling and simulation, data science, decentralized algorithmic, self-organization aspects and distributed computational intelligence, to handle all the new requirements. Since summer term 2015 a new practical course in energy informatics at the University of Oldenburg has been established to connect different aspects from the energy informatics curriculum into one central theme around the co-simulation framework mosaik. The central theme fosters the sustainable integration of renewable energy. Along this central thread, students are enabled to put subjects from different fields of smart grid engineering into a common context that is founded on a set of self-contained exercises and tasks. The co-simulation step by step brings everything together and lets the students get hands on many aspects of modeling, simulating, statistical experiment design, control algorithms and their interactions in order to strengthen their understanding of otherwise theoretical and separately taught subjects.

1 Introduction

Since 2009 a Master specialization subject in energy informatics is positioned as educational objective in the curriculum of the computing science department at

J. Bremer (✉) • S. Lehnhoff
Carl von Ossietzky Universität Oldenburg
Uhlhornsweg 84, 26129 Oldenburg, Germany
E-Mail: joerg.bremer@uni-oldenburg.de; sebastian.lehnhoff@uni-oldenburg.de

the University of Oldenburg. A similar key aspect for the Bachelor curriculum is currently under development.

Modeling and simulation of algorithmic approaches in energy informatics show many similarities to approaches from environmental informatics (Sonnenschein et al., 2015). Consequently, energy and environmental informatics have long since been closely related in Oldenburg. The integration of renewable energy resources into the grid is thus one of the major subjects in research but also within the curriculum.

Especially for the integration of renewable energy, different skills are needed comprising electrical as well as mathematical modeling techniques to build up simulation models of energy devices as well as the remaining operation technology. Interoperability aspects on algorithmic level demand additionally for an understanding of surrogate modeling techniques (Bremer et al., 2011); interoperability on operation level is not covered here. Besides a technical and mathematical understanding of the involved equipment and the underlying reasons that necessitate new control strategies for integrating larger shares of renewable energies, a deeper knowledge of different coordination and optimization strategies is indispensable, too. In order to find best practices, architectures and strategies, extensive simulation experiments are necessary for which students must know how to set-up those statistically valid for sound result in reasonable time. Several different additional aspects come along with these basic requirements.

Since summer term 2015, a new course has been established in the energy informatics department: a practical course energy informatics. Whereas energy informatics has mostly been taught theoretically in the past, this new course puts the co-simulation middleware mosaik in the center of the topic and teaches with a hands-on training a wide range of energy informatics aspects.

Students in energy informatics are trained in mathematical modeling skills for simulating the technical energy systems as well as in energy economics and also in special modeling techniques for energy information systems. For transforming the current energy provision to a future smart grid, processes in energy informatics are for example defined and modeled with the smart grid architecture model (SGAM) and the use case methodology (Trefke et al., 2013; Dänekas et al., 2014). For appropriately defining a system's structure in terms of interactions between its entities and element types and their environment (ISO/IEC 42010), the SGAM reference architecture defines restrictions for an instantiation of a concrete architecture and specifies the syntax as well as the semantics for describing a (technical) system. Nevertheless, using such reference architecture and defining standardized use cases takes different skills and knowledge regarding the underlying system from the students. As far as future, not yet existent systems are involved, modeling and simulation is the best way to train students on projected future processes in the energy grid.

Information technology specialist for energy and environment need a wide range of skills from business informatics as well as algorithmic and technology related skills. Moreover, they need to relate them to different processes. In the past, a course (together with the technical universities Clausthal and Brunswick) on decentralized energy systems introduced a wide range of subjects for a sustainable transition of the energy grid with hands on elements in practical exercises but without a connecting element that puts all subjects into a common experimentation system (Kurrat). This gap is filled with the new practical successor course. Also for leveraging information systems to increase energy efficiency and sustainability of energy provision, skills from information systems have to be combined with system knowledge to foster changes towards a reduction of environmental impacts. In (Watson et al., 2010) integration of information system thinking and skills into teaching is proposed to increase energy efficiency. We are convinced that these skills have to be enriched with a systemic and algorithmic understanding for proper process engineering.

For this reason, the predecessor course on decentralized energy systems already had elements and tools that let the students experiment with demand side management strategies and their parameters' impacts. At that time, we used specifically developed teaching tools during the course (Bremer et al., 2009). For the current practical course we use the more flexible and extensible approach of using a co-ordinating and integrating middleware to integrate implementations done by the students themselves.

The rest of the paper is organized as follows. We start with a brief overview on the energy informatics curriculum at the University of Oldenburg. After explaining the mosaik middleware we introduce the concept of the new practical course and describe the content of lecture and exercises and how mosaik helps the students to putting things together and to set-up large experiments in the end while developing in small, self-contained, and manageable units during the term.

2 The Energy Informatics Curriculum

Before we introduce the concept of the practical course, we will give a brief overview on the energy informatics specialization subject in order to contextualize the course within the curriculum.

During four semesters, the students specialize by enriching their choices in computing science courses that are independent from energy subjects with a student project group with an energy related topic and three courses with energy informatics subjects: energy information systems (with practical exercises in use case modeling), smart grid management (a technical course) and the practical course in energy informatics. Additionally, non-information-systems related application courses complete the curriculum.

As the final energy related thesis often involves practical work on energy information systems and simulated smart grid scenarios, the practical course provides a good preparation. Figure 1 gives an overview on the curriculum.

1st sem.	choice 1	energy information systems	ei choice 1/ equalization	ei choice 2/ equalization	choice 2
2nd sem.	project group (energy subject)		practical course energy informatics	ei choice 3	area of application 1
3rd sem.			ei choice 3	smart grid management	area of application 2
4th sem.	thesis (energy subject)				

Fig. 1: Modules of the Specialization in Energy Informatics.

3 The Co-Simulation Framework Mosaik

The mosaik simulation middleware for smart grids (https://mosaik.offis.de/) has been developed at the OFFIS research institute in Oldenburg (Schütte et al., 2011). With mosaik, a software tool has been developed, that integrates heterogeneous and independently developed simulation models on the one hand side but also real-time hardware components on the other to a jointly orchestrated multi-scale co-simulation (Rohjans et al., 2014). In this way, mosaik allows an easy reuse of established tools and models from different cross-linked sub-domains and technical disciplines but also enables a use case specific extension and the integration of small, own implementations into a larger simulation context. The goal of mosaik is to put different simulators into a common context. Such scenario is defined in the Python programming language and execution results in a coordinated simulation involving different (distributed) simulations (Schütte and Sonnenschein, 2012). Mosaik is responsible for the timely, event-based activation of simulators and coordinates the data flow in between them. Mosaik is a Python implementation but allows the integration of arbitrarily implemented simulators. Thus, students can implement their own simulators in Java (main teaching language in Oldenburg) and integrate them into given scenarios or combine them with simulated coordinating algorithms from other student groups. Thus, the lecturer can define the scenario that integrates given demonstration material from the lecture as well as student implementations of processes, activities and models for evaluation by student-conducted experiments (Kosek et al., 2014).

4 A Practical Course in Energy Informatics

Since summer term 2015, a new course has been established in the energy informatics department: a practical course energy informatics. Whereas energy informatics has mostly been taught theoretically in the past, this new course puts the co-simulation middleware mosaik in the center of the training and teaches with a hands-on training a wide range of energy informatics aspects.

Successfully completing this lecture will enable students to mathematically model simple controllable electrical generators and consumers and to simulate them together with appropriate control algorithms within smart grid scenarios. To achieve this goal, students will start with deriving computational models from physical models and by evaluating them. In order to manage the integration of control algorithms, students are taught the principles of co-simulation using the example of the mosaik smart grid co-simulation framework.

Students are put into the position to understand and apply distributed, agent-based control schemes to decentralized energy generators and/or consumers. As a result, students are able to analyze the requirements for successful application to real power balancing regarding capacity utilization, robustness, and flexibility. In addition, students learn the foundations for planning and conducting simulation based experiments as well as the interpretation of the results. Attention is especially paid to a trade-off between precision and robustness of the results and the necessary efforts (design of experiments) in order to gain as much insight into inter-dependencies with as few experiments (Park, 2007).

4.1 Content

The basic scenario that is to be achieved at the end of the course comprises a comparison of two different coordination mechanisms within a micro grid. Decentralized energy resources have to be coordinated to a balanced generation and consumption. To achieve this, different energy resources (co-generation, photovoltaics, air condition, etc.) have to be simulated together with a metering authority, the grid and the coordination authority. Experiments have to be conducted to find appropriate parametrizations. As a preparation for the practical issues and in order to equalize intermediate skill of students from different study programs, an additional complementing lecture is given on the following topics:

Modeling and simulation of decentralized energy resources: This first lecture gives an introduction to different modeling techniques as well as to techniques for simulating them. The course starts with a more general introduction to modeling techniques given separated from smart grid applications. The second part of this two week lecture then goes into detail of modeling energy resources using the example of fridges and co-generation plants. Starting from technical considerations, the students learn how to model the entities using energy balance equations and PDEs describing momentary temperature changes and then how to translate these mathematical models into computer interpretable models with difference equations.

Co-simulation and mosaik: The third lecture introduces the concept of co-simulation in general as well as the framework mosaik in particular. This is a rather short lecture as handling this framework has to be exercised mostly practically. Thus, the emphasis during this part is on the exercise.

Decoder and search space sampling strategies: The growing complexity of the grid also imposed a growing complexity of constraints that restrict the validity of solutions for operation schedules, resource capacity utilization or grid compliance. Using surrogate models as an abstraction has recently become a new approach for constructing algorithms independently from any knowledge about the actual model or restricting operational constraints (Bremer et al., 2011). So called decoders as a special constraint handling technique allow for systematically generating feasible solutions directly from the surrogate model (Bremer and Sonnenschein, 2013a). These techniques have so far been applied to several use cases (cf. Bremer and Lehnhoff, 2016; Beer, 2017; Nieße and Sonnenschein, 2015; Pinto et al., 2017) and are elaborated in this lecture as basic concepts but also with an implementation specific focus. As decoders are often implemented as machine learning technique, training sets have also to be derived using the models of energy resources in the simulation (Bremer and Sonnenschein, 2013b). This subject is only treated theoretically as the students are given an implementation for inclusion in their system.

Optimization and heuristics: Here a basic overview on centralized optimization algorithms and optimization in general is given with a focus on the combinatorial optimization problem regarding load balancing (Hinrichs et al., 2016) that is subject in this course.

Distributed optimization and agent-based load management strategies: This lecture gives a general introduction to decentralized optimization. As the students are going to integrate especially the combinatorial optimization heuristics for distributed agents (COHDA) (Hinrichs et al., 2014) the focus of the agent part is on this algorithm.

Power system modeling: Modeling the power system and selected operation technology is in detail taught in smart grid management. As load flow and voltage band restrictions due to decentralized feed-in are also a topic in this course (similar to (Bremer and Lehnhoff, 2016)), the introductory part with the most important theoretical background is given in this lecture. For the exercises the students may use a readily available framework for power flow calculations. Nevertheless, the students have to be put into the position to model the electricity grid for their scrutinized scenarios in order to properly use such frameworks.

Fundamental statistics: This unit presents a revision course of fundamental statistical concepts needed for designing the experiments but also for deriving valid interpretations of the results. This is necessary to align different intermediate skills of students from different study programs.

Design of experiments: As the students have to conduct experiments with their developed co-simulation, an appropriate setup of the experiment is important to gain statistically valid results. For this reason, two lectures on design of experiments accompany the course. Moreover, this is an important preparation for conducting experiments during the master thesis. Apart from the basics of how to setup experiments to gain valid results with as low experiments as possible (indispensable in time consuming simulation experiments), the students also learn how to apply this principles on heuristics engineering in smart grids (Nieße et al., 2014). The second part extends into statistical significance test for result interpretation.

All lecture slides are accompanied by slides giving implementation hints and tips and tricks on known booby traps. In this way, the students are tuned in on the topic at hand at the beginning of each supervised exercise by briefly repeating the major points from the lecture and going into more implementation details. These slides can also be used as reference while the students work on the exercises afterwards. The practical exercises are divided into the following units: Software installations, simple unit modeling, co-simulation model, control units, load balancing, Simulated Annealing, agents integration, and experiments. The content of the exercises is discussed together with the relations and the schedule in the next section.

4.2 Timeline

Figure 2 shows the schedule of different exercises and the students' tasks during the semester. The scheme also shows how these individually worked exercise units are fit into the big picture piece by piece. Tasks are individually completed and finally combined with the help of the mosaik middleware. The course starts with a helping hand at installing and setting up all necessary software.

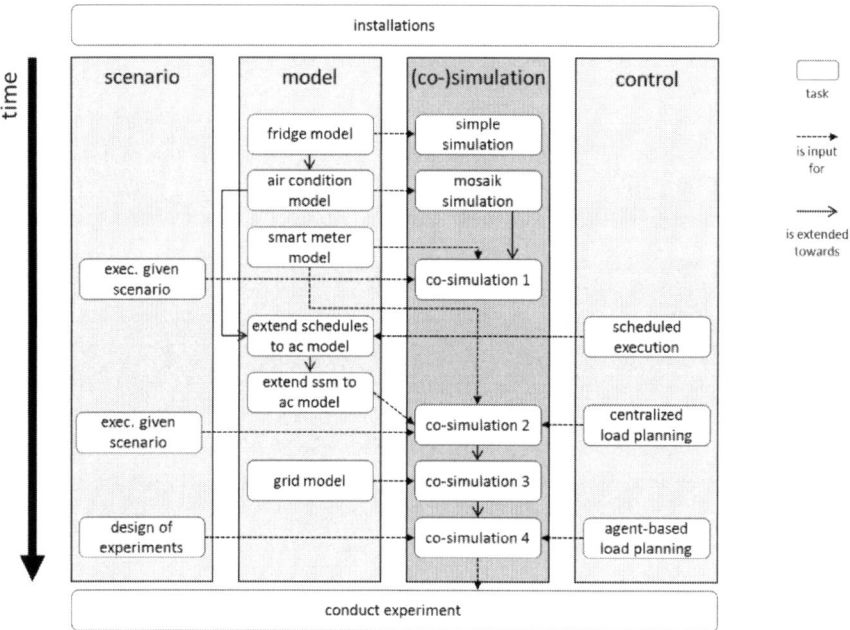

Fig. 2: Course of Tasks of the Practical Exercises and their Relationship.

The students start by developing a first simulation model of a fridge. After analyzing the physical system, first an ODE for describing temperature variations and in a second step a difference equation is derived for conducting time-discrete simulations. Parametrization has to be investigated self-dependent by the students. This first model can be easily simulated without a need for specialized simulation software. Nevertheless, it possesses already prominent traits of the structure and interface for later integration into mosaik. Consequently, this first model is extended by the students to a mosaik capable model for air conditioning. Integration issues are concurrently conveyed in the accompanying lecture. A second model for a metering authority is developed after the same scheme, and thus the students are in a position to conduct their first co-simulation.

This first simulation only simulates the normal behavior of the energy units. For integrating control schemes, the models have to be extended to integrate the capability of scheduled execution and in a further step to support activities to predict possible future operations based on current operational state in order to support planning activities. Finally, a grid simulation and a simulator of a planning authority are integrated. With these steps the students built an experimental system that may be used to compare to different planning algorithms. The students first implement a centralized approach based on Simulated Annealing and afterwards a decentralized on based on an agent approach. Whereas the centralized one is fully implemented by the students, for the second one a base agent- and algorithm framework is given and extended by the students to a mosaik simulation.

At this stage the students have an experiment system at their disposal and are supposed to conduct some experiments. Here some exercises regarding statistically sound experiment setup guide through the experiments. The student work in pairs, what is especially helpful as we integrate students from different degree programs (computing science, Environmental modeling, engineering physics, and renewable energy) with different intermediate skills and encourage them to work together.

4.3 Skills

Successfully completing this lecture will enable the students to mathematically model simple controllable electrical generators and consumers and to simulate them together with appropriate control algorithms within smart grid scenarios. To achieve this goal, student will start with deriving computational models from physical models and by evaluating them. In order to manage the integration of control algorithms, students are taught the principles of co-simulation using the example of the mosaik smart grid co-simulation framework.

Students are put into the position to understand and apply distributed, agent-based control schemes to decentralized energy generators and/or consumers. As a result, students are able to analyze the requirements for successful application to real power balancing regarding capacity utilization, robustness, and flexibility.

In addition, students learn the foundations for planning and conducting simulation based experiments as well as the interpretation of the results. Attention is especially paid to a trade-off between precision and robustness of the results and the necessary efforts (design of experiments) in order to gain as much insight into interdependencies with as few experiments.

As competences for their later professional career student acquire the ability to derive and evaluate computational models from physical models and to simulate them with a given smart grid co-simulation framework. Although the course focuses on the mosaik simulation middleware, students get the theoretical foundation to adapt these skills to different simulation frameworks. Students are able to analyze the requirements for successful applications to real power balancing regarding capacity utilization, robustness, and flexibility and to name and apply the foundations of planning and conducting simulation. They may discuss drawbacks and advantages of different approaches and techniques. They are able to plan and conduct experiments in the smart grid field and are aware of the balance between the results' precision and robustness and the necessary effort (design of experiments) in order to gain as much insight into interdependencies with as few experiments.

From a methodological point of view the students foster their competences regarding different approaches of building suitable models for simulation as they had hands on the whole process of modelling controllable electrical generators and consumers (including where to get or how to derive appropriate information). Moreover, they know how to apply distributed agent-based control schemes to decentralized energy generators and/or consumers and how to evaluate simulation results.

From a social perspective, students apply the pair programming technique during the exercises and discuss result within the group. As the practical exercises are conducted in larger parts also at home, the students have to identify work packages and take over responsibilities for processing. Students also gain self-competences during the course as they learn to reflect on their own use of energy as a limited resource. The experiments bring the impact of energy use home to the students and give them arguments for discussions with others.

5 Conclusion

We gave an overview on the newly instantiated practical course in energy informatics at the University of Oldenburg. As a central, connecting element, the co-simulation middleware mosaik established a connection between otherwise separately taught concepts and between technical, economical and algorithmic aspects, concepts and system levels. In this way, students experience hands-on these different aspects of future energy provision. Together with a profound, theoretically taught background in energy information systems and technical smart grid management students are well prepared for the practical, experimental part of their Master thesis and for building future smart grid architectures and processes.

References

Beer S (2017) Dynamic Coalition Formation in Electricity Markets. Ph.D. thesis, Department of Computing science, University of Oldenburg

Bremer J, Lehnhoff S (2016) 2016 IEEE Symposium Series on Computational Intelligence (SSCI) (Athens, Greece). DOI 10.1109/SSCI.2016.7849842

Bremer J, Rapp B, Jellinghaus F, Sonnenschein M (2009) Tools for Teaching Demand-Side Management. In: Wohlgemuth V, Page B, Voigt K (Eds.) Environmental Informatics and Industrial Environmental Protection - 23rd International Conference on Informatics for Environmental Protection, Vol. 1, Shaker Verlag, Aachen, pp 455-463

Bremer J, Rapp B, Sonnenschein M (2011) Encoding distributed search spaces for virtual power plants. In: Computational Intelligence Applications In Smart Grid (CIASG), 2011 IEEE Symposium Series on Computational Intelligence (SSCI), Paris (France). DOI 10.1109/CIASG.2011.5953329

Bremer J, Sonnenschein M (2013a) Constraint-handling for Optimization with Support Vector Surrogate Models - A Novel Decoder Approach. In: Filipe J, Fred ALN (Eds.) ICAART 2013 – Proceedings of the 5th International Conference on Agents and Artificial Intelligence, Barcelona, Spain, 15-18 February, 2013, Vol. 2, SciTePress, Setúbal (Portugal), pp 91-100

Bremer J, Sonnenschein M (2013b) Sampling the Search Space of Energy Resources for Self-organized, Agent-based Planning of Active Power Provision. In: Page B, Fleischer AG (2013) Environmental Informatics and Renewable Energies, 27th International Conference on Informatics for Environmental Protection - Informatics for Environmental Protection, Sustainable Development and Risk Management - Part I, Berichte aus der Umweltinformatik, Shaker Verlag, Aachen, pp 214-222

Dänekas C, Neureiter C, Rohjans S, Uslar M, Engel D (2014) Digital enterprise design & management 261, p 47

Hinrichs C, Bremer J, Martens S, Sonnenschein M (2016) Partitioning the Data Domain of Combinatorial Problems for Sequential Optimization. In: Ganzha M, Maciaszek L, Paprzycki M (Eds.) Proceedings of the 2016 Federated Conference on Computer Science and Information Systems. Annals of Computer Science and Information Systems, Vol. 8, IEEE, pp 551-559

Hinrichs C, Lehnhoff S, Sonnenschein M (2014) COHDA: A Combinatorial Optimization Heuristic for Distributed Agents, Communications in Computer and Information Science, Vol. 449, Springer Verlag, Berlin/Heidelberg/New York, pp 23-39

Kosek AM, Lünsdorf O, Scherfke S, Gehrke O, Rohjans S (2014) Power Systems Computation Conference (PSCC), 2014 (IEEE), pp 1-7

Kurrat M, Deppe B, Beck H-P, Mbuy A, Wehrmann E-A, Sonnenschein M, Appelrath H-J, Bremer J, Rapp B (2009) Interdisziplinäre Wissensvermittlung am Beispiel dezentraler Energiesysteme - Ein Erfahrungsbericht. In: Appelrath H-J, Schulze L (Hrsg.) Auf dem Weg zu exzellentem E-Learning. Waxmann Verlag, Münster/New York, S. 163-173

Kurrat M, Sonnenschein M, Beck H-P, Appelrath H-J, Wehrmann E-A, Mbuy A, Deppe B, Bremer J, Rapp B (2008) eLearning Module zur Weiterbildung in der Energiewirtschaft. In: Anderson R, Berg A, Hoppe U, Hübner U, Knaden A, Morisse K, Vornberger O, Wiese H-J (Hrsg.) Lernen, Organisation, Gesellschaft: Das eCampus-Symposium der Osnabrücker Hochschulen. epOs media, Osnabrück, S. 25-30

Nieße A, Sonnenschein M (2015) A Fully Distributed Continuous Planning Approach for Decentralized Energy. In: Cunningham DW, Hofstedt P, Meer K, Schmitt I (Hrsg.) INFORMATIK 2015: Informatik, Energie und Umwelt (45. Jahrestagung der Gesellschaft für Informatik, 28. September - 02. Oktober 2015, Cottbus), Gesellschaft für Informatik e.V., Bonn, pp 151-165

Nieße A, Tröschel M, Sonnenschein M (2014) Designing dependable and sustainable Smart Grids – How to apply Algorithm Engineering to distributed control in power systems. In: Environmental Modelling & Software, Vol. 56, pp 37-51

Park G-J (2007) Analytic Methods for Design Practice, Springer Verlag, Berlin/Heidelberg/New York

Pinto R, Bessa R, Matos M (2017) ArXiv e-prints

Rohjans S, Lehnhoff S, Büscher M (2014) VDE-Kongress 2014 (VDE VERLAG GmbH)

Schütte S, Scherfke S, Tröschel M (2011) Mosaik: A Framework for Modular Simulation of Active Components in Smart Grids. In 1st International Workshop on Smart Grid Modeling and Simulation (SGMS), IEEE, pp 55-60

Schütte S, Sonnenschein M (2012) Mosaik — Scalable Smart Grid scenario specification. Proceedings of the 2012 Winter Simulation Conference (WSC), pp 160:1-160:12

Sonnenschein M, Vogel U, Hinrichs C (2015) From Ecological Modeling to Decentralized Optimization of Smart Power Grids. In : Cunningham DW, Hofstedt P, Meer K, Schmitt I (Hrsg.) INFORMATIK 2015: Informatik, Energie und Umwelt (45. Jahrestagung der Gesellschaft für Informatik, 28. September - 02. Oktober 2015, Cottbus), Gesellschaft für Informatik e.V., Bonn, pp 385-396

Trefke J, Rohjans S, Uslar M, Lehnhoff S, Nordstrom L, Saleem A (2013) Innovative Smart Grid Technologies Europe (ISGT EUROPE), 2013 4th IEEE/PES (IEEE), pp 1-5

Watson RT, Boudreau MC, Chen AJ (2010) MIS Quarterly 34(1), 23. http://www. jstor.org/stable/20721413. Accessed: 11.05.2017

Die Rolle von Informationen bei Transformationsprozessen an Hochschulen

Julius Brinken

Abstract Dieser Beitrag widmet sich der Frage, welche Rolle Informationen bei der Transformation von Hochschulen spielen. Grundlegend für die Betrachtung ist die Entwicklung eines Nachhaltigkeitsmanagements an der Otto-von-Guericke-Universität Magdeburg (OVGU). In dem Prozess wurde ein Framework für die Nachhaltigkeitsberichterstattung an deutschen Hochschulen und damit ein Modell einer nachhaltigen Hochschule entwickelt. Dieses Modell definiert die verschiedenen Handlungsfelder des Transformationsprozesses. Nach einer allgemeinen Einführung in das Thema Nachhaltigkeit an Hochschulen, werden der Transformationsprozess und das University Sustainability Assessment Framework Deutschland (UniSAF-De) vorgestellt. Es wird eine kurze Einführung in Change Management und Nachhaltigkeitsmanagement gegeben. Mit Hilfe aktueller Literatur wird die Rolle von Informationen bei der Transformation verdeutlicht, wobei insbesondere die fünf Handlungsfelder Administration, Lehre, Forschung, gesellschaftliches Engagement und Betrieb betrachtet werden. Aus der Diskussion werden für alle fünf Bereiche Schlüsse gezogen, die für ähnliche Prozesse an anderen Hochschulen nutzbar sind.

1 Einführung

Hochschulen stehen immer mehr in der Pflicht, einen Beitrag zur Nachhaltigen Entwicklung zu leisten. Die globalen Nachhaltigkeitsziele müssen nicht nur auf die nationale Ebene übertragen werden; auch auf Landes- oder kommunaler Ebene besteht Handlungsbedarf. Besonders öffentliche Einrichtungen wie Hochschulen können sich dieser Verantwortung nicht entziehen. Es besteht die Möglichkeit, durch Regelungen (Staatssekretärsausschuss für nachhaltige Entwicklung, 2015) oder gar Gesetze (NRW Hochschulgesetz §3 Abs. 11) die Hochschulen in die

J. Brinken (✉)
Nachhaltigkeitsbüro Otto-von-Guericke-Universität Magdeburg
E-Mail: julius.brinken@ovgu.de

Pflicht zu nehmen. Vor dem Hintergrund aktueller Klimaziele ist es wahrscheinlich, dass Hochschulen künftig zu mehr Nachhaltigkeit in allen Kernbereichen ver-
pflichtet werden. Doch auch aus ihrer eigenen Verantwortung sollten die Hochschulen proaktiv handeln. Sie bilden zukünftige Entscheider und -innen und Mul-
tiplikatoren und -innen, sie generieren Erkenntnisse, die Pfade und Ziele der notwendigen Transformation ausdefinieren, sie transferieren Wissen und Erkenntnisse in die Region und können wichtige Impulsgeber werden (Cortese, 2003; Lozano et al., 2013). Auch verbrauchen sie teilweise immense Ressourcen (Viebahn,
2002), was in der Zukunft nicht mehr oder nur unter hohem finanziellem Aufwand
möglich sein wird. Die Argumente für eine Nachhaltigkeitstransformation sind
zahlreich und gut begründet. Die vielfältige Kommunikation von globalen Herausforderungen und ihrer Dringlichkeit verstärken den Druck auf die Hochschulen
(Hochschulrektorenkonferenz, 2009; Wissenschaftsrat, 2015).

1.1 Transformationsprozess Otto-von-Guericke-Universität Magdeburg (OVGU)

Die Transformation der OVGU beruht auf einer Bottom-Up Initiative. Als 2014
die Ökosozialen Hochschultage in Magdeburg veranstaltet wurden, stellte sich heraus, dass am Standort bereits verschiedene Gruppen und Aktivitäten mit Nachhaltigkeitsbezug agierten. Es wurde deutlich, dass eine Vernetzung und Koordinie-
rung dieser Aktivitäten den Beitrag zur Nachhaltigen Entwicklung deutlich stärken würden und auch die Beteiligten in ihrer Arbeit unterstützen würde. Nachdem
Stakeholder an einem Runden Tisch die Institutionalisierung der Nachhaltigkeit
forderten und diskutierten, wurde durch die Universitätsleitung die Gründung des
Nachhaltigkeitsbüros beschlossen. Im ersten Jahr nach der Gründung wurde ein
Nachhaltigkeitsbericht erarbeitet und gleichzeitig ein partizipativer Visionspro-
zess für die Nachhaltigkeitsstrategie begonnen, der alle Statusgruppen der Universität einbeziehen sollte. Im zweiten Jahr der Arbeit steht die Ausformulierung und
der Beschluss einer Nachhaltigkeitsstrategie im Fokus, während im dritten Jahr,
darauf aufbauend, ein Managementsystem etabliert wird.

1.2 University Sustainability Assessment Deutschland (UniSAF-De)

Das UniSAF-De wurde im Rahmen der Erarbeitung des ersten Nachhaltigkeitsberichtes an der OVGU entwickelt. Es basiert auf dem UniSAF for the Netherlands, einem Framework, welches am Green Office Maastricht entwickelt wurde (Grahl, 2016). Ziele beider Indikatorensysteme sind, die Berichterstattung zu unterstützen, Vergleiche durch Standardisierung zu ermöglichen und einen Beitrag zu einer konsistenten Berichterstattung zu leisten (Grahl, 2016; Brinken, 2016). Das Modell einer nachhaltigen Hochschule, welches dem UniSAF-De zugrunde liegt, umfasst fünf Bereiche, die den Handlungsfeldern bei der Nachhaltigkeitstransformation entsprechen. Nach Brinken sind diese Bereiche: Administration, Lehre, Forschung, Gesellschaftliches Engagement und Betrieb (Brinken, 2016), sie werden nachfolgend kurz erläutert.

- *Administration:* Umfasst die Leitungsprozesse einer Organisation. Dabei ist entscheidend, ob es ein strategisches Vorgehen gibt, wer für die Prozesse verantwortlich ist, inwiefern ein Managementsystem vorhanden ist und ob bestimmte Werte in die Entscheidungen einfließen.
- *Lehre:* Umfasst die Inhalte, Methoden und Werte, die durch die Lehre vermittelt werden. Weiterhin ist entscheidend, dass Studierende an der Gestaltung der Lehre partizipieren können.
- *Forschung:* Umfasst die Generierung von Erkenntnissen, die für eine Nachhaltige Entwicklung eine Rolle spielen. Dafür sind interdisziplinäre und transdisziplinäre Forschungsvorhaben notwendig. Weiterhin spielt auch die Forschung an der direkten Umgebung (Hochschule, Stadt, Region) eine wichtige Rolle.
- *Gesellschaftliches Engagement:* Zentral ist dabei der Transfer der wissenschaftlichen Erkenntnisse in die Gesellschaft. Dafür ist nicht nur das gesellschaftliche Engagement der Hochschulangehörigen wichtig; globale und regionale Partnerschaften und Netzwerke sollten dafür ausgebaut werden.
- *Betrieb:* Umfasst vor allem die Reduktion negativer Umwelteinflüsse die durch Energieversorgung, anfallende Abfälle, Mobilität der Uni-Angehörigen, Treibhausgasemissionen oder Flächenversiegelung entstehen. Dafür müssen Nachhaltigkeitskriterien bei betrieblichen Entscheidungen einfließen. Zusätzlich spielt auch die Gestaltung des Campus als Lebensraum eine Rolle.

1.3 Nachhaltigkeitsmanagement und Change Management

Die Transformation der Hochschule kann durch Change Management vorangetrieben werden. Von Change Management wird gesprochen, wenn grundlegende Veränderungen in der Organisation neue und anspruchsvolle (Umwelt-) Bedingungen bewältigen sollen (Kotter, 2011). Solche Veränderungen können durch ein Nachhaltigkeitsmanagement durchgeführt werden. Nach Beckmann beinhaltet Nachhaltigkeitsmanagement alle Projekte, Maßnahmen und Instrumente, die zur systematischen Ausrichtung der Aktivitäten an der Nachhaltigkeit beitragen (Beckmann, 2016). Er definiert fünf Elemente des Nachhaltigkeitsmanagements: Leitbild und Positionierung, Ressourcen, Kommunikation, Nachhaltigkeitsstrukturen und Managementsystem (Beckmann, 2016). Das Managementsystem stellt einen Regelkreis dar, in dem nach einer Ist-Analyse Ziele festgelegt und Maßnahmen geplant sowie die Zielerreichung evaluiert wird. Für den Aufbau eines Managementsystems sind Informationen über Verfahren und Prozesse, Zuständigkeiten und Regelungen notwendig, weiterhin müssen Kennzahlen aufgestellt werden (Löbel et al., 2001). Die Kennzahlen sind im Managementprozess elementar, da sie Veränderungen im Zeitverlauf sichtbar machen, Leistungen bewertbar machen und so bei Entscheidungen unterstützen und einen kontinuierlichen Verbesserungsprozess ermöglichen (Baumast und Pape, 2001).

2 Die Rolle von Informationen bei Transformationsprozessen

Die zentrale Frage ist, inwiefern Informationen kritisch für einen Transformationsprozess einer Hochschule sind und ob dabei Unterschiede in den Handlungsfeldern vorhanden sind. Transformationsprozesse benötigen ganz allgemein Informationen. Es geht darum, ein System von einem Zustand in einen anderen zu bewegen; dies Bedarf zumindest Informationen über die jeweiligen Zustände.

Nach AtKission (2015) ist dafür grundlegend, dass Informationen über Elemente, Strukturen und Prozesse im System vorhanden sind. Da es sich um komplexe Systeme handelt, ist ebenfalls relevant, welche Schnittstellen es nach außen gibt und welche Ursache-Wirkungsbeziehungen das System prägen. So können Punkte identifiziert werden, an denen Veränderungen ansetzen können (AtKisson, 2012).

Verschiedene Gründe sprechen dafür, dass eine Transformation von Hochschulen nicht ohne die Einbindung ihrer Angehörigen geschehen kann: Einerseits ist dies aus der hohen Autonomie der Hochschule und der Abteilungen oder Fakultäten begründet, andererseits durch eine kritische Hochschulöffentlichkeit. Nach

Kotter ist sehr viel glaubwürdige Kommunikation notwendig um die Angehörigen zu überzeugen und einzubeziehen (Kotter, 2011). Es müssen also nicht nur viele Informationen bereitgestellt werden, diese müssen auch noch in ausreichender Qualität vorliegen.

Ein wichtiges Instrument für die Transformation ist die Nachhaltigkeitsbericht-erstattung, dabei werden Informationen benötigt und kommuniziert. Zentrale Ziele der Berichterstattung an Hochschulen sind Transparenz schaffen, Fortschritte bewerten und Stakeholder einbeziehen und somit einen Wandel ermöglichen. Auch wenn bisher kaum Verbindungen zwischen Berichterstattung und Veränderungs-prozessen vorhanden sind, besteht das Potential die Berichte und Informationen in die Regelkreise einzubeziehen und so als Planungspool zu nutzen. Ein weiteres Potential der Berichterstattung besteht darin, dass beim Reporting ein interner Dialog und die Kooperation von verschiedenen Stakeholdern nötig ist (Ceulemans et al., 2015).

Im Weiteren soll auf die fünf Handlungsbereiche aus dem vorgestellten Framework UniSAF-De eingegangen werden.

- *Administration:* Dies ist ein entscheidender Bereich für die Transformation, da Instrumente wie Nachhaltigkeitsmanagement und -berichterstattung hier zugeordnet werden. Es werden Ist-Daten zur Planung und Zieldefinition benötigt; Nachhaltigkeitsberichte können eine belastbare Grundlage für die Zielsetzung bieten (Ceulemans et al., 2015). Sind keine Informationen über den Ist-Zustand oder das spezifische Potential von Maßnahmen verfügbar, besteht die Gefahr, dass Ziele unrealistisch oder zu wenig ambitioniert sind, beziehungsweise mit anderen Zielen im Konflikt stehen. Dies kann zu Widerständen bei Abteilungen oder Angehörigen führen und den Prozess bremsen. Ein weiterer Aspekt ist, dass die Leitungsebene sehr gut Trends und Entwicklungen identifizieren kann, da sie den Blick auf das Ganze hat und nicht nur einzelne Bereiche überblickt.
- *Lehre:* Dieser Bereich ist insofern relevant, dass Studierende häufig zu den Akteuren gehören, die den Wandel an Hochschulen besonders stark einfordern und gestalten (netzwerk n e.V., 2016). Informationen oder Kommunikation mit ihnen über ihre Bedürfnisse können daher für den Wandel besonders relevant sein, wenn es um die Gestaltung neuer Lehrveranstaltungen und Studienprogramme geht. Hierbei können auch externe Stakeholder vermehrt einbezogen werden, wenn es um Kompetenzen geht, die in der Gesellschaft (z. B. auf dem Arbeitsmarkt) benötigt werden.
- *Forschung:* In diesem Bereich sind Informationen über Forschungsprojekte mit Nachhaltigkeitsbezug relevant. Durch diese Informationen können mögliche Partner für den Prozess identifiziert werden, da diese Wissenschaftler

und -innen von den Nachhaltigkeitsbemühungen tendenziell stärker profitieren. Sie stehen durch den Prozess mehr im Fokus und bekommen eventuell
interne Förderung. In diesem Zusammenhang sind besonders auch Informationen über anstehende Berufungen relevant, da sie einen Hebelpunkt darstellen können und im besonderen Maße über Ressourcenzuteilung und inhaltliche Schwerpunkte entscheiden.

- *Gesellschaftliches Engagement:* An vielen Hochschulen gibt es schon vielfältige Initiativen, die auf eine Transformation hinwirken (netzwerk n e.V.,
  2016; Brinken und Fröhlich, 2016). Informationen über diese Initiativen geben weiteren Angehörigen der Hochschule die Möglichkeit, diese zu unterstützen und so einen Beitrag zur Transformation zu leisten. Doch auch Informationen über Fördermaßnahmen und laufende Prozesse oder Akteure
  können für die Initiativen selbst relevant sein und ihre Arbeit stärken.
- *Betrieb:* Wie schon oben erwähnt, sind Informationen aus dem Betrieb zur
  Beurteilung des Ist-Zustandes oder des Fortschritts der Transformation nötig. Für die Transformation können diese besondere Impulse setzen, wenn
  aus diesen Informationen ein dringender Handlungsbedarf abgeleitet werden
  kann (Kotter, 2011). Dafür müssen aber im Betrieb die Prozesse so gestaltet
  werden, dass die notwendigen Informationen erfasst und ausgewertet werden können.

3 Schlussfolgerungen

Die vorangegangene Diskussion lässt für alle fünf Handlungsfelder Schlüsse zu.
    Auf Administrativer Ebene laufen viele kritische Informationen zusammen.
Für den Transformationsprozess ist relevant, dass diese Informationen aus der Leitungsebene weitergegeben werden. Dazu gehört, dass Informationen, die die zukünftige Ausrichtung der Forschung betreffen (wie z. B. zu Berufungen) an diejenigen weitergegeben werden, die den Transformationsprozess vorantreiben. Berufungen können ein Hebelpunkt für die Transformation sein. Ebenfalls lässt sich
schließen, dass eine stärkere Partizipation der Studierenden und Informationen
über deren Bedürfnisse wichtige Impulse für einen Transformationsprozess geben
können. Im Bereich Engagement können durch Weitergabe von Informationen die
Vernetzung vorangetrieben und bestehende Initiativen gestärkt werden. Betriebliche Kennzahlen sind auch von hoher Bedeutung für den Transformationsprozess
und insbesondere die Zieldefinition und das Fortschrittscontrolling sind wichtige
Aufgaben. Im Betrieb gibt es ein Potential für die Digitalisierung von Prozessen,
wodurch ein bestehender Bedarf an zusätzlicher Informationserfassung besser ge-
deckt werden könnte.

Allgemein könnten vielen der Anforderungen durch verstärkte Nutzung von Informationstechnologie begegnet werden. Diese kann Daten genau aufnehmen und analysieren, und einfach in der Organisation verteilen, wodurch eine Grundlage zum Handeln gelegt wird (Harigopal, 2006). Eine verstärkte Digitalisierung von verschiedenen, universitären Prozessen kann die Nachhaltigkeitstransformation von Hochschulen unterstützen.

Informationen spielen in allen Handlungsfeldern der Nachhaltigkeitstransformation von Hochschulen eine kritische Rolle. Der Umgang mit ihnen ist einer der entscheidenden Faktoren für eine erfolgreiche Transformation.

Literaturverzeichnis

AtKisson A (2012) The Sustainability Transformation: How to Accelerate Positive Change in Challenging Times, Routledge

Baumast A, Pape J (2001) Betriebliches Umweltmanagement: theoretische Grundlagen, Praxisbeispiele, Stuttgart (Hohenheim): Ulmer

Beckmann S (2016) Einführung und Umsetzung eines Nachhaltigkeitsmanagements an der Otto-von-Guericke-Universität. Magdeburg: Otto-von-Guericke-Universität Magdeburg, Fakultät für Maschinenbau, ILM, Masterarbeit

Brinken J (2016) Nachhaltigkeitsbewertung und Nachhaltigkeitsberichterstattung an deutschen Universitäten. Magdeburg: Otto-von-Guericke-Universität Magdeburg, Fakultät für Maschinenbau, ILM, Masterarbeit

Brinken J, Fröhlich M (2016) Nachhaltigkeitsbericht 2015. Magdeburg: Otto-von-Guericke-Universität Magdeburg, Nachhaltigkeitsbüro. https://www.ovgu.de/Universität/Organisation/Rektorat/Nachhaltigkeitsbüro/Berichterstattung.html. Letzter Aufruf: 10.03.2017

Ceulemans K, Lozano R, Alonso-Almeida M (2015) Sustainability Reporting in Higher Education: Interconnecting the Reporting Process and Organisational Change Management for Sustainability; In: Sustainability 2015, Nr. 7

Cortese AD (2003) The Critical Role of Higher Education in Creating a Sustainable Future. Higher education can serve as a model of sustainability by fully integrating all aspects of campus life. In: Planning for Higher Education (31), pp 15-22

Grahl AT (2016) UniSAF-NL. University Sustainability Assessment Framework for the Netherlands. Version Beta 1.0. Unter Mitarbeit von Alex Baker-Shelley. Green Office Maastricht. Maastricht. http://greenofficemaastricht.nl/publications/. Letzter Aufruf: 10.03.2017

Harigopal K (2006) Management of Organizational Change: Leveraging Transformation; SAGE Publications India

Hochschulrektorenkonferenz (2009) Hochschulen für nachhaltige Entwicklung. https://www.hrk.de/positionen/beschluss/detail/hochschulen-fuer-nachhaltige-entwicklung/. Letzter Aufruf: 07.03.2017

Kotter JP (2011) Leading Change: Why Transformation Efforts fail; in HBR's 10 Must Reads on Change, Harvard Business Review

Löbel J, Schröger H-A, Closhen H (2001) Nachhaltige Managementsysteme: sustainable Development durch ganzheitliche Führungs- und Organisationssysteme; Vorgehensmodell und Prüflisten, Berlin: Schmidt Verlag

Lozano R, Lukman R, Lozano FJ, Huisingh D, Lambrechts W (2013) Declarations for sustainability in higher education. Becoming better leaders, through addressing the university system. In: Journal of Cleaner Production 48, pp 10-19

netzwerk n e.V. (2016) Zukunftsfähige Hochschulen gestalten - Beispiele des Gelingens aus Lehre, Governance, Betrieb und Forschung. https://plattform.netzwerk-n.org/aktivitaeten/best-practice/. Letzer Aufruf: 10.03.2017

Reiss M (2012) Change Management; BoD – Books on Demand

Staatssekretärsausschuss für nachhaltige Entwicklung (2015) Nachhaltigkeit konkret im Verwaltungshandeln umsetzen. http://www.bundesregierung.de/Content/DE/_Anlagen/2015/03/2015-03-30-massnahmenprogramm-nachhaltigkeit.pdf?__blob=publicationFile&v=2. Letzter Aufruf: 07.03.2017

Viebahn P (2002) An environmental management model for universities: from environmental guidelines to staff involvement. In: Journal of Cleaner Production (10), pp 3-12

Wissenschaftsrat (2015) Zum wissenschaftspolitischen Diskurs über Große gesellschaftliche Herausforderungen. http://www.wissenschaftsrat.de/download/archiv/4594-15.pdf. Letzter Aufruf: 07.03.2017

Bringing Sustainability to the Daily Business – Strategic African-German Partnerships

Barbara Rapp, Alexander Sandau, Stefan Wunderlich, Jantje Halberstadt

Abstract Universities, as key actors in higher education and drivers of research, community engagement and innovation, play a central role in the struggle against poverty, inequality and ecological degradation. Within the scope of several African-German partnerships, university graduates are enabled to gain a deep understanding of global sustainability issues and the skills to solve complex problems.

1 Introduction

With the adoption of the Sustainable Development Goals (SDGs) in September 2015, the United Nations General Assembly and the representatives of national governments took the historical decision to abide by a most ambitious and challenging agenda for the upcoming 15 years (United Nations, 2015). Apart from the large number of goals and targets, which integrate development, environmental and justice issues, the SDGs also call for greater international collaboration efforts and cooperation among states and their people.

Universities, as key actors in higher education and drivers of research, community engagement and innovation, are expected to play a central role in the struggle against poverty, inequality and ecological degradation. Similarly, the private sector has the responsibility to integrate sustainability related issues within their business activities and, as such, university graduates must possess a deep understanding of global sustainability issues and the skills to solve complex problems.

B. Rapp (✉) • A. Sandau • S. Wunderlich
Carl von Ossietzky Universität Oldenburg, Very Large Business Applications
E-Mail: barbara.rapp@uni-oldenburg.de; alexander.sandau@uni-oldenburg.de;
stefan.wunderlich@uni-oldenburg.de

J. Halberstadt
Leuphana Universität Lüneburg
E-Mail: jantje.halberstadt@leuphana.de

Considering the important role of universities as knowledge carriers and drivers of innovation, the University of Oldenburg (UOL) has been involved in many strategic partnerships focusing on different sustainability issues, such as:

- DevSus – *Developing Sustainability*: Connecting research, teaching and transfer, the International University Network addressed the thematic fields of Sustainable Enterprise & Environmental Management Information Systems, Biodiversity, Land Use, Marine and Coastal Management as well as Renewable Energy (partner countries: South Africa, Cuba, Indonesia, Mexico, Tanzania and Germany), DAAD, 2009-2013.

- EISKE – *Environmental Information Systems Knowledge Exchange*: The project exposed and increased knowledge transfer in the fields of Environmental Information Systems (EIS) as well the implementation and evaluation of sustainability reporting systems in South African organizations (partner countries: South Africa and Germany), BMBF, 2011-2013.

- DASIK – *Developing and Strengthening Industry-driven Knowledge-transfer between developing Countries* developed and conducted intensive training in current ICT-related research fields through five modules designed together with business partners in the project (partner countries South Africa and Germany), DAAD, 2012-2014.

- ICET – *International Center for (Social) Entrepreneurship and Technology* brought institutes and departments of involved Universities together and focused on technology research to support (social) business start-ups (partner countries: South Africa and Germany), DAAD, 2012-2015.

- CERM-ESA – *East and South African-German Centre of Excellence for Educational Research Methodologies and Management*: NMMU, UOL closely collaborate with Moi University in Kenya to establish a centre and Master's programmes on educational research as well as staff development programmes, DAAD, 2014-2018.

- EMIS - E*nvironmental Management Information Systems for the Subsaharan Region*: Three partner universities from Ghana, Mozambique and Tanzania and UOL developed a Master curriculum for Sustainable and Environmental Informatics, DAAD, 2013-2015.

Based on the initial activities of exporting and/or setting up different Master curricula, we are currently working on specific labor market-relevant curricula, on establishing PhD networks, as well as on sustainability entrepreneurship. The upcoming sections will focus on the different activities associated with the partnerships *Hub for Education on ICT for Sustainability* (HEdIS) (hedis-project.org), *Doctoral Education in EMIS* (DEMIS) (demis-project.org) and *Yields of Evoca-*

tive Entrepreneurial Approaches on Environment and Society (YEEES) (uni-ol-denburg.de/informatik/vlba/projekte/yeees). The goal of all projects and partnerships is to institutionalize sustainability topics and themes at tertiary educational level. In this way, the strategic importance is addressed sufficiently as the future leaders are going to be exposed to sustainability topics at an early stage of their lives.

2 Hub for Education on ICT for Sustainability

The Hub for Education on ICT for Sustainability (HEdIS) seeks to bring together practical demand and research oriented activities on sustainability. HEdIS will be led by three universities: two South African comprehensive universities with strong links to the Sub-Saharan region and the expertise to advance in this direction, namely the Nelson Mandela Metropolitan University (NMMU), and the University of Cape Town (UCT) as associated partner. Project coordinator is UOL.

HEdIS will extend NMMU and UCT's existing learning programs and, furthermore, address vocational training activities for private sector partners. Within the project, labour market relevant curricula (in the form of teaching modules) will be developed and taught in a teaching and learning hub. In addition, previously developed teaching modules will be integrated into the range of modules of the partner universities (UCT and NMMU). HEdIS will be supported by a large network of industry partners to ensure practical relevance for the HEdIS teaching modules.

As major part of the project results, a sustainability-focused learning and teaching hub will be established. Within this hub, a structured framework and network for integration and exchange of sustainability-related teaching topics, educational methods and ICT-based tools will be made available for the consortium.

The teaching module development will apply four main criteria:

1. industry relevance
2. applicability to ICT for sustainability
3. incorporation of new teaching and assessment methods, and
4. flexible modes of delivery.

The results of the evaluation will be used to further develop and enhance the modules within the six themes of ICT for sustainability.

Within HEdIS project, six major sustainability topics will be structured and prepared for research-oriented and ICT-based teaching and learning, namely: Water Management, Waste Management, Energy Efficiency, Sustainable Mobility, Education on Sustainability and Sustainability Entrepreneurship. These topics will be addressed within a global context, but specifically in relation to the South African socio-political and environmental landscape. Each topic will be supplied with modules and module related offerings for students and industry participants. Figure 1 shows the relationship between identified problems in South Africa, HEdIS input, and related outcomes. Moreover, the following additional benefits can be achieved with the HEdIS project:

1. increased international research collaboration,
2. improvement in collaborative research publications,
3. improvement in enhanced quality of life and human well-being,
4. improved skills of South African graduate,
5. upskilling of the local community,
6. growth in expertise in sustainability-focused development for German and South African institutions and partners, and
7. increased awareness and application of sustainable practices leading reduced resource consumption and costs.

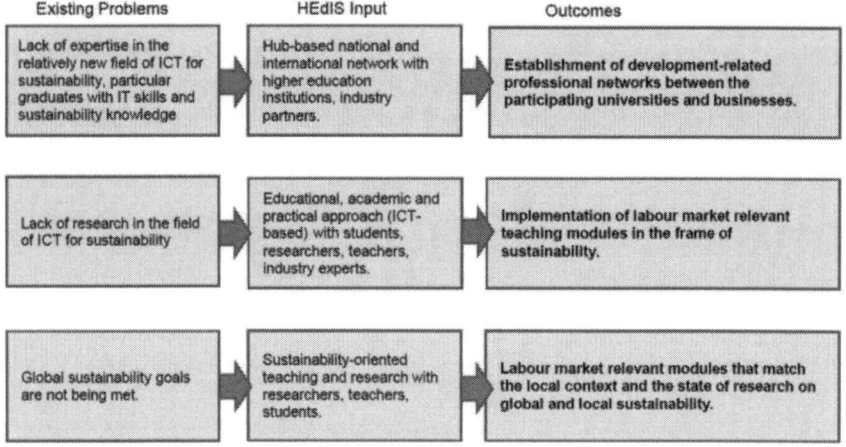

Fig. 1: Identified Problems and HEdIS Outcomes.

2.1 Relevance to South Africa

The Framework for the Mid-Term Review of Universities Enrolment Plans (2017-2019), prepared by the Department of Higher Education and Training (DHET) of the Republic of South Africa, places pressure on South African universities to reevaluate and refocus their curricula to be in line with addressing the goals of the National Development Plan (NDP) of 2011. The NDP states that global solutions must be found to combat the impact of climate change, with due consideration to regional and national conditions. The NDP highlights the importance of environmental sustainability and resilience in the country and stresses the impact that science and technological developments can make on countries to mitigate the effects without undermining growth. However, to achieve these goals, the country needs education and research in the field of environmental sustainability that also supports socio-economic development. The vision for 2030 is that the education, training and innovation should be flexible to cater for different needs and produce highly skilled graduates with the skills and knowledge to meet the present and future needs of the economy and society (National Planning Commission, 2012).

In the longer term the universities will benefit from the analysis of the results of the evaluations from the presented modules, which can provide in-depth knowledge related to learner behavior which can influence curricula design. In this way, NMMU and UCT will also use the hub as a springboard to assess their current curricula with a view to include and integrate these modules as well as the proven teaching and assessment methods into their existing and future degree programs, where relevant to industry and the NDP. The feedback from the project as well as the improved module content and methods will be implemented in the curricula at NMMU, primarily in their postgraduate programs, but will also be considered at an undergraduate level. Commitment has been received from top management at both institutions for incorporating the modules into the curricula, where appropriate.

The benefits to stakeholders in the larger community will be a result of the outputs produced by the participants in the project. In addition to the short term outputs (teaching modules, improved competencies and qualifications) from the hub, several outputs are predicted for the longer term as a result of the creation of the hub (for example research outputs and technologies produced from increased competencies and collaborative networks formed between researchers and industry). These outputs will target several critical areas identified by the NDP, namely:

- Economic and employment development – because of increased potential for enhanced and expanded different career opportunities in the field of ICT for sustainability;
- Economic and infrastructure development – potential for improved ICT infrastructure, water management and green energy management;
- Environmental sustainability and resilience skills; and
- Improving education, training and innovation.

2.2 Benefits for Stakeholders

The HEdIS project will build on and expand existing collaborations between the three educational institutions and the two countries. It will also provide a pathway to facilitate opportunities for additional future collaborative projects between the two educational institutions and the external stakeholders long after the project closure. The project will also improve innovation and entrepreneurship skills within the network which will facilitate the development and evaluation of technological solutions that could be marketed to industry or implemented in local communities.

The research team involved in the project at NMMU will pass on the knowledge gained throughout the project to other researchers in their university. In this way the hub will provide an ongoing, virtual team providing a knowledge resource for research skills in the field of ICT for Sustainability. The networks formed between senior and early career researchers and between researchers and industry stakeholders will continue long after the project has terminated. During the project term, an ongoing mentorship virtual network environment will be created for specialized technical and research knowledge exchange in the sub-topics within the field of ICT for sustainability. The industry stakeholder network created will provide links that will continue after the project closure. These stakeholders will be able to provide ongoing case studies, data and expertise to assist researchers with practical applications of research projects and opportunities for improving communities.

The project will have a longer term impact that will affect the ongoing sustainability of the project benefits as follows:

- Developing new and lasting research collaborations, achieving transfer of knowledge between participating organizations and contribution to improving research and innovation potential internationally.
- Facilitation of excellent strategic and applied research resulting in greater impact and quality research outputs.
- It is envisaged that the projects will result in additional future collaborative projects that will improve the quality of research and knowledge levels of participants.

The indirect benefits to the local communities of the project are thus:

- The reduction of consumption of limited resources (particularly water, energy and waste);
- Enhanced human wellbeing and health due to the support provided by technologies and other research outputs (e.g. support for the elderly and disabled, HIV/AIDS management, malaria, tuberculosis, maternal health); and

- Decreased poverty and inequality by creating employment because of capacity building and improved competencies of individuals in the immediate and extended network.

3 Doctoral Education in Environmental Management Information Systems

The University of Ghana (Ghana), Universidade Pedagógica (Mozambique), Nelson Mandela African Institution of Science and Technology (Tanzania), as well as UOL (Germany) run an international doctoral degree program and network in the field of environmental management information systems called "Doctoral Education in EMIS" (DEMIS). In total, the project offers nine positions for doctoral students to become a member of the PhD network and focusses on:

- Doctoral Exchange and Supervision Tandems: Each doctoral candidate is supervised by a local and by an external or foreign supervisor.
- A long-term Perspective: The network is supposed to continue after DAAD funding closure, by connecting to other structured doctoral schools at the partner institutions.
- Internationalization and Multidisciplinary: An international team and multidisciplinary research topics are the success factors of DEMIS. This does of course include strengthening south-south cooperations among Sub-Saharan partners.
- Qualification of young Academics: To be able to run the DEMIS idea after the end of the project, young academics are qualified to support the EMIS Master degree. The EMIS project was the precursor of the DEMIS project and it serves as a source for well-educated Master students with a strong background in environmental management information systems.
- Research Cluster: To foster the multidisciplinary approach on the long run, the organization of a research cluster involving all partners is intended.
- Quality assured Degrees: By involving academics with different backgrounds and educating them in an international and multi-disciplinary way, relevance and transparency of education will be assessed continuously and thus provide a quality assured Master and PhD education in Sub-Saharan partner universities.

The doctoral education within the framework of DEMIS started mid of 2015. Prior to DEMIS, the partnership set up a Master degree on Sustainable and Environmental Informatics. Within the Master curricula, students can choose between two program lines: Corporate Environmental Management Information Systems (CEMIS) in Business or CEMIS in Public Administration and GIS. All students share lectures like Environmental Project Management, Requirements Engineering, Research Methods, Industrial Ecology, and a research-oriented project (duration one year). Based on the program lines, the students focus on enterprise-related topics or on public administration-related topics as outlined in table 1. Some of the DEMIS PhD candidates obtained a Master degree in the Master program outlined above.

CEMIS in Business	CEMIS in Public Administration and GIS
1. Corporate Environmental Management	1. Public Environmental Management
2. Environmental Software Engineering	2. Public Environmental Information Systems Development
3. Process Modelling	3. Modelling of Ecosystems
4. Development and Application of CEMIS	4. Development and Application of Environmental GIS
5. Material Flow Analysis and Management	5. Remote Sensing
6. An enterprise-oriented project (duration one year)	6. A public administration-oriented project (duration one year)

Tab. 1: EMIS Curriculum per Program Line.

The DEMIS project provides funding for nine doctoral students, three of them coming from Ghana, and two coming from Mozambique, Tanzania and Germany each. Up to five exchange stays (ranging from 19 days up to 3 months) per PhD candidate will be implemented during the project's run time. All students will visit every partner country and will spend his/her research stay at the partner institution. In the kick-off meeting, the partners agreed to pool the exchange stays in order to enable the students to easily exchange ideas as well as experiences and advices. Every year, a project workshop as well as a doctoral colloquium is organized. In addition, the International Conference on Sustainability and Environmental Management was organized at the University of Ghana in February 2017.

These activities are used for disseminating the DEMIS idea as well as to present the ongoing and upcoming research. The benefits for such dissemination activities are high-quality feedback for different research topics, getting in touch with trending topics as well as networking to strengthen the current network for staying active after the project's lifetime.

4 Yields of Evocative Entrepreneurial approaches on Environment and Society

"In addition to integrating across fields, sustainability must also be integrated across sectors or interests. Governments alone have neither the will nor the capability to accomplish sustainability on their own. The private sector, as the chief engine of economic activity on the planet, and a major source for creativity, innovation and entrepreneurship, must be involved in trying to achieve sustainability." (Robinson, 2004).

Based on the statement of Robinson the YEEES project aims on the development of an inter- and transdisciplinary network that focusses on Yields of Evocative Entrepreneurial approaches on Environment and Society (YEEES). This project implements two interconnected centers seen as international networks support by the University of Lüneburg, UOL (both Germany), Nelson Mandela Metropolitan University (South Africa), University of Namibia (Namibia) and Universidade Pedagogica Moçambique (Mozambique), to address the topics of Urban Agriculture and Sustainable Mobility in research and teaching.

The YEEES project focuses on research in sustainability entrepreneurship, which aims to develop sustainable solutions that foster resilient cities and peri-urban landscapes in Africa. Therefore, two research areas play a critical role for sustainable development: Urban Agriculture and Sustainable Mobility – both dealing with major challenges in the interconnection of the areas bio economy, resource management and city development, which arises the following research question: How can sustainability entrepreneurship, based on or using ICT in the fields of urban agriculture and mobility, contribute to resilient city development in Africa?

4.1 Urban Agriculture

Africa's urban population is growing faster than most other countries in the world. In Sub-Saharan Africa (South Africa, Mozambique and Namibia), 200 million urban residents live on less than US$ 2 a day, 180 million are without adequate sanitation, and 50 million use unsafe drinking water. The primary driving force behind this continuous increase in urban agriculture is an increase in migration from rural to urban areas, as well as the decline of the economic environment of the urban population. Urban development has not responded effectively to population growth, therefore rapidly increasing townships in African cities. There has been a strong emphasis on poverty alleviation in Africa to ensure sustainable food security. This has become important in cities as it is in the rural areas. Programs have now been focused towards healthy, "greener" cities that ensure access to food and nutrition security (FAO, 2012). Urban agriculture generates local employment, reduces food transport costs and pollution, creates urban green belts, and recycles urban waste as a productive resource. By increasing supply of fresh produce, urban agriculture will improve the availability of nutritious food to low-income urban households. Urban agriculture assist cities to ensure a year-round supply of fresh produce that meets the dietary needs of their populations, at a price all residents can afford (FAO, 2012). However, per the Food and Agriculture Organization of the United Nations, urban agriculture in Africa still faces: *Insecure land tenure, Inflation, Gender disparities, Theft, Shelflife, Infrastructure, Climate change and Water.*

4.2 Sustainable mobility in Sub-Saharan countries

Citizens, entrepreneurs, as well as city and national governments, in Sub-Saharan countries face the challenge of meeting the rising demand for urban and sub-urban travel and freight movement while dealing with backlogs of infrastructure, maintenance, rising traffic congestion, increased fuel costs and noxious vehicle emissions. A major challenge for Sub-Saharan (sub)-urban areas is to improve the working and living conditions of these populations by meeting their transport needs in an economically, environmentally and socially sustainable manner (Price, 2013). Especially in rural regions, the infrastructure is inadequate and citizens with a low-income face problems to reach places of employment, supply centers or to bring their own products to market.

In South Africa, minibuses 'kombi taxis' account for 65 % of daily commuter trips by public transport and play a very important role for mobility but also for deployment. The majority operating in cities. The average South African kombi taxi carries fewer passengers per day than its counterparts in other countries, and travels considerably greater distances. A legacy of apartheid city planning is reflected through a saturated market with substantial distances between workers' townships and their workplaces (Barret, 2003).

4.3 The YEEES Research Center on Entrepreneurship, Sustainability and ICT

The YEEES Research Center consists the following four major structural units – Innovation, Imovation, ICT and Teaching. Innovation concentrates on the development of innovative entrepreneurial approaches to foster sustainability in the Urban Agriculture and Sustainable Mobility. Imovative approaches (as a combination of imitation and innovation) are defined as investigation of existing entrepreneurial solutions and how they can be picked up and adapted to new surroundings and findings. Against the background of increasing information and communication technology and its gaining importance, the ICT research elaborates on how entrepreneurial approaches can supported or based on ICT. The teaching unit analyses the impact of specific teaching on sustainable entrepreneurial behavior and the generation of innovative entrepreneurial solutions using ICT. The research groups within the center will comprise teams consisting of senior and junior researchers from the participating countries and from a variety of research fields and experiences. The groups have high experiences through several former and current research projects on national, as well as international levels. Since sustainable entrepreneurship has high practical relevance and our research aims to develop practical applications, we will additionally include a broad partnership-network of organizations, industry, public sector, etc. The added benefit of multiple partners and cooperation with third parties will add to the application of excellent outcomes. YEEES is implemented as international, inter- and transdisciplinary project.

The Research Center facilitates quality postgraduate training in three ways: Firstly, the research results will directly be used in teaching. Secondly, postgraduate students will be integrated in our projects as "first-stage researchers" in different ways (e.g. theses or research internships). Thirdly, we provide case studies on innovative training formats and develop entrepreneurial trainings with intervention-units (focusing on sustainability aspects and ICT) to test the impact of sustainability and ICT teaching on the entrepreneurial process. This builds the basis of our fourth field of research and at the same time fosters entrepreneurial activities in the respective fields. Hence, it is expected that the research will not only develop practical entrepreneurial solutions, but also drive new areas for teaching and highlight aspects for continuing training.

4.4 The YEEES Training Center

"Africa must feed planning to maximize the opportunities to exploit ICT for improved equity and social and economic development." (Tlabela et al., 2007). However, per Heeks (2015) "we are often blinded by the blizzard of e-development pilots, prototypes, plans and possibilities where "would" and "could" replace "does" and "has". It needs entrepreneurial approaches to successfully implement ICT-based solutions or use ICT for entrepreneurship, since "entrepreneurship arises when enterprising individuals identify an unsolved problem, or an unmet need or want, which they then proceed to satisfy. In the process, they transform the existing status quo into a future opportunity and turn ideas into a commercial reality." (Schaper et al., 2010).

The project stresses, that it is important for everyone to gain skills and experiences in the fields (and combination) of: Entrepreneurial thinking and acting, Sustainability/Responsible behavior and Information Technology/Computing Science. The reasons to develop a training center goes far beyond a physical place; the center will build strong relationship networks between German and African lecturers, researchers and practitioners to foster innovative and sustainable training approaches concerning entrepreneurship and ICT for sustainability. The training center will be alive by personal exchange on various informal levels. In addition, web-based exchange platform (YEEES Lecturing Web) are also included as a social network and hosts online and blended learning.

The training center consists of four major training activities, Lecturing Hub, Postgraduate Training, Continuing Training and Scholarships. The *Lecturing Hub* supports discussions about research and teaching topics amongst lecturers, researchers and practitioners at international, inter- and transdisciplinary level. Development, testing and long term implementation of innovative training approaches and training teaching as continuing professionalization for lecturers and trainers. The second part is the *Postgraduate Training* with the development of international, inter- and transdisciplinary trainings with a concentration on Master level due to relevance and opportunities by project seminars and internships and additional programs or courses for MBA (Webinars) and PhD (Specialized Colloquium). The third part is *Continuing Training*, that is tailored to business needs and addresses the improvement of skills and competences in respective fields and at the same time opens ways for innovative CSR (Corporate Social Responsibility) and Corporate Volunteering (CV). They can be provided in mixed groups, e.g. master students and industry employees in idea jam session, business modelling or ICT basics. *Scholarships* are the last part of the Training Center that supports different levels of scholarships for students from all universities (study, internship, theses and sustainability entrepreneurship camp).

The YEEES Training Center complements the YEEES Research Center in various ways. The concept where both centers work in close connection and contribute to mutual success, as for example the Training Center provides research objectives and trains researchers while the Research Center delivers research results for teaching and provides a learning environment for action-based approaches. The Training Center is build up upon a strong network and successful projects. This does not only ensure this project's quality, but also serves as the basis for broadening the international cooperation via our activities. While the existing formal and informal networks will be strengthened, new cooperation will result from our activities. Above all, fostering student and lecturer exchange for others to experience what the project will be able to achieve. This leads to a change of understanding and mind by being part of something that works together and leads to personal relations (and even enduring friendship). In combination with common mindsets and goals, this is the strongest foundation of sustainable change.

5 Conclusions and Lessons Learnt

In order to establish a long lasting strategic African-German partnership, we decided to implement a small step approach. At the beginning, we started with establishing proper links among different partners to build up a network over time. As soon as the reliable network was found, additional partners were integrated, all of them sharing the same spirit. In a next step, Master programs were exported to network members. Build on the experience and knowledge gained, a PhD network as well as other sophisticated projects (like Sustainability Entrepreneurship) are now our daily business. Looking back, the upcoming lessons were the most important ones: reliable partnerships at eye level; start small, think big; be slow in growth and don't fear change; as well as make communication the project's heart. We are sure that only open-minded societies will be able to solve poverty, inequality and ecological degradation.

Acknowledgements

The projects HEdIS and DEMIS are funded by DAAD. YEEES is funded by BMBF and DAAD.

References

Barret J (2003) Organizing in the Informal Economy: A Case Study of the Minibus Taxi Industry in South Africa, Working Paper 39 in Series on Representation and Organization Building

FAO (2012) Committee on World Food Security, http://www.fao.org/docrep/meeting/026/MD776E.pdf. Accessed: 14.04.2017

Goebel A (2007) Sustainable Urban Development? Low cost housing challenges in South Africa, Futures, 42, pp 475-483

Heeks R (2015) Future Priorities for Development Informatics Research from the Post-2015 Development Agenda, IDPM Development Informatics Working Papers

National Planning Commission (2012) National Development Plan 2030: Our Future – make it work, Republic of South Africa, the Presidency, http://www.gov.za/sites/www.gov.za/files/Executive%20Summary-NDP%202030%20-%20Our%20future%20-%20make%20it%20work.pdf. Accessed: 14.04.2017

Price G (2013) Sustainable Urban Mobility in 'Anglophone' Sub-Saharan Africa in Global Report on Human Settlements 2013, http://www.unhabitat.org/grhs/2013. Accessed: 14.04.2017

Robinson J (2004) Squaring the Circle? Some thoughts on the idea of Sustainable Development, Ecological Economics, 48:4, pp 369-384

SAGNA (2014) The opportunity in tackling the affordable housing challenge, http://www.mckinsey.com/global-themes/urbanization/the-opportunity-in-tackling-the-affordable-housing-challenge. Accessed: 14.04.2017

Schaper M, Volery T, Weber P (2010) Entrepreneurship and Small Business, John Wiley & Sons, Hoboken (NJ)

Tlabela K, Roodt J, Paterson A, Weir Smith G (2007) Mapping ICT Access in South Africa, Human Sciences Research Council

United Nations (2015) Transforming our world: The 2030 agenda for sustainable development, UN, Nairobi, Kenya

A Study on the Potential of Systematic Unconscious Learning in Fostering the Ties between Individual Learning and Organizational Sustainability

Ali Aminrezaei

Abstract Organizational learning is a quest in today's organizations to cope with rapid changes in the environment, technology, regulation and etc. To adopt with these changes, organizations may lead to use various resources excessively. However addressing the changes for today should not impede organizations to address the needs of tomorrow. Therefore, the paradigm of sustainable development emerged to address this quest. Various studies showed that individual learning in multiple dimensions supported the organizational learning. This research-in-progress introduced an innovative approach towards individual learning to bring this notion into unconscious level and taking advantage of this existed capacity systematically. This paper aimed to show the existed indirect bound between individual unconscious learning and sustainable development.

1 Introduction

After the decline of the traditional, well-established firms, and emergence the knowledge economy in globalized market as well as the need for organizational renewal, interest towards organizational learning has grown. Essentially, in every changing environment, learning is the key element to adapt with the changes. If we consider organizations as a system that its elements, inter operating with each other, then resulting from the changes in outer organizational environment, inner processes of the organization have to adapt as well. To address this quest and adapt with the change, learning is the key element. In this regards, learning leads to situational awareness and cause organizations to act upon information. In order for

A. Aminrezaei (✉)
Carl von Ossietzky Universität Oldenburg
E-Mail: ali.amin.rezaei@uni-oldenburg.de

organizations to survive in the new environment which surrounds them resulting from, developments in regulation as well as rapid development in technology, they must cope with the change in both individual and organizational level. Reviewing the literature showed various studies that consider learning in board director levels and employees' levels and the emphasis on the role of one of them or both. In general there is consensus that learning in individual level is the key enabler for collective learning across the organizations. Another determining element which mentioned in this paper is related to sustainable development. Sustainability in the organizations, has been subject to many researches from different point of views, such as: environmental, cultural, legal and etc. However review the literature showed, there exists at least consensus on the integration of economy, environmental and social dimension which is known as triple-bottom-line model (TBL) (Norman and MacDonald, 2004). In this paper, the sustainability will be considered from the sustainable development perspective based on TBL model. As mentioned, one of the dimensions in TBL is social. In this account reviewing the related literature, showed a meaningful relevance between significance of the individual learning in creating organizational learning (Kim, 1998; Dodgson, 1993). Based on first order logic principal, if we consider that organizational learning (ol) support sustainable development (sd) in the organization. And if we conclude from the literature that, individual learning (il) supports significantly the organizational learning, we can accept that, improving individual learning capacity indirectly supports sustainable development in the organizations.

$$ol \Rightarrow sd \wedge il \Rightarrow ol \text{ then } il \Rightarrow sd \tag{1}$$

Following this simple logic, we can show, that the proposed method in this research-in-progress can contribute in fostering sustainable development in the organization via enhancing the capacity of individual learning. The innovative approach which is proposed in this research take advantage of unconscious capacity of the individuals and use it systematically in learning process. In the following sections first, we will introduce the concept of organizational learning, then sustainability in organization and then, the proposed method will be explained.

2 Organizational Learning

There is almost total consensus that organizational learning is a competence that organizations should develop in fast-changing and competitive environments (Hamel and Prahalad, 1994; Nonaka, 2008; Senge and Kurpius, 1993).

As it is reflected in the phrase of organizational learning, learning in general is an essential part of it. Learning happens through different arrangements as: increasing in knowledge, life experience, problem solving or from theories. Learning can also be defined as the process of acquiring knowledge, then creating and refining mental models (Penrose, 1959; Schein, 1969). Learning is increased when the individual asks intelligent questions about the observed world, and then looks for answers testing of hypotheses and theory forming (Lozano, 2014). To reach to that point to rise a questions and building a theory, enough awareness and input knowledge is required (Molnar and Mulvihill, 2003). In the context of organizations, this input data, provides via the training courses or personal learning.

Lozano et al. argues, learning new skills by individuals in the organizations, helps organizations to develop capacity to work with mental models, and key decisions are made based on shared understanding of interrelationships and pattern of change (Lozano, 2014).

As a definition for Learning organization, Huysman recognized it as form of organization that enables the learning of its members in such a way that creates positively valued outcomes, such as innovation, efficiency, better alignment and competitive advantage. In order that this happens, learning is a determining element (Huysman, 1999). It is organizational processes and structure that can create or improve learning opportunities (Armstrong and Foley, 2003). The underlying structure to manifest the organizational learning in context of organizations structure is called organizational learning mechanisms (OLMs) (Armstrong and Foley, 2003). The design and preparation of organizations mechanisms provide a ground for organizational learning manifestation. OLMs are the cultural and structural facet of the organization that facilitates the development and migration to learning organization (Armstrong and Foley, 2003). In this regards, Naud et al. (Naudé, 2012) maintained that through application of proper structural facet the cultural facets towards OL can be fostered as well. The structural facets are institutionalized structural arrangement, which allow organizations to systematically collect, analyze, store, disseminate and use information that is relevant to the effectiveness of the organization (Popper and Lipshitz, 1998). As Gephart and Marsick identified, systems and processes, communication, information and knowledge systems part of the systems that supports structural facets (Gephart et al., 1996). The proposed system in this study, in essence falls into structural facets category.

Since the proposed system in this research is augmenting learning process via information system, we can conclude, from the mentioned framework point of view, the structural facet supported by information systems, leads to augment individual learning. The next section will be discussed about the sustainable development in the organizations and its features and ties with OL.

3 Sustainability in the Organization

Sustainable development was defined by united nations in 1987. In the account of the organizations, nowadays, sustainability in the context of organization, prevalently considered from the perspective of triple-bottom-line (TBL) framework (Smith and Smith, 2012). TBL framework, expands the concept of the organizational sustainable development from sheer economical dimension to, economical, social and environmental.

Two phases have been identified regarding organizational learning, known as single and double loop learning. Single loop is action-oriented, routine and incremental, occurring within existing mental model, norms, policies and underlying assumption. Double loop learning involves changing mental models, norms, policies, and assumptions underlying day-to-day actions and routine (Van Grinsven, 2011). Based on this approach, it is the double loop learning that mainly support the sustainable development in the organization. Infact sustainable development in organization, is nothing but recursive cycles of feedback and learning and evolution that evolves organizational processes and align it with TBL principal.

Sustainability in general, is the ability for sustainable development in the future while addressing the needs for today. A contemporary definition relevant to organizations, maintained that, the result of the activities of an organization, voluntary or governed by law, that demonstrate the ability of the organization to maintain viable its business operations (including financial viability as appropriate) whilst not negatively impacting any social or ecological systems (Smith et al., 2011).

Learning since long has been recognized as a key element in sustainable development. In the topic of organization sustainability, sustainable development mainly refers to the triple-bottom-line model (Bowden et al., 2002; Elkington, 1997). Triple-bottom-line model integrate economic, environmental sustainability and social dimensions. The notion of learning is the button heart of integrating these elements (Siebenhüner and Arnold, 2007).

Lorenzo et al. (Lozano, 2014) maintained, to achieve sustainable development, learning must take place in various phases. As reflected by UNESCO (2003) sustainable development are achieved through, learning to know, learning to live together, learning to do, learning to-be. Learning to-do can be addressed via training individuals which is the central focus of this research in progress. The quite innovative approach in this research in progress, enable the systematic use of human unconscious learning potential to support to-do phase. This approach will be explained in abstract level in the next section.

4 Proposed Method

The main focus in this paper is to reflect the importance of organizational learning and in specific, individual learning in sustainable development of the organizations. The goal in this research in progress is to institutionalizing the individual unconscious learning in the body of the organization systematically.

Based on proposed method in this research, to address the objectives, a combination of techniques in the domain of psychology and knowledge management will be used. This research aims to bring the pre-unconscious learning concept out of psychology labs and apply it in everyday work flow in the organization. However it needs some adaptation. The hypothesis in this research straight, based on evidences from behavioral and neuropsychology literature. It assumes, pre-unconscious exposure to the learning materials, will enhance the later explicit learning of the same materials. The learning materials in above statement, could be any corpus that employees are supposed to learn the content.

To enable the unconscious learning, the subliminal stimuli technique will be used. Via subliminal stimuli which presented to user in form of rapid flashes in range of 15 - 80 ms, a short phase or text or image can be exposed to user. Psychology literatures showed that within this threshold the user consciously has no clue about the actual message which is being exposed to, or even at all don't recognize the presence of subliminal messages (Kouider and Dehaene, 2007). However, the various lab experiments in behavioral psychology and neuropsychology showed that, the messages can be percept and processed unconsciously in syntactic and even semantic level (Axelrod et al., 2015). Due to the limited capacity of the unconscious perception, the messages should be very short. Hence, the long text have to be tokenized into smaller chunks.

For tokenizing the corpus, this research proposed to used ontology learning technique. It is proposed that via ontology learning system the text can be tokenized and the concepts in the text can be hierarchically structured. This study till this phase of development, considered named-entities, the steps in case of instructional corpus and hierarchy of concepts as candidates for tokenization. This could be subjected to alteration based on further discoveries and interviews with experts in the domain of implicit learning. There exists ontology learning framework like text2Onto, which supposed to be adapted for the purpose of this study.

After tokenizing the corpus, the tokens will be exposed to user subliminally through screen. It is reflected in the literature that the unconscious perception effectiveness of the stimuli increases, when user consciousness involved in task which is aligned with the concepts, in which he/she receives subliminal stimulis (Ortells et al., 2016). It indicates, if the conscious awareness become enabled about the topic, the chance that subliminal signals perceived unconsciously become more influential will be increased. As main purpose, this paper is managed to show a link between individual learning and sustainable development in the organization. However, since at this point still the technical features of the proposed method is under further investigation and active development, this paper didn't go deep into the technical features of the introduced method.

5 Conclusion

Taking advantage of unconscious learning capacity systematically in a workflow to enhance the individual learning capacity, to the best of knowledge of the author is unprecedented. The method that introduced in this paper, may subject to mere changes, follow by the release of the first prototype of the proposed system. How ever it is supposed that the totality of the method remains intact. The totality of this research can be a gate opener to the issue of systematic unconscious learning in the organization. This paper specifically tried to show the existed bound between individual learning and sustainable development in the organization via reviewing the related literature. Therefore we can induce that enabling and trigging our potential for unconscious learning systematically, indirectly supports sustainable development in the organization.

References

Armstrong A, Foley P (2003) Foundations for a learning organization: organization learning mechanisms, The Learning Organization 10(2), pp 74-82

Axelrod V, Bar M, Rees G, Yovel G (2015) Neural correlates of subliminal language processing, Cerebral Cortex 25(8), pp 2160-2169

Bowden AR, Lane MR, Martin JH (2002) Triple bottom line risk management: enhancing profit, environmental performance, and community benefits, Hoboken (NJ): John Wiley & Sons

Dodgson M (1993) Organizational learning: a review of some literatures, Organization studies 14(3), pp 375-394

Elkington J (1997) Cannibals with forks, The triple bottom line of 21st century

Gephart MA, Marsick VJ, Van Buren ME, Spiro MS, Senge P (1996) Learning organizations come alive, Training & Development 50(12), pp 34-46

Hamel G, Prahalad C (1994) Competing for the future, Boston (MA): Harvard Business School Press

Huysman M (1999) Balancing biases: a critical review of the literature on organizational learning; Organizational learning and the learning organization, pp 59-74

Kim DH (1998) The link between individual and organizational learning, The strategic management of intellectual capital, pp 41-62

Kouider S, Dehaene S (2007) Levels of processing during non-conscious perception: a critical review of visual masking, Philosophical Transactions of the Royal Society B: Biological Sciences 362(1481), pp 857-875

Lozano R (2014) Creativity and organizational learning as means to foster sustainability, Sustainable development 22(3), pp 205-216

Molnar E, Mulvihill PR (2003) Sustainability-focused organizational learning: recent experiences and new challenges, Journal of Environmental Planning and Management 46(2), pp 167-176

Naudé M (2012) Sustainable development and organizational learning: mutually supportive? International Journal of Business and Management Studies 1(1), pp 523-540

Nonaka I (2008) The knowledge-creating company, Boston (MA): Harvard Business Review Press

Norman W, MacDonald C (2004) Getting to the bottom of triple bottom line, Business Ethics Quarterly 14(02) pp 243-262

Ortells JJ, Kiefer M, Castillo A, Megías M, Morillas A (2016) The semantic origin of unconscious priming: Behavioral and event-related potential evidence during category congruency priming from strongly and weakly related masked words, Cognition 146, pp 143-157

Penrose ET (1959) The theory of the growth of the firm, New York: Sharpe

Popper M, Lipshitz R (1998) Organizational learning mechanisms: A structural and cultural approach to organizational learning, The Journal of Applied Behavioral Science 34(2), pp 161-179

Schein EH (1969) The mechanisms of change, The planning of change 2, pp 98-107

Senge PM, Kurpius D (1993) The fifth discipline, Consulting Psychology Journal: Practice and Research 45(4), pp 31-32

Siebenhüner B, Arnold M (2007) Organizational learning to manage sustainable development, Business strategy and the environment 16(5), pp 339-353

Smith PAC (2012) The importance of organizational learning for organizational sustainability, The Learning Organization 19(1), pp 4-10

Smith PAC, Sharicz C (2011) The shift needed for sustainability, The Learning Organization 18(1), pp 73-86

Van Grinsven M, Visser M (2011) Empowerment, knowledge conversion and dimensions of organizational learning, The learning organization 18(5), pp 378-391

Curriculum einer Betrieblichen Umweltinformatik: Anforderungen an Vorkurse

Stefanie Lehmann, Hans-Knud Arndt

Abstract Studiengänge bzw. Studienschwerpunkte der Betrieblichen Umweltinformatik vermitteln ein äußerst interdisziplinäres Wissen. Grundlage dafür sind u. a. Kompetenzen in Mathematik und Informatik. Vorkurse für Studienanfänger sind eine Möglichkeit, das nötige fachliche Niveau der Mathematik und Programmierung, trotz verschiedener Bildungssysteme einzelner Bundesländer, zu erreichen. Die Inhalte der zwei Disziplinen werden dabei üblicherweise in getrennten Kursen unterrichtet. Gerade die Betriebliche Umweltinformatik als interdisziplinäre Wissenschaft greift dabei stets auf das Wissen anderer Fachgebiete zu, um dortige Probleme mit der Handreichung von informationstechnischen (IT-)Anwendungen zu lösen. Um hier qualitativ hochwertige Lösungen zu schaffen reicht das alleinige Anwenden isolierten Fachwissens nicht mehr aus. Der Betriebliche Umweltinformatiker muss sich vielmehr in die Lage des Kunden versetzen und Probleme über das reine Informatikwissen hinaus betrachten, um effiziente Lösungen zu erzeugen. Um diesen Zielen gerecht zu werden, wird hier erörtert, wann und welche Art von Kompetenzen durch Vorkurse für ein Curriculum der Betrieblichen Umweltinformatik vermittelt werden sollten, um die Nachhaltigkeit der Lehre an Hochschulen zu steigern.

1 Nachhaltige Lehre

Mit Hilfe von nachhaltiger Lehre wird auch künftigen Generationen die selbstständige Gestaltung ihres Lebens ermöglicht. Dies führt dazu, dass die Qualität der universitären Lehre u. a. von deren langfristiger Wirkung abhängt. Die Nachhaltigkeit von Lehre und Studium kann demzufolge auch daran gemessen werden, inwieweit es gelingt, Studierende zur langfristigen und dauerhaften Aneignung

S. Lehmann (✉) • H.-K. Arndt
Otto-von-Guericke-Universität Magdeburg, AG Managementinformationssysteme
E-Mail: stefanie.lehmann@ovgu.de; hans-knud.arndt@iti.cs.uni-magdeburg.de

wissenschaftlicher Kenntnisse, Fähigkeiten und Haltungen sowie zur kritischen (Selbst-)Reflexion anzuregen und ihr Interesse an neuen Erkenntnissen und Erfahrungen anhaltend zu stärken (Universität Hamburg, 2016). Wird an dieser Stelle der Fokus auf die Lehre der Informatik gelegt, welche eine interdisziplinäre Wissenschaft ist, kann das Spektrum sehr weit ausfallen, in welchem sich der Lehrling und spätere Informatiker zurechtfinden muss. So beispielsweise muss sich der Student im Gebiet der Betrieblichen Umweltinformatik in vielen verschiedenen Gebieten Wissen aneignen und dieses dann miteinander kombinieren. Schwerpunkte eines solchen Studiengangs sind neben der Informatik, die Disziplinen wie die Modellierung, den Umgang mit Datenbanken oder Simulationssoftware beinhaltet, auch die Wirtschaft oder das Management und Umweltthemen. Hier wird der Bereich der Informatik als der wissenschaftliche Kernbereich für das Curriculum einer Betrieblichen Umweltinformatik im Hinblick darauf betrachtet und untersucht, wie die Lehre der Informatik nachhaltiger gestaltet werden kann.

2 Informatiklehre an der Schule und Universität

An der Schule, speziell am Fachgymnasium für Wirtschaft in Sachsen-Anhalt, befindet sich der Informatikunterricht derzeit in einer Überarbeitung. Ziel und Inhalt dieser Neuausrichtung zeigen, dass eine wachsende Rolle der Informationstechnik (IT) für die Gesellschaft erkannt wurde. Um diesem Bewusstsein gerecht zu werden, wird derzeit ein neuer zielgerichteter Entwurf der schulischen Informatiklehre ausgearbeitet, der einen sachgerechten, effektiven und verantwortungsbewussten Nutzen von Informations- und Kommunikationssystemen in der Informatiklehre zugrunde hat. Dabei werden das Verhältnis von Mensch und Technik reflektiert und die soziale und ökologische Verantwortung bei der Mitgestaltung der Lebensumwelt bewusst wahrgenommen, mit dem Ziel die Zusammenhänge der Informatik, im Speziellen der Wirtschaftsinformatik, als wirtschaftlichen Gestaltungsfaktor der Gesellschaft sichtbar und greifbar zu machen (Kultusministerium Sachsen-Anhalt, 2015).

Während im Fach Informatik an der Schule ein sicherer Umgang mit Informations- und Kommunikationssystemen erlernt werden soll, liegt die Zielstellung von erweiterten, hochschulbezogenen Studiengängen aus dem Bereich der Informatik in der Entwicklung von Informations- und Kommunikationssystemen als solches. In beiden Lehrformen, sowohl in der Schule als auch an der Hochschule, werden Analyse-, Bewertungs- und Gestaltungskompetenzen fachbezogen im Bereich der Informatik gelehrt. Hier begehen bisher zumeist beide Lehreinrichtungen den Fehler, die Informatik als eine separate, abstrakte Disziplin anzusehen. Um diesen Fehler auszubessern, wird derzeit die Zielrichtung der Informatiklehre an

Schulen neu ausgearbeitet: Neue Fachlehrpläne befinden sich in der Anhörung, um das Wissen über die Wechselwirkungen von Informations- und Kommunikationssystemen und deren gesellschaftliche Einbettung zu verbessern. Für die hochschulbezogene Lehre der Informatik ist es an der Zeit, nun nachzuziehen.

Um Möglichkeiten aufzuzeigen, wie die Lehre der Informatik an der Hochschule nachhaltiger gestaltet werden kann, wird zunächst eine Analyse durchgeführt, wie die hochschulbezogene Lehre derzeit charakterisiert ist, und im Anschluss daran werden Anregungen zur Gestaltung einer nachhaltigen Informatiklehre an Hochschulen gegeben.

3 Das Informatikstudium: Eine Bestandsaufnahme

3.1 Vorkurse: Getrennte Disziplinen zum Studienstart

An der Otto-von-Guericke-Universität Magdeburg gibt es bereits seit über zehn Jahren Vorkurse für die Studienanfänger der Informatik. Hier werden die Fächer Mathematik und Programmierung getrennt voneinander in Gruppen von bis zu 15 Studienanfängern unterrichtet. Die Kurse werden fakultativ zwei Wochen vor dem offiziellen Vorlesungsbeginn angeboten.

In täglich drei Stunden Mathematik und drei Stunden Programmierung werden die vorhandenen Grundlagenkenntnisse zur Mathematik (Abiturniveau) und erste Programmiergrundlagen gelehrt. Ergänzt werden die Kurse durch ein tägliches Freizeitprogramm (Lehmann und Grope, 2016). Dieses Konzept der Vorkurse haben im Laufe der Zeit auch andere Informatikfakultäten übernommen.

In der bisherigen Ausgestaltung der Vorkurse wird im Wesentlichen keine interdisziplinäre Anwendung des Wissens vermittelt. Dies erinnert an das Verfahren in der Schule, wo ebenfalls die Fächer und Disziplinen einzeln und getrennt voneinander unterrichtet werden. Dabei kommt auch der Blick auf die gesellschaftliche Bedeutung der Informatik zu kurz.

3.2 Studium: Getrennte Module im Studienverlauf

Zu Beginn des Bachelorstudiums wird die Lehrweise der getrennte Disziplinen fortgesetzt: In einzelnen Modulen werden im Bachelorstudium zunächst Grundlagen gelehrt. Neben den fachspezifischen Grundlagen wie der Mathematik, Programmierung sowie der Technischen und Theoretischen Informatik werden insbesondere an der Otto-von-Guericke-Universität Magdeburg zusätzlich Schlüsselkompetenzen vermittelt, die beispielsweise Teamarbeit oder Zeit- und Projektmanagement zum Inhalt haben. Wurden diese Module erfolgreich abgeschlossen, so folgen im weiteren Studienverlauf Projekte und Seminare, die interdisziplinäres Denken und Handeln erfordern. Während zuvor in den Grundlagenfächern die Lehre darauf abzielt, dass eine gestellte Aufgabe mit Hilfe des erlernten Wissens meist auf direktem Weg zu lösen ist, wird in den Projekten und Seminaren erwartet, dass für ein gestelltes Problem mit Hilfe der Kombination aus erlerntem Wissen und Schlüsselkompetenzen eine Lösung erarbeitet wird (Otto-von-Guericke-Universität Magdeburg, 2017).

3.3 Gefangen im Bekannten

Naheliegend ist dabei, dass der Student beim Erarbeiten seiner Lösung auf sein vorhandenes Wissen zugreift und selten sich weiteres Wissen aus anderen Disziplinen einsetzt bzw. aneignet, um das Problem zu lösen. So kommt es häufig dazu, dass Jahr um Jahr dieselben Lösungswege von verschiedenen Jahrgängen entstehen, denn jeder verwendet dasselbe erlernte Wissen. Doch wie soll der Student dabei die Fähigkeit entwickeln innovative Lösungen zu erstellen, die später das Überleben seines Arbeitgebers sichern? Wie soll der Student, später als Angestellter im Unternehmen, in seinem Beruf effizient auf Unbekanntes reagieren, was er noch nicht zuvor in einem Seminar kennengelernt hat? Wie kann der Informatiker die Bedürfnisse und Probleme seines Kunden erkennen, wenn er in seiner Denkweise festhängt? Wenn er versucht, die unbekannten Probleme ohne einen nun vorbestimmten Lösungsweg nur mit seinem bisher erlernten Wissen zu lösen, so wird er scheitern.

Auch wenn jedes Informatikstudium durch interdisziplinäre Module anderer Wissenschaften ergänzt wird, so fehlt entweder die Kombination von Informatik und der fremden Wissenschaft oder es wird weiterhin versucht, die bereits bekannten Möglichkeiten auf die Probleme der fremden Wissenschaften zu adaptieren. Es fehlt in der Lehre der Informatik eine von der Informatik losgelöste Denkweise um nachhaltig Kompetenzen zu entwickeln, die zu erfolgreichen Ergebnissen führen kann.

4 Eine neue Denkweise: Freiarbeit in der Informatik

Um ein fachfremdes Problem mit Hilfe der Informatik effizient lösen zu können, ist es meist erforderlich, von der Informatik losgelöst zu denken. Dass dies der Informatikstudent während seines Studiums nicht ausreichend genug vermittelt bekommen hat, wird häufig während eines Betriebspraktikums erstmalig sichtbar, spätestens zum Berufseinstieg: Der Student bekommt eine Problemstellung, mit der er sich eine halbes Jahr zu befassen hat und für die er eine Lösung zu erarbeiten hat. Dabei werden wieder und wieder Lösungen dem Auftraggeber geliefert, bis dieser zufrieden ist – oder bis es zur Kündigung kommt. Die geringe Effizienz spiegelt sich nicht nur in der Dauer bis zum Ergebnis wider, sondern in der Regel auch in den geringen Löhnen für Praktikanten und Berufseinsteiger. Gründe hierfür sind die fehlende Erfahrung, zu denken wie der Auftraggeber, im Endeffekt zu denken wie der Kunde und dadurch innovative und nachhaltige Lösungen erarbeiten zu können.

Was hier verpasst wird, wird in anderen Lehrformaten seit langer Zeit bereits umgesetzt: In Montessori-Schulen herrscht die zentrale Lehrform vor, dass die direkte Steuerung des Lernprozesses durch den Lehrer in den Hintergrund tritt und gleichzeitig eine größtmögliche Selbststeuerung der Schüler im Mittelpunkt steht (Grindel, 2005).

Weiterhin werden Freiarbeiten und freies Lernen ohne vorbereitete Umgebung genutzt. Freies Lernen wird in speziellen Schulen angeboten und orientiert sich an den individuellen Interessen des Kindes. Wenn Kinder ihren eigenen Interessen, Fragen und Impulsen folgen dürfen, lernen sie schneller, leichter und nachhaltiger. Wissen ist nicht etwas, das per Zwang verabreicht werden kann, sondern etwas, das aus der eigenen Neugier und dem Forschungsdrang des Kindes erwächst (Freie Schule Wendland, 2017).

Würde ein derartiges Konzept an den Hochschulen, deren Grundidee ebenfalls in dem Forschungsdrang in der Lehre liegt, geradewegs fortgeführt werden, so könnte auch hier eine nachhaltigere Lehre erreicht werden. Für den Informatikstudenten würde dies langfristig wirksam bedeuten, er verstünde seinen Arbeitgeber später besser, weil er sich in dessen Lage hineinversetzen könnte und demzufolge zu besseren Lösungen kommt. Entsprechend sollte der Informatiker nicht nur die Fachsprache und deren interdisziplinäre Anwendung lernen, sondern vielmehr deren Möglichkeiten losgelöst vom Ausgangspunkt der Informatik begreifen.

5 Gestaltung der Kurse

Im Sinne der Nachhaltigkeit der Informatiklehre an Hochschulen sollten folgende Aspekte bei der Gestaltung von Vorkursen beachtet werden:

Platzierung der Kurse: Die bisherigen Vorkurse liegen direkt vor dem Studienbeginn und umfassen einen kurzen Zeitabschnitt von meist zwei Wochen. Danach folgen im Bachelorstudium, in der Regel als einsemestrige Veranstaltungen, zunächst die Module der Grundlagenfächer, anschließend die der vertiefenden oder Nebenfächer sowie Seminare und Projekte, in denen das erlernte Wissen interdisziplinäre Anwendung findet. Wird nun die Frage gestellt, wann die neuen Kurse zur Freiarbeit in das Studium integriert werden sollten, spielen die Zeitpunkte der anderweitig vermittelten Inhalte eine beeinflussende Rolle.

Für die neuen Kurse zur Freiarbeit die Informatik gilt, dass sie einerseits auf eine losgelöste, zweckfreie Art und Weise erlernt werden soll, sie also so zeitig wie möglich im Bachelorstudium angesiedelt sein sollten. Andererseits sollten die Kurse zur Freiarbeit jedoch auf eine Anwendung im informatiknahen Kontext abzielen. Deshalb sollten den Kursen erst im Studium erlernte Grundlagen zur Basis der Informatik vorausgehen. Entsprechend sollten sie weder parallel zu den bisherigen Vorkursen der Mathematik und Programmierung, wie beispielsweise an der Otto-von-Guericke-Universität Magdeburg praktiziert, noch zu Beginn des Bachelorstudiums liegen. Damit ein nachhaltiger Erfolg der neuen Kurse zur Freiarbeit erreicht werden kann, sollten diese also möglichst zwischen den Grundlagenmodulen und den vertiefenden und interdisziplinären Modulen, Projekten und Seminaren liegen, die am Ende des Bachelorstudiums platziert sind.

So können die Inhalte der Freiarbeit zum Informatikstudium zwar zweckfrei und losgelöst, aber dennnoch mit vorhandenem Grundlagenwissen erlernt und etabliert werden. Dies ermöglicht eine schon mehr losgelöste Lern- und Denkweise, aber immer noch eingebettet in den Kontext eines Informatikstudiums. Nach dem Abschluss dieser neuen Lerneinheit werden diese neu gewonnenen Kompetenzen mit dem Wissen aus den Grundlagen des Bachelorstudiums kombiniert und angewendet in den Seminaren und Projekten des Studiums, bis hin zum berufsvorbereitenden Praktikum oder die Zeit nach dem Studium.

Dauer der Kurse: Die bisherigen Vorkurse an der Otto-von-Guericke-Universität Magdeburg umfassen eine Zeitdauer von zwei Wochen, die Module des Studiums in der Regel ein Semester. Mit der gewöhnlichen Dauer von einem Semester wird garantiert, dass eine abgeschlossene Sinneinheit gelehrt und erlernt werden kann. Da in den neuen Kursen der Freiarbeit nicht nur Fachwissen erlernt und angewendet wird, sondern neue Denkweisen etabliert werden, ist eine Orientierung an semesterübergreifenden Modulen angebracht.

Inhalt der Kurse: Die Informatik als Wissenschaft enthält ingenieurwissenschaftliche und strukturwissenschaftliche Komponenten, die im Rahmen des Studiums zweckfrei erlernt und angewendet werden sollen. Deshalb sollen die Module zur Informatik keine Inhalte von anderen wissenschaftlichen Studiengängen abdecken. Die Module dienen jedoch dazu, die Denkweise und Bedürfnisse anderer Studiengänge und Experten aufzugreifen, zu verarbeiten und zu verstehen.

Es zeigt sich in den Studien der Montessouri-Pädagogik, die eine ähnliche zweckfreie Lehre durchführt, dass spielerisches Lernen und das Bilden von Erfahrungen durch Ausprobieren einen nachhaltigeren Effekt haben, als das stupide Lernen einer Anwendung. Diese Lehrweise soll auch in den Kursen der Freiarbeit im Informatikstudium durchgesetzt werden.

Dies bedeutet, dass die Inhalte nicht auf informatiktypische Fragestellungen hinweisen: Wie setze ich den Algorithmus am effizientesten um, sondern vielmehr, was benötigt mein späterer Kunde. Hier zeigt sich, dass nicht nur die Informatik, selbst als interdisziplinäre Wissenschaft, sondern auch Grundlagen anderer Wissenschaften wie das Design oder die Wirtschaft eine entscheidenden Rolle spielen, um nachhaltige Lösungen zu erstellen. Dies gilt umso mehr für Studiengänge der Betrieblichen Umweltinformatik. Welche konkreten Inhalte dabei beachtet werden sollten, soll an anderer Stelle weiter untersucht werden.

6 Fazit

Es zeigt sich, dass innerhalb des Informatikstudiums die Nachhaltigkeit der Lehre ausbaufähig ist und hier bisher Möglichkeiten verpasst werden, weil sich die Lehre, besonders in den ersten Studiensemestern zu sehr auf die ingenieurwissenschaftlichen und strukturwissenschaftlichen Komponenten der Informatik konzentriert. Die vorgestellten Gedanken zur Interdisziplinarität der Informatiklehre und zur in der Montessouri-Pädagogik angewandten freien Lehre stellen einen Ankerpunkt dar, der in zukünftigen Arbeiten zu Vorkursen für die (Betriebliche Umwelt-)Informatik weiter verfolgt werden soll.

Literaturverzeichnis

Freie Schule Wendland (2017) Freies Lernen – Was ist das? http://freie-schule-wendland.de/konzept/freies-lernen-was-ist-das/. Letzter Aufruf: 15.03.2017

Grindel E (2005) Lernprozesse hochbegabter Kinder in der Freiarbeit der Montessori-Pädagogik: Eine empirische Analyse auf der Basis von Einzelfallstudien in Montessori-Grundschulen. Münster, 2005

Kultusministerium Sachsen-Anhalt (2015) Lehrplan Gymnasium / Fachgymnasium: Kompetenzentwicklung und Unterrichtsqualität – Grundsatzband. Kultusministerium Sachsen-Anhalt, 9.2.2015

Lehmann S, Grope T (2016) Vorkurse – mehr als Unterricht. In: Magdeburger Beiträge zur Hochschulentwicklung, Auflage 04, Juni 2016: StudienSTART – Überlegungen und Konzepte zur Gestaltung der Studieneingangsphase. http://www.fokuslehre.ovgu.de/Publikationen. Letzter Aufruf: 15.03.2017

Otto-von-Guericke-Universität Magdeburg (2017) Modulkatalog für die Studiengänge Computervisualistik, Informatik, Ingenieurinformatik, Wirtschaftsinformatik, Digital Engineering und Data and Knowledge Engineering. Otto-von-Guericke-Universität Magdeburg, Fakultät für Informatik. April, 2017, http://stuko.cs.uni-magdeburg.de/dokumente/Ordnungen/Modulkatalog_2017_Sommer+dual.pdf. Letzter Aufruf: 15.04.2017

Universität Hamburg (2016) Kompetenzzentrum Nachhaltige Universität, April 2016. https://www.nachhaltige.uni-hamburg.de/downloads/1_7-positionspapiere/knu-positionspapier-2-aufl-april-2016.pdf. Letzter Aufruf: 15.04.2017

Soziales

Betriebliche Umweltinformationssysteme und Dienstleistungen: Nachhaltige Gestaltung des Konzertveranstaltungszutritts

Stefanie Lehmann, Hans-Knud Arndt

Abstract Betriebliche Umweltinformationssysteme – oder allgemeiner: Umweltmanagementinformationssysteme (Environmental Information Systems) – sollen auch Dienstleistungsunternehmen unterstützen. Eine Dienstleistungsbranche, die sich seit den letzten Jahrzehnten stark im Wandel befindet, stellt der Konzertkartenverkauf dar. Während bis Beginn der 2000er Jahre Konzertkarten üblicherweise zentral gedruckt und dezentral an Konzertkassen verkauft wurden, sind heutzutage vielfältige Vertriebsformen möglich. So existiert weiterhin die „klassische Form" des Konzertkartenverkaufs, aber auch internetbasierte Formen des Ausdruckens von Eintrittskarten durch die Konzertbesucher bis hin zu einer rein digitalen Konzertkarte beispielsweise auf dem Smartphone. Ergänzt werden selbstausgedruckte bzw. vollständig digitale Konzertkarten häufig durch Bändchen, die dem Besucher an das Handgelenk gelegt werden, nachdem er sich mittels seiner Eintrittskarte Zugang zum Konzert verschafft hat. Über Jahre hinweg werden diese Bändchen am Handgelenk getragen und symbolisieren der Umgebung „ich war dabei". Der nachhaltige Umgang mit Konzertkarten steht dabei im Spektrum zwischen persönlichem Erinnerungsstück des einzelnen Konzertbesuchers und dem komfortablen Zugang zu Konzertveranstaltungen. Betriebliche Umweltinformationssysteme sollten deshalb sowohl den Prozess des Zugangs zu Konzertveranstaltungen als auch das Dienstleistungsprodukt Konzertveranstaltungszutritt als solches in einem nachhaltigen Sinne gestalten helfen.

S. Lehmann (✉) • H.-K. Arndt
Otto-von-Guericke-Universität Magdeburg, AG Managementinformationssysteme
E-Mail: stefanie.lehmann@ovgu.de; hans-knud.arndt@iti.cs.uni-magdeburg.de

1 Betriebliche Umweltinformationssysteme

Grundsätzlich werden Betriebliche Umweltinformationssysteme (BUIS) bzw. Umweltmanagementinformationssysteme (UMIS) verstanden als „ein organisatorisch-technisches System zur systematischen Erfassung, Verarbeitung und Bereitstellung umweltrelevanter Informationen in einem Betrieb" (Haasis et al., 1995) bzw. Organisationen jeglicher Art. Dieses Verständnis bezieht die Ideen einer nachhaltigen Entwicklung ein. Deshalb muss ein BUIS bzw. ein UMIS auch Informationen zum Drei-Säulen-Modell der nachhaltigen Entwicklung (triple bottom line) Rechnung tragen. Dieses Modell beruht auf dem Gedanken, dass eine nachhaltige Entwicklung immer eine gleichzeitige und gleichberechtigte Umsetzung von wirtschaftlichen, umweltbezogenen und sozio-kulturellen Zielen voraussetzt. Gerade auch für Dienstleistungsbranchen wie der des Konzertkartenverkaufs gelten die drei Aspekte der Nachhaltigkeit. Dies zeigt sich insbesondere an der Ausgestaltung des Konzertveranstaltungszutritts, wo lange Zeit die papiergebundene Eintrittskarte dominierte.

2 Die Konzertkarte

Als Eintrittskarte wird ein „Kärtchen o. Ä., das man beim Entrichten des Eintrittsgeldes bekommt und das zum Besuch einer Veranstaltung, Einrichtung (..) o. Ä. berechtigt" (Duden, 2017), bezeichnet. Synonym zur Bezeichnung „Eintrittskarte" werden auch „Billett, Karte, Ticket" (Duden, 2017) verwendet.

Um eine zeitgemäße und nachhaltige Ausgestaltung des Konzertveranstaltungszutritts zu finden, wird zunächst eine Erörterung der *ökonomischen, ökologischen* und *sozio-kulturellen Dimension* von Eintrittskarten durchgeführt.

2.1 Die ökonomische Dimension

Die wirtschaftliche Betrachtung von Eintrittskarten für Konzerte/Festivals wird kostenbezogen vorgenommen. Papiergebundene Eintrittskarten verursachen Kosten in den Bereichen der Produktion und des Vertriebs.

Produktionskosten von Eintrittskarten: Werden die vier größten populärmusikalischen Festivals in Deutschland betrachtet, für die ein Eintrittspreis erhoben wird und die entsprechend eine Eintrittskarte als Zugangsberechtigung verwenden, entsteht bereits eine Anzahl von nahezu 300.000 Eintrittskarten (92.500 Rock am Ring, 70.000 Rock im Park, 65.000 Hurricane, 60.000 Southside (Wiki, 2017)). Für den Druck von 300.000 Konzertkarten wird ein Kostenaufwand von ca. 12.000 € angenommen (basierend auf frei verfügbaren Kalkulationen bei üblichen Druckereien. Es kann jedoch davon ausgegangen werden, dass diese mitunter günstiger ausfallen, falls Festivalagenturen über Sonderkonditionen verfügen). *Vertriebskosten von Eintrittskarten*: Gegen eine Gebühr (ca. 2,50 € Versandkosten pro Bestellung, bei 300.000 Karten = 750.000 €) werden die Konzertkarten an den Konzert-/Festivalbesucher verschickt (an klassischen Konzertkassen fällt entsprechend eine Vorverkaufsgebühr an). Diese Kosten hat der Konzertbesucher zu übernehmen.

2.2 Die ökologische Dimension

Würden diese 300.000 Festivalkonzertkarten nach Ablauf der Veranstaltung einer geordneten Entsorgung zugeführt werden, entstünden annähernd 20 kg Papiermüll (Flyer, 2017), der nur unter Verwendung von Wasser zur Reinigung von den verwendeten Chemikalien und nur mit bis zu 70 % recycelt werden kann (Dallmus, 2013). Darüber hinaus entstehen durch Verpackungsmaterial Umweltbelastungen und Kosten entlang der Vertriebswege.

2.3 Die sozio-kulturelle Dimension

Zunächst landen viele der Eintrittskarten nach Abschluss des Konzerts/Festivals im Schrank oder an der Pinnwand als Erinnerung. Somit kann eine Konzertkarte ebenso als kultureller Träger bzw. Sammelobjekt aufgefasst werden. Deshalb hat sich auch die künstlerische Gestaltung von Konzert-/Festivalkarten bis in die 1990er Jahre sehr stark entwickelt. Dabei ist aber zu beobachten, dass (heutzutage) Festivals, die die größten Besucherzahlen aufweisen, Eintrittskarten mit nur wenig gestalterischem Aufwand und Variation verwenden. Von Jahr zu Jahr ähnelt sich die Gestaltung der Eintrittskarten und die verwendeten graphischen Stilmittel werden nur spärlich eingesetzt. So zeigen die Karten der Schwesternfestivals Rock im Park und Rock am Ring ein Relief, verziert mit silberfarbenen Akzenten, jedoch auf einem rechteckig ausgeschnittenen Ticket. Bei Festivals mit einer weitaus geringeren Besucherzahl wird zum Teil mehr Wert auf die Gestaltung der Eintrittskarten gelegt. So zeigt beispielsweise die Eintrittskarte vom Rockharz mit nur 10.000 Besuchern einen der Grafik angepassten ausgeschnittenen Rand. Diese Art der Gestaltung fand in der Vergangenheit, insbesondere bei Konzerten einzelner

Künstler mehr Anwendung. Während sich die Eintrittskarten des Festivals Rock im Park in den Jahren 2016 und 2017 (siehe Abbildung 1) nur anhand der Farbgebung unterscheidet, zeigen die Konzertkarten für die Lovesexy-Tour von Prince 1988 und des Festivals Rockharz mehr Individualität und Auffäligkeiten in der Gestaltung (siehe Abbildung 2).

Abb. 1: Eintrittskarten Rock im Park aus den Jahren 2016 (links, Quelle: Rock im Park, 2016) und 2017 (rechts, Quelle: Rock im Park, 2017).

Abb. 2: Eintrittskarten der Lovesexy-Tour von Prince 1988 (links, Quelle: Eigene) und Rockharz Open-Air 2012 (rechts, Quelle: Rockharz Open-Air, 2012).

3 Anforderungen an die Ausgestaltung einer Konzert-veranstaltungszutrittsberechtigung

Bei der Ausgestaltung einer Konzertveranstaltungszutrittsberechtigung sind folgende Aspekte zu beachten:

Medium: Üblicherweise wird bei Eintrittskarten (derzeit noch) bedrucktes Papier als Informationsträger verwendet. Auch Alternativen zur Papierkarte benötigen ein Medium als Informationsträger. Dabei soll unter Betrachtung der Nachhaltigkeit die Eigenschaft des Informationsträgers beibehalten werden.

Symbolik: Alle Eintrittskarten einer Gültigkeitsklasse oder eines Festivals sehen bis auf den Code identisch aus. Dies verdeutlicht dem Besucher, Teil einer Einheit zu sein. Unter Betrachtung der Nachhaltigkeit soll die Eigenschaft der Symbolik beibehalten werden.

KISS-Prinzip: Dem Prinzip „keep it simple and stupid" folgend ist das Vorzeigen der Eintrittskarte bei der Einlasskontrolle eine niederschwellige Ausgestaltung der Zugangsberechtigungskontrolle. Wird die Papierkarte durch Alternativen ersetzt, sollte die Eigenschaft der niederschwelligen Zugangskontrolle beibehalten werden.

Mentalität: Neben der Symbolik, die einen Besucher als Teil einer Einheit charakterisiert, erweitert die Papierkarte die mentale Bedeutung der Eintrittskarte als Andenken/Kulturträger. Dabei lässt sich vermuten, dass aufwändig gestaltete Eintrittskarten über einen größeren Erinnerungswert verfügen als einfach gestaltete Karten. Heutzutage werden aber nur noch auf wenigen Konzertveranstaltungen aufwändig gestaltete Eintrittskarten verwendet. Gründe dafür liegen einerseits in der gestiegenen Besucherzahl derartiger Veranstaltungen und einer daraus folgenden erhöhten Massenproduktion von Eintrittskarten, andererseits wurden, besonders im Bereich der Festivals andere Alternativen gefunden, um die Verbundenheit und den Erinnerungscharakter auszudrücken: Das Festivalbändchen (siehe Abbildung 3). Die Besucher tragen die Bändchen über Jahre am Handgelenk, können also jederzeit zeigen, dass sie an einem bestimmten Festival teilgenommen haben. Eine papiergebundene Eintrittskarte erfüllt diese Funktion nicht. Nur noch selten werden die Eintrittskarten als Andenken aufbewahrt und präsentiert. In Anbetracht der Nachhaltigkeit sollte nicht nur das Bändchen unberührt bleiben, sondern auch weiterhin die Papierkarte nicht vollständig entfernt und gegen einen entsprechenden Selbstkostenpreis dem Besucher zur Verfügung gestellt werden.

Abb. 3: Bändchen Rock im Park 2017 (Quelle: Eigene).

Gültigkeitsbereiche: Die Eintrittskarte verdeutlicht in den meisten Fällen über eine leicht abgeänderte Gestaltung einen bestimmten Gültigkeitszeitraum oder eine Zugangsberechtigung zu einzelnen Bereichen. Diese Berechtigungen werden ebenfalls über Bändchen durch verschiedene Farbgebung verdeutlicht und müssen entsprechend nicht durch eine Alternative zur Papierkarte abgebildet werden.

4 Anforderungen an den Prozess des Konzertveranstaltungs- zutritts

Bei der Ausgestaltung des Prozesses des Konzertveranstaltungszutritts sind folgende Aspekte zu beachten:

Kauf, Produktion und Versand der Eintrittskarte: Entscheidet sich ein Kunde zum Besuch eines Konzerts/Festivals, so kauft er – sofern der Kunde nicht die klassische Konzertkasse persönlich aufsucht – über das Internet bei einem Anbieter die Konzertkarte. Beim Kauf der Eintrittskarte über das Internet gibt der Kunde seine persönlichen Daten an. Dazu zählen im Normalfall der Name und die Rechnungs- und Lieferadresse. Zur Personalisierung ist jede Eintrittskarte mit einer eindeutigen Nummer gekennzeichnet und auf hochwertigem, häufig mit einer Folie überzogenem Papier gedruckt. Über den Postweg wird die Eintrittskarte zugestellt.

Entwertung der Eintrittskarte: Hat der Besucher seine Eintrittskarte erhalten, ermöglicht diese ihm den erstmaligen Zugang zum Konzertsaal/Festivalgelände. Dabei wird die Eintrittskarte entwertet (z. B. durch das Scannen der codierten Nummer) und der Festivalbesucher bekommt in der Regel ein Bändchen an das Handgelenk gebunden.

Zweckgebundene Verwendung: Die Eintrittskarte dient nur der Kontrolle des berechtigten Zugangs zum Konzert/Festival und ggf. noch weiteren spezifischen Belangen der jeweiligen Veranstaltung.

Personalisierung: Die Eintrittskarte ist in vielen Fällen nicht personalisiert, also keiner bestimmten Person zugeordnet. Ist eine Personalisierung vorgenommen worden, muss eine Änderung der Bezugsperson ermöglicht werden (Splash-Guide, 2017).

Datensicherheit: Die Daten werden bei den Eventanbietern gespeichert und mit der Karte einmalig verbunden. Mit Hilfe eines Tickets, auf dem ein Code steht, liegt ein System vor, dessen Inhalt mit einfachen technischen Mitteln zu entschlüsseln ist. Somit zeigt die Verwendung des Barcodes auf dem Ticket Sicherheitslücken.

Neben den für den Besuch des Konzerts/Festivals nötigen Funktionen, kann die Eintrittskarte weitere Zusatzfunktionen bieten:

Fahrkarte für den ÖPNV: Bei einigen Konzerten/Festivals ist die Nutzung des öffentlichen Personennahverkehrs (ÖPNV) zur An- und Abreise erlaubt, wenn die Eintrittskarte vorgezeigt wird.

Müllpfand-Streifen: In einigen Fällen sind die Eintrittskarten mit perforierten Streifen versehen, der gemeinsam mit dem während eines Festivals angefallenen Müll gegen Geld an einer Sammelstelle abgegeben werden kann (Anreiz zur geordneten Entsorgung).

Wiederverwendbarkeit: Die gedruckte Eintrittskarte hat, unabhängig davon, ob sie recycelt wird, keine Wiederverwendbarkeit.

Für die aufgezeigten Eigenschaften und Prozesse einer papiergebundenen Eintrittskarte werden im nächsten Abschnitt Alternativen unter dem Blickwinkel der Nachhaltigkeit analysiert und bewertet.

5 Alternativen für den Konzertveranstaltungszutritt

Für nachhaltige Alternativen zur papiergebundenen Eintrittskarte gilt, dass einerseits die Frage beantwortet werden muss, ob grundsätzlich personalisierte Zugangskontrollverfahren zur Anwendung kommen sollen. Wenn dies der Fall sein soll, ist andererseits zu klären, welche Mittel generell gebräuchlich sind, um Personen in einer großen Menschenmenge zu identifizieren: Dazu gehören jegliche Arten von Ausweisdokumenten, technische Lösungen durch Chips, auf denen Daten registriert sind, aber auch Smartphones und die zugehörigen Konten bei dem Eintrittskartenanbieter bzw. Konzertveranstalter.

Das gebräuchlichste Mittel zur Identifikation einer Person ist das Ausweisdokument. In Organisationen mit einer hohen Belegschaft dienen Transponder oder Karten zur Identifizierung und Erteilung von Zugangsberechtigungen. In anderen

Organisationen wiederum werden Personennummern zur Identifizierung verwendet. Durch aktuelle technische Möglichkeiten sind Besitzer eines Mobiltelefons über deren Telefonnummer identifizierbar.

Im Anschluss werden die folgenden Alternativen zur papiergebundenen Eintrittskarte untersucht: Der Personalausweis, der Transponder bzw. die ID-Karte, die Personennummern sowie das Mobiltelefon.

Produktionskosten: Im Vergleich zur papiergebundenen Eintrittskarte, für die jährlich für jeden Besucher neue Produktionskosten anfallen, entstehen für den Personalausweis und die Personennummer keine veranstaltungsbezogenen Produktionskosten, für Transponder oder ID-Karten entstehen einmalige Produktionskosten für einen Konzert-/Festivalbesucher. Für die Nutzung des Mobiltelefons entstehen einmalige Produktionskosten für die Programmierung einer Anwendung.

Entsorgungs- und Recyclingkosten: Im Vergleich zur papiergebundenen Eintrittskarte, für die jährliche Entsorgungs- und Recyclingkosten (sofern die Karten nicht als Erinnerung aufbewahrt werden) anfallen, weisen der Personalausweis, das Mobiltelefon und die Personennummer im Rahmen des Anwendungsfalls keine Entsorgungs- oder Recyclingkosten auf. Bei Transponder oder ID-Karten fallen im Vergleich zur Papierentsorgung deutlich höhere Entsorgungs- oder Recyclingkosten am Ende der Nutzungsdauer an.

Vertriebskosten: Der Personalausweis, das Mobiltelefon und die Personennummer weisen keine veranstaltungsbezogenen Vertriebskosten auf. Für Transponder und ID-Karten fallen einmalige Vertriebskosten für einen Konzert-/Festivalbesucher an, während bei der papiergebundenen Eintrittskarte für jeden Veranstaltungsbesuch Vertriebskosten zu berücksichtigen sind.

Medium: Wie die papiergebundene Eintrittskarte bieten alle Alternativen außer der Personennummer ein Medium als Informationsträger.

Symbolik: Alle Alternativen bieten vergleichbar zur papiergebundenen Eintrittskarte die Symbolik Teil einer Einheit zu sein. Dabei tritt die Symbolik bei den Alternativen des Transponders oder der ID-Karte deutlicher hervor als bei dem Mobiltelefon oder dem Personalausweis und der Personennummer, da erstere keine Alltagsgegenstände sind.

KISS-Prinzip: Alle Alternativen weisen das KISS-Prinzip auf bezogen auf den Zutritt zum Konzertgelände, vergleichbar mit der Einfachheit der papiergebundenen Eintrittskarte.

Mentalität: Um nicht nur Teil einer Einheit zu sein, sondern ein wertvolles Andenken zu behalten, bieten der Personalausweis und die Personennummer keine Anreize. Auch bei der Verwendung des Mobiltelefons ist dieser Aspekt nur in geringem Maße vorhanden. Bessere Möglichkeiten bieten hier die Alternativen Transponder oder ID-Karte, da diese, auch durch die jeweilige Gestaltung, eine gesonderte Beachtung in der Gesellschaft finden würden.

Gültigkeitsbereiche: Durch entsprechende technische Ausgestaltung der Eingangskontrolle können unterschiedliche Zugangsbereiche des jeweiligen Besuchers identifiziert werden, die anschließend nach dem erstmaligen Zugang durch das Festivalbändchen ersetzt werden.

Kauf und Versand: Alle Alternativen können die Prozessschritte von Kauf und Versand, wenn auch in abgewandelter Form, abdecken.

Entwertung: Alle Alternativen bieten die Möglichkeit, die Zugangsberechtigung zu übermitteln und zu entwertet zu werden.

Zweckgebundene Verwendung: Der Personalausweis und das Mobiltelefon dienen jederzeit zur Identifizierung einer Person und nicht nur auf einem Konzert-/Festivalgelände. Dies gilt auch für eine Anwendung auf dem Mobiltelefon. Die anderen Alternativen Transponder, ID-Karte und Personennummer bieten eine zweckgebundene Identifizierunf während des Konzerts/Festivals.

Personalisierung: Alle Alternativen ermöglichen zunächst eindeutig einer Person die Zugangsberechtigung zum Konzert/Festival. Es können aber auch beispielsweise die Zugangsberechtigungen auf einen anderen Informationsträger übertragen werden, der einer anderen Person zugeordnet ist. Zur Personalisierung wird in allen Fällen zusätzlich ein Personalausweises zur Identifizierung benötigt, wie auch bisher bei papiergebundenen Eintrittskarte.

Datenspeicher: Die Daten der Zugangsberechtigung werden bei allen Alternativen weiterhin extern in einem Datenspeicher hinterlegt. Außer der Personennummer verfügen alle Alternativen über ausreichenden Speicherplatz, um die nötigen Informationen zu speichern und abrufen zu können.

Datensicherheit: Der Personalausweis ist für eine Person nur über einen Zeitraum von maximal 10 Jahren gültig. Wird dieser erneuert, ändert sich die Personalausweisnummer. Diese müsste in dem Datenspeicher geändert werden, wodurch Zugänge zum System bestehen, die Sicherheitslücken aufweisen können. Die Alternativen Transponder bzw. ID-Karte, die Personennummer sowie die Anwendung für das Mobiltelefon können über separate Kundenkonten verwaltet werden, die nicht geändert werden müssen.

Müllpfand-Streifen: Keine der Alternativen bietet die Zusatzfunktion des Müllpfandstreifens. Jedoch können Verfahren wie bisher praktiziert angewandt werden, indem zusätzliche Pfandmarken ausgegeben werden. Andererseits kann die Personenidentifikation auch an Müllabgabe über den Datenspeicher geregelt werden, wodurch der Müllpfandstreifen und die Pfandmarken ersetzt werden können.

Fahrkarte für den ÖPNV: Die Alternativen Personalausweis oder Personennummer bieten für Fahrkartenkontrolleure keinen einsehbaren Nachweis der Berechtigung zur Nutzung des ÖPNV. Dagegen bieten die Alternativen Transponder bzw. ID-Karte für einen Kontrolleur erkennbare Berechtigungen zur Nutzung. Die Anwendung auf dem Mobiltelefon muss um entsprechende Möglichkeiten erweitert werden.

Wiederverwendbarkeit: Alle Alternativen können wiederverwendet werden.

Bewertungskrierium \ Alternative	Personalausweis	Transponder/ ID-Karte	Personen- nummer	Anwendung für Mobiltelefon	Gewichtungs- faktor
Produktionskosten	✓	✗	✓	✗	III
Entsorgungs- und Recyclingkosten	✓	✗	✓	✓	III
Vertriebskosten	✓	✗	✓	✓	III
Medium	✓	✓	✗	✓	I
Symbolik	(✓)	✓	(✓)	(✓)	I
KISS-Prinzip	✓	✓	✓	✓	I
Mentalität	✗	✓	✗	(✓)	I
Gültigkeitsbereiche	✓	✓	✓	✓	II
Kauf, Produktion und Versand	✓	✓	✓	✓	I
Entwertung	✓	✓	✓	✓	II
Zweckgebundene Verwendung	✗	✓	✓	(✓)	III
Personalisierung	✓	✓	✓	✓	III
Datenspeicher	✓	✓	(✓)	✓	II
Datensicherheit	✗	✓	✓	✓	III
Müllpfandstreifen	(✓)	(✓)	(✓)	(✓)	II
Ticket für den ÖPNV	✗	✓	✗	(✓)	II
Wiederverwendbarkeit	✓	✓	✓	✓	III
Gewichtete Summe	34,5	39	36	39	

Tab. 1: Bewertung der Alternativen.

In Tabelle 1 wird die Analyse der Alternativen mit Bewertungspunkten versehen. Dabei erhält ein Bewertungskriterium die Bewertung 0 (✗), wenn die Alternative schlechter als im Hinblick auf die papiergebundene Eintrittskarte zu bewerten ist, die Bewertung 0,5 ((✓)), wenn sie keine deutliche Verbesserung im Hinblick auf die Papierkarte aufweist, oder die Bewertung 1 (✓), wenn eine deutliche Verbesserung zu vermuten ist. Im Anschluss werden die Punkte mit den Faktoren gewichtet. Die Gewichtungsfaktoren setzen sich zusammen aus dem Faktor 1 (I), wenn ein Bewertungskriterium nur mentale oder fakultative Aspekte beinhaltet, dem Faktor 2 (II), wenn das Bewertungskriterium eine zwingende Funktionalität ausdrückt, und dem Faktor 3 (III), wenn ein Bewertungskriterium den Umwelt- oder Personenschutz betrifft.

6 Ergebnisse der Analyse

Im ersten Schritt der Bewertung erhalten die Alternativen Transponder bzw. ID-Karte und die Anwendung für das Mobiltelefon geringfügig mehr Punkte als die Alternativen Personalausweis oder Personennummer. Im zweiten Schritt der Bewertung fließt die Gewichtung der Bewertungskriterien mit ein, wobei der Vorsprung der ausgewählten Alternativen ausgebaut wird. Insbesondere in den Bewertungskriterien des Umwelt- und Personenschutzes erreicht die Anwendung für das Mobiltelefon eine hohe Anzahl von Punkten, wohingegen die Alternativen ID-Karte und Transponder hier Schwachstellen zeigen. Die Ergebnisse der Analyse geben einen Anstoß, um die Alternativen Transponder oder ID-Karte und die Anwendung für das Mobiltelefon weiter zu verfolgen. Dazu werden im Folgenden diese Alternativen unter gesonderten Aspekten eines Freiluftfestivals betrachtet.

Freiluftfestivals finden in der Regel im Sommer statt. Ohne Überdachung sind die Besucher allen Witterungsbedingungen ausgesetzt: Die Wetterbedingungen können sich bewegen zwischen sehr hohen Temperaturen mit verstärktem Schwitzen der Besucher und starker Regeneinwirkung, sofern die Besucher nicht unter einer Zeltbedachung stehen. Deshalb zeigen technische Lösungen wie Transponder oder das Mobiltelefon Einschränkungen der Nutzung und erfordern Achtsamkeit, wenn starke Regenschauer vorherrschen. Neben den Witterungsbedingungen sind die Besucher auf einem Festival vermehrt von drängelnden Menschenmassen umgeben oder bewegen sich ausgelassen zur Musik. Hier sind Transponder bzw. ID-Karten stoßsicherer als Mobiltelefone. Auch profitieren Transponder bzw. ID-Karten gegenüber dem Mobiltelefon in ihrer höheren Diebstahlsicherheit, da sie aufgrund ihrer geringeren Größe besser verstaut werden können. Es ist aber festzuhalten, dass nur ein sehr geringer Teil der Besucher während des Festivalaufenthalts auf ihr Mobiltelefon verzichtet.

Neben Unwettern (South, 2016; Röhrs et al., 2016; Rock am Ring, 2016) ist besonders für große Menschenmassen aufgrund jüngster Ereignisse auch Terrorismus zu einer Gefahr geworden. Um Menschen frühzeitig warnen zu können, sowohl vor Unwettern als auch vor Terrorismus, bietet das Mobiltelefon erweiterte Möglichkeiten durch entsprechende Implementierungen zur Nachrichtenübertragung, welche Transponder bzw. ID-Karten nicht bieten.

Bezogen auf den Umweltschutz ist eine langfristige Nutzung von Anwendungen und Produkten von hoher Bedeutung. Neben der Wiederverwendbarkeit des Datenträgers selbst spielt außerdem eine Rolle, ob der Datenträger durch einen neueren ersetzt werden kann. Ist dies durch den Nutzer selbst möglich, so ergeben sich für das Unternehmen weniger Kosten und der Nutzer ist vom Unternehmen unabhängig. In Anbetracht der Transponder bzw. ID-Karte als Alternativen zum Festivaleintrittskarte ist der Nutzer von speziellen Lieferanten abhängig, letzten Endes vom Festivalveranstalter, sollte der Datenträger gegebenenfalls ersetzt werden müssen. Im Falle einer Anwendung für das Mobiltelefon erfährt der Nutzer eine größere Unabhängigkeit, denn die Daten des externen Datenspeichers lassen sich über die Anwendung auch auf ein anderes Gerät übertragen. So bringt die Anwendung für ein Mobiltelefon eine größere Nutzungsdauer, als der Transponder bzw. die ID-Karte. Unterstützt wird die erhöhte Nutzungsdauer durch für den Nutzer ansprechende Designaspekte (Usability).

In Tabelle 2 wird die erweiterte Analyse der Alternativen Transponder bzw. ID-Karte und der Anwendung für das Mobiltelefon mit Bewertungspunkten analog zu Tabelle 1 versehen.

Die Ergebnisse der erweiterten Bewertung zeigen, dass das Mobiltelefon als Ersatz zur papiergebundenen Eintrittskarte näher untersucht werden sollte. Dabei stellt sich die Frage, warum dies bisher nur vereinzelt geschehen ist und noch keinen Durchbruch erlangt hat?

Die Anwendung für das Mobiltelefon: Anwendungen (Apps) sind in der Produktion teuer. Würden die vier größten Festivals in Deutschland betrachtet werden, würde eine Rentabilität der App mit einer Kalkulation von 28.000 € (App 3.0, 2017) gegenüber von papiergebundenen Eintrittskarten erst im dritten Jahr erfolgen. Jedoch unter Beachtung des Umweltschutzes durch die Papiereinsparung können Alternativen mehr kosten, wenn sie dabei die Umwelt schonen. Wiederum sollte jedes Unternehmen wirtschaftlich handeln. Da es sich bei Festivalanbietern um große Unternehmen handelt, ist davon auszugehen, dass diese zwar langfristig wirtschaftliche Rückflüsse erwarten (Fischer, 2006), aber dennoch ist es stets vorteilhaft, ressourcenschonende Technologien zu finden, damit die getätigten Ausgaben schneller zurückfließen.

Bewertungskrierium \ Alternative	Transponder/ ID-Karte	Anwendung für Mobiltelefon	Gewichtungs- faktor
Kontakt mit Körperschweiß	✓	✓	III
Nässe im Außenbereich	(✓)	(✓)	II
Stoßresistenz	✓	(✓)	II
Diebstahlsicherheit	✓	(✓)	III
Unwetter- und Terrorwarnungen	✗	✓	III
Austauschbarer Datenträger	✗	✓	II
Designfreiheiten	✓	✓	I
Gewichtete Summe	**13,5**	**16,5**	

Tab. 2: Erweiterte Bewertung der Alternativen.

Weiterhin könnten diese Mehrausgaben durch den Wegfall der Versandkosten (Schiele, 2017) von 750.000 € in unserem Anwendungsbeispiels umgelagert werden, so dass die Kosten auf den Kunden übertragen werden können. Dabei ergeben sich weitaus geringere Kosten (28.000 €) für die Entwicklung einer Anwendung mit unbegrenzter Nutzerzahl im Gegensatz zum Versand von 300.000 Tickets (750.000 €).

Weitere Gründe, weshalb das Mobiltelefon bisher wenig im Kontext der Event-forschung einbezogen wurde, liegen in der Vergangenheit: Mobiltelefone waren teuer, ihre Akkus überdauern bis heute nur wenige Stunden und die schlechten Kameras haben keinen Anreiz geboten, die Erlebnisse damit festzuhalten. Hier hat sich in den letzten Jahren vieles geändert. Die Kameras erreichen bessere Leistungen als die Kompaktkameras vor wenigen Jahren, die Akkulaufzeit kann durch mobile Ladestationen wie Power Banks verlängert werden. Immer weniger Besucher lassen ihre Smartphones ausgeschaltet oder gar zu Hause. Dies bietet Anreize weitere Angebote für Festivalbesucher über das Mobiltelefon zu schaffen und diese vielleicht sogar in einer einzigen Anwendung zu vereinen und somit die bisher vereinzelt existierenden Insellösungen abzulösen. Hierzu zählt beispielsweise das bargeldlose Bezahlen mit dem Mobiltelefon.

Neben den zuvor beschriebenen Möglichkeiten, die papiergebundene Eintrittskarte durch das Mobiltelefon zu ersetzen, bietet dies weitere Anwendungsmöglichkeiten in den Bereichen des Personenschutzes bei Terror oder Unwetter: Hier können frühzeitig Warnungen auf das Mobiltelefon gesendet werden und dadurch Panik und Engpässe vermieden werden, die leider in der Vergangenheit auftraten.

7 Adaption auf andere Anwendungsgebiete

Neben der hier untersuchten Anwendung eines papierlosen Konzertveranstaltungszutritts können die Ergebnisse auch auf ähnliche andere Problemfälle übertragen werden: Zwar werden heute schon Bahn- und Busfahrkarten mit einer Anwendung für das Mobiltelefon ersetzt, jedoch hängen die Branchen der Kinos oder Theater hier noch hinterher, die ähnliche Bedingungen bieten: Auch hier werden Eintrittskarten, die erst kurz zuvor an der Kasse erworben wurden, direkt entwertet und verlieren ihre Sinnhaftigkeit (abgesehen vom dem Momentum der Erinnerung) in dem Moment, in dem der Kunde Zutritt zur Veranstaltung erhalten hat.

8 Ausblick

Die vorangegangene Analyse zeigt, dass eine Anwendung für Mobiltelefone entwickelt werden sollte, die die Eintrittskarte aus Papier ersetzt. Wird dieser Ansatz weiter verfolgt, sollte dazu ein dem Anwendungsfall entsprechendes Design der Anwendung entwickelt werden und die Funktionen der Anwendung, die sich aus der Analyse ergeben haben, implementiert und evaluiert werden.

Literaturverzeichnis

App 3.0 (2017) App-Kosten-Tool. https://app3null.com/app-kosten-tool/. Letzter Aufruf: 17.4.2017
Dallmus A (2013) Papier versus Papier: Wie sinnvoll und gut ist Recyclingpapier? 30.10.2013 http://www.br.de/radio/bayern1/inhalt/experten-tipps/umweltkommissar/papier-altpapier-recycling-umwelt-100.html. Letzter Aufruf: 15.4.2017
Fischer H (2006) Wissensmanagement für KMU – Was sind die Voraussetzungen? 2006, S. 5

Flyer (2017) Flyeralarm: Codierte Eintrittskarten: Papiergewicht berechnen: https://www.flyeralarm.com/de/shop/configurator/index/id/6377/eintrittskarten-codiert.html. Letzer Aufruf: 15.4.2017

Haasis H-D, Hilty LM, Kürzl H, Rautenstrauch C (1995) Anforderungen an Betriebliche Umweltinformationssysteme (BUIS) und Ansätze zu deren Realisierung. In: Haasis, H-D, Hilty LM, Kürzl H, Rautenstrauch C (Hrsg.) Betriebliche Umweltinformationssysteme (BUIS): Projekte und Perspektiven. 3. Workshop des Arbeitskreises „Betriebliche Umweltinformationssysteme" der Gesellschaft für Information (GI) e.V., Betriebliche Umweltinformationssysteme – Projekte und Perspektiven, Universität Innsbruck, 23./24. Februar 1995, Umwelt-Informatik aktuell, Bd. 5, Metropolis Verlag, Marburg Aachen, S. 7-25

Rock am Ring (2016) Festival abgebrochen, Verantwortung unklar. Zeit.de. 5.6.2016. http://www.zeit.de/gesellschaft/2016-06/rock-am-ring-rockfestival-eifel-unwetter-abgebrochen. Letzter Aufruf: 15.4.2017

Rockharz Open-Air (2012) Festival-Ticket. http://www.rockharz-festival.com/wp-content/uploads/ticket-2012.png. Letzter Aufruf: 15.4.2017

Rock im Park (2016) Festival-Ticket 2016. https://i1.wp.com/www.schirrmi.de/blog/wp-content/uploads/2016/06/Comp_RiP2016_Rock-im-Park-Ticket-2016.jpg. Letzter Aufruf: 12.05.2017

Rock im Park (2017) Festival-Ticket 2017. http://i.ebayimg.com/images/g/eZ4AAOSw8HBZFNxB/s-l1600.jpg. Letzter Aufruf: 15.03.2017

Röhrs M, Müller J, Krause V (2016) Wasser aus dem Infield wird abgepumpt: Hurricane-Samstag abgesagt – Sonntag soll stattfinden. Kreiszeitung. 25.6.2016. https://www.kreiszeitung.de/events/hurricane-festival-2016-ere653939/andauernde-unwetter-fortsetzung-hurricane-festivals-unklar-6518820.html. Letzter Aufruf: 15.4.2017

Schiele M (2017) Paketdienstleister für Gewerbekunden – So viel kostet der Massenversand. Der Marki. http://www.dermarki.de/paketpreise_geschaeftskunden.php. Letzter Aufruf: 17.4.2017

South (2016) 25 Verletzte: „Southside"-Festival wegen Unwettern abgebrochen. Spiegel.de. 25.6.2016: http://www.spiegel.de/panorama/southside-festival-wegen-unwetter-abgebrochen-25-verletzte-a-1099745.html. Letzter Aufruf: 15.4.2017

Splash-Guide (2017) Personalisierte Tickets. http://splash-festival.de/guide/personalisierte-tickets/. Letzter Aufruf: 17.4.2017

Wiki (2017) Liste von Musikfestivals. https://de.wikipedia.org/wiki/Liste_von_Musikfestivals. Letzter Aufruf: 15.4.2017

Smart Sustainability

Ganzheitliches Konzept einer IT-Unterstützung für das Energie- und Umweltmanagement in KMU

Anna O'Faoláin de Bhróithe, Frank Fuchs-Kittowski, Jörn Freiheit, Detlef Hüttemann, Stefan Voigt und Thomas Dinkel

Abstract Obwohl Energie- und Umweltmanagement heute ein wichtiger Aspekt der alltäglichen Querschnittsprozesse von KMU darstellt, existiert kein alleiniges Softwarewerkzeug, das Unternehmen ganzheitlich bei den Prozessen des Energie- und Umweltmanagements unterstützt. Ziel des hier vorgestellten QuiXel-Projektes ist die Entwicklung einer integrierten Daten- und Informationsplattform für das evolutionäre und kollaborative Umwelt- und Energiemanagement in kleinen und mittelständischen Unternehmen (KMU). Dabei soll die Plattform den gesamten Prozess ganzheitlich unterstützen. In diesem Papier wird dargestellt, welche Anforderungen an eine solche Plattform gestellt werden, wie diese im Projekt ermittelt wurden und es wird das daraus abgeleitete Konzept präsentiert.

1 Einleitung

Durch die Einführung eines Energiemanagements in KMU können diese u. a. ihre Kosten reduzieren, die Umwelt schützen, nachhaltiger wirtschaften sowie ihre Außendarstellung verbessern (Bundesministerium für Umwelt, Naturschutz und

A. O'Faoláin de Bhróithe (✉) • F. Fuchs-Kittowski • J. Freiheit
HTW Berlin, Wilhelminenhofstr. 75 A, 12459 Berlin
E-Mail: anna.ofaolaindebhroithe@htw-berlin.de; frank.fuchs-kittowski@htw-berlin.de; joern.freiheit@htw-berlin.de

D. Hüttemann
CosmoCode GmbH, Prenzlauer Allee 36g, 10405 Berlin
E-Mail: huettemann@cosmocode.de

S. Voigt • T. Dinkel
Fraunhofer IFF, Sandtorstr. 22, 39106 Magdeburg
E-Mail: stefan.voigt@iff.fraunhofer.de; thomas.dinkel@iff.fraunhofer.de

Reaktorsicherheit, 2012). Ohne Werkzeugunterstützung ist ein erfolgreiches Energiemanagement jedoch nicht möglich, da die Aufgaben, die die Informationsbeschaffung und Dokumentation, die Bewertung und Entscheidungsunterstützung sowie die Steuerung, Planung und Kontrolle (Wohlgemuth, 2015) umfassen, zu vielfältig und zu komplex sind.

Ein Softwarewerkzeug, das alle diese Aufgaben unterstützt, existiert jedoch nicht (EnergieAgentur.NRW, 2013). Derzeit werden nur Teilaspekte durch spezialisierte Softwarelösungen adressiert, wie z. B. Aufgaben des Energiedatenmanagements oder des Energiecontrollings (Rößler et al., 2013).

In dem vom BMBF geförderten KMU-innovativ Projekt „QuiXel" wird ein ganzheitlicher Ansatz verfolgt. Mit Hilfe von Standardsoftware sollen KMU im vollständigen Prozess des Energie-/Umweltmanagements unterstützt werden. Ausgehend von den Normen für die Einführung eines Energie-/Umweltmanagements werden dazu in Abstimmung mit Praxispartnern Anforderungen an eine IT-Unterstützung des gesamten Prozesses des Managements erhoben und konsequent in ein ganzheitliches Konzept überführt.

Dieser Beitrag stellt zunächst den aktuellen Stand der Technik im Bereich des werkzeugunterstützten Energiemanagements in KMU vor. Kapitel 3 erläutert das gewählte Vorgehen zur Anforderungsanalyse für eine IT-Unterstützung des gesamten Prozesses des Energie-/Umweltmanagements. Ein daraus abgeleitetes Konzept wird in Kapitel 4 vorgestellt. Mit einer Zusammenfassung und dem Ausblick auf fortführende Arbeiten im Projekt „QuiXel" schließt der Beitrag.

2 Stand der Technik und verwandte Arbeiten

Grundlegende Aufgabenbereiche betrieblicher Umweltinformationssysteme (BUIS) sind die Informationsbeschaffung und Dokumentation, die Bewertung und Entscheidungsunterstützung sowie die Steuerung, Planung und Kontrolle (Wohlgemuth, 2015). Für jeden dieser Aufgabenbereiche finden sich in der Praxis Softwarelösungen, welche in der Regel jedoch Insellösungen bzw. Stand-Alone-Systems sind (Heldt und Wohlgemuth, 2009). Bekannte Begriffsdefinitionen betrieblicher Umweltinformationssysteme (Wohlgemuth, 2015) fordern nur die „Abdeckung von zumindest Teilaspekten" der Aufgabenunterstützung des betrieblichen Umwelt- und Nachhaltigkeitsmanagements, da keine ganzheitlichen Lösungen existieren.

Mit der DIN EN ISO 50001 für das Energiemanagement (EnM) und der DIN EN ISO 14001 (sowie 14004, 14006, 14031, 14044 und 14063) für das Umweltmanagement (UM) existieren Normen, die als Leitfaden zur Ein- und Umsetzung jedoch ungeeignet sind. Entsprechende Leitfäden (z. B. Bundesministerium für

Umwelt, Naturschutz und Reaktorsicherheit, 2012; Sächsische Energieagentur – SAENA GmbH, 2015; Umweltgutachterausschuss, 2011) vermitteln zwar organisatorische Handlungsempfehlungen, bieten jedoch keine Werkzeugunterstützung an. Darüber hinaus fehlen insbesondere KMU personelle und finanzielle Ressourcen sowie die Kenntnis und Erfahrung zur Umsetzung (Eichhammer et al., 2011). Softwareseitige Unterstützung, d. h. der Einsatz von BUIS, zur Verarbeitung von Energie- und Umweltdaten zur Administrierung, Auswertung, Visualisierung sowie für Simulationen (Hilty und Rautenstrauch, 1995) ist notwendig.

Modellbasierte Ansätze, wie beispielsweise (Rößler et al., 2013) bieten Nutzern hilfreiche Unterstützung im Sinne eines Leitfadens bzw. eines Referenzprozesses für die Einführung und Umsetzung eines Energiemanagements. Ihnen fehlt jedoch eine Werkzeugunterstützung für die Auswertung, Visualisierung und Simulationen. Ebenso wie der in diesem Papier präsentierte Vorschlag, basieren die modellbasierten Ansätze jedoch ebenfalls auf einer detaillierten Anforderungsanalyse der Normen und sichern somit eine formale Korrektheit des Energiemanagements.

Nach aktuellem Stand werden „... BUIS heute hauptsächlich zur Sicherstellung der Rechtskonformität, der Unterstützung des Umweltmanagements sowie der Informationssammlung und -bereitstellung eingesetzt..." (Wohlgemuth, 2015). Der Trend geht jedoch vielmehr dahin, „... neben den klassischen Steuerungsparametern der Produktionssimulation [...] auch stoffliche Aspekte (Material- und Energieverbräuche) bei taktischen und strategischen Problemstellungen..." zu berücksichtigen (Wohlgemuth, 2015). Dementsprechend werden Versuche unternommen, bereits bestehende Informationsressourcen und Anwendungen in Unternehmen zu nutzen und diese weiterzuentwickeln (Boß und Wohlgemuth, 2015). Das Open-Source-basierte Softwarewerkzeug OpenResKit-Framework geht in diese Richtung, fokussiert jedoch zunächst auf die Integration vorhandener Daten und Informationen (Boß und Wohlgemuth, 2015) und somit auf den Aufgabenbereich der Informationsbeschaffung und Dokumentation (Wohlgemuth, 2015). Für den Aufgabenbereich der Bewertung und Entscheidungsunterstützung wurde das Softwarewerkzeug e!Sankey in Verknüpfung mit einer Microsoft Excel® Tabelle verwendet (Boß und Wohlgemuth, 2015). Auch die Anwendung des OpenResKit-Frameworks auf lernende Energieeffizienz-Netzwerke (Schneider et al., 2014) verfolgt keinen ganzheitlichen Ansatz, sondern fokussiert ebenfalls auf den Aufgabenbereich der Informationsbeschaffung und Dokumentation.

QuiXel orientiert sich daher auf die Bereiche Datenstrukturierung, -erfassung, -auswertung und -visualisierung sowie Dokumentation.

3 Vorgehen

Zur Erhebung der Anforderungen an ein ganzheitliches Konzept einer IT-Unterstützung für das EnM und UM in KMU wurde zunächst unter Verwendung die Normen DIN EN ISO 50001 und DIN EN ISO 14001 ein Modell aller notwendigen Arbeitspakete zur Erlangung einer Zertifizierung erstellt.

Abbildung 1 zeigt dieses Modell. Die aufgeführten Nummern entsprechen darin den Kapitelnummern der jeweiligen Norm. In einem nächsten Schritt wurden diese Arbeitspakete entsprechend der Normen verfeinert. Dies geschah für alle Arbeitspakete. Auf diese Weise wurde sichergestellt, dass alle notwendigen Anforderungen an die Funktionen aller Arbeitspakete berücksichtigt wurden. Es entstand somit ein detaillierter Anforderungskatalog für das zukünftige System. Abbildung 2 zeigt die Verfeinerung beispielhaft für das Arbeitspaket „Planung". Auch die darin aufgeführte Nummerierung erfolgte entsprechend der Abschnittsnummern, in dem die Arbeitsschritte in der jeweiligen Norm beschrieben sind.

Anhand des verfeinerten Modells wurden mit potenziellen Anwendungspartnern Workshops zur Anforderungserhebung durchgeführt. Darin wurde insbesondere die Frage geklärt, für welche Arbeitsschritte die Anwendungspartner welche Werkzeugunterstützung erwarten würden. Dabei wurden funktionale Schwerpunkte identifiziert, welche bei der Betrachtung aller Arbeitsschritte in verschiedenen *Use Cases* beleuchtet wurden.

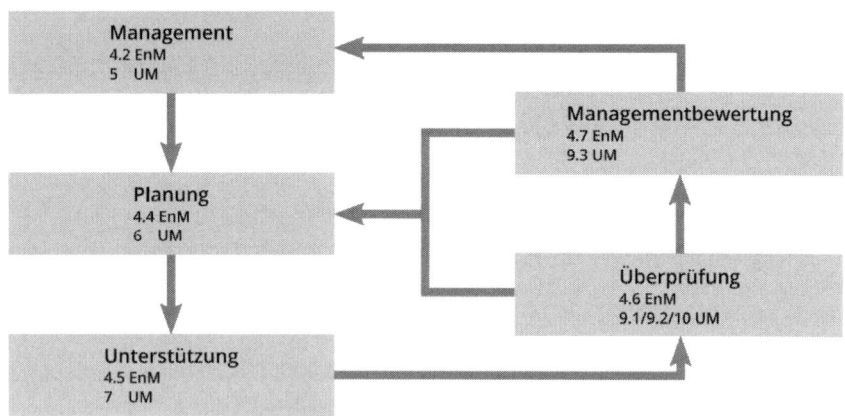

Abb. 1: Einführung und Betrieb EnM- und UM-Systemen.

4 Anforderungen und Konzeption

Basierend auf diesem detaillierten Modell wurde ein Katalog von Anforderungen an das Gesamtsystem beschrieben. Diese Anforderungen können entsprechend den in Abbildung 1 dargestellten Arbeitspaketen kategorisiert werden. Hinzu kommt noch eine Kategorie „Allgemeines/Sonstiges" für die verbleibenden Anforderungen, wie z. B. das Anlegen und Löschen von Nutzern. Insgesamt konnten 28 Anforderungen identifiziert und definiert werden. Eine Auswahl der Anforderungen (ca. ein Drittel aller Anforderungen), die ganz wesentliche Funktionalitäten adressieren, sind im Folgenden beschrieben:

Management

- *Konfigurierbarkeit*: Je nach Zielstellung des Unternehmens (z. B. Zertifizierung angestrebt oder nicht) soll das System einen anderen Zugang und andere Nutzungspfade durch das System liefern.

Planung

- *Variablenerfassung*: Dem Energiemanager und dem Energieteam soll eine angeleitete Möglichkeit (Tooltip) gegeben werden einen Zähler (Variable) kollaborativ zu definieren, zu beschreiben und dem System nach Freigabe zur weiteren Arbeit zur Verfügung zu stellen. Ferner soll es für das Energieteam möglich sein eine bereits angelegte Zählerdefinition in Teilen wiederverwenden zu können und in einer Art Template abzuspeichern und für Folgedefinitionen als Ausgangsbasis wiederzuverwenden.
- *Variablenstrukturierung*: Einzelne Variablen sollen in verschiedenen Kombinationen/Strukturen auswertbar sein.
- *Kennzahl als Formel der Variablenstruktur festlegen*: Es muss möglich sein, eine freigegebene Kennzahl als Formel aus Variablen zu definieren. Dazu ist es notwendig in einem Formeleditor durch mathematische Operationen mit mehreren Variablen eine Zielgröße zu berechnen.

Unterstützung

- *Daten manuell eingeben*: Das System soll es ermöglichen, Zählerstände eines definierten Zählers manuell aufzunehmen und die Eingaben abzuspeichern. Ein entsprechend standardisiertes Eingabeformular ist dazu dem Energieteam bereitzustellen. Dieses soll die Informationen über den Zähler als auch ein Eingabefeld für den entsprechend zu dokumentierenden Zählerstand enthalten.
- *Dashboard*: Es soll möglich sein, den aktuellen Stand einzelner Punkte der Zertifizierung auf einem Blick zu überschauen.

Überprüfung

- *Erstellung von Reports*: Das System soll aus den definierten Kennzahlen und/oder Bestandsdaten automatisch einen Report für die Auswertung der Daten erzeugen und den Nutzern zur Verfügung stellen sowie ein druckfähiges bzw. versandfähiges Extrakt erstellen (im PDF-Format).

Managementbewertung

- *Verbesserungsmaßnahmen*: Das System soll eine Funktionalität zur Verwaltung von Effizienzmaßnahmen enthalten (Aktionsplan). Dieser Aktionsplan soll es erlauben, Maßnahmen zu benennen und ihren Inhalt zu beschreiben. Es soll auch möglich sein, den Status der Maßnahmen zu dokumentieren.

Allgemeines/Sonstiges

- *Administrationsfunktionen*: Ein Administrator muss in der Lage sein, Nutzer hinzuzufügen, zu ändern und zu löschen sowie die Nutzerberechtigungen für das System festzulegen. Für den Fall, dass mehrere Systemkomponenten mit Authentifizierung zum Einsatz kommen, ist ein *Single Sign On* gewünscht.

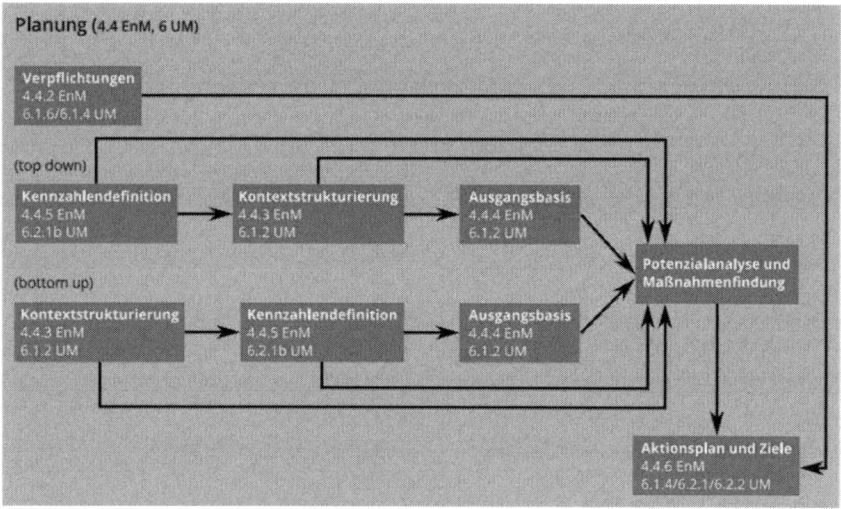

Abb. 2: Verfeinerung des Arbeitspaketes „Planung".

Aus Platzgründen wurde auf die Beschreibung der anderen Anforderungen verzichtet. Es sei an dieser Stelle jedoch angemerkt, dass erst der gesamte Anforderungskatalog einen ganzheitlichen Überblick über das Gesamtsystem bietet.

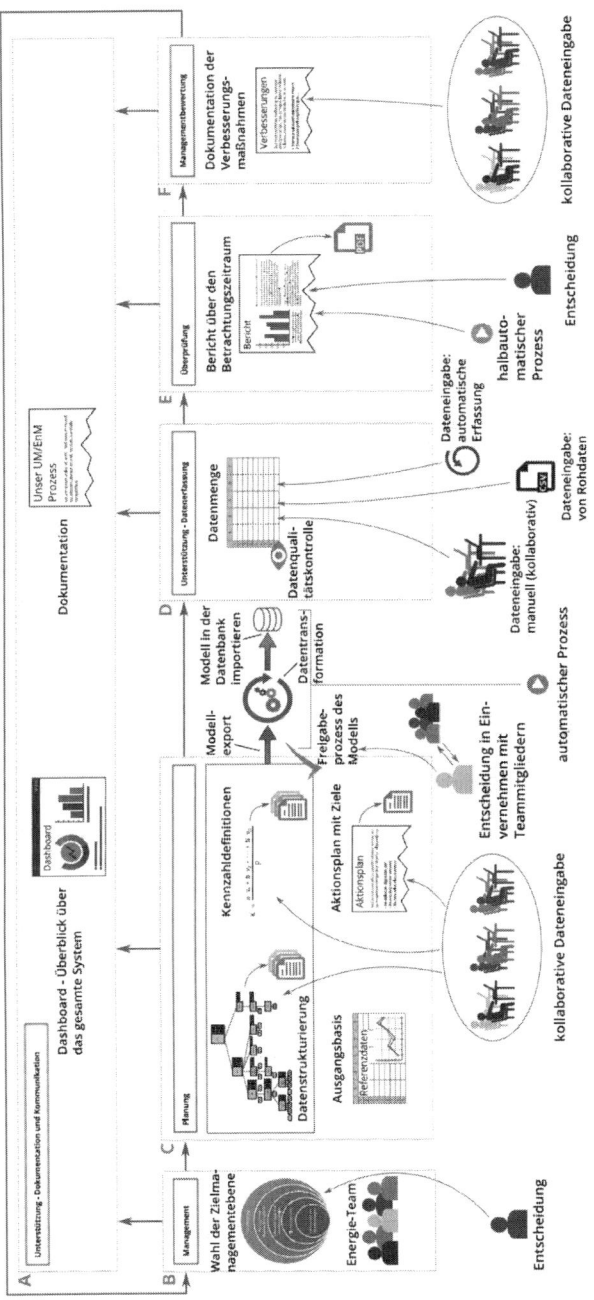

Abb. 3: Darstellung des fachlichen Konzepts für das ganzheitliche System.

4.1 Fachliches Konzept

Das aus den Anforderungen erstellte fachliche Konzept ist in Abbildung 3 visualisiert. Kasten A verdeutlicht als Querschnittsaufgabe die Unterstützung der Dokumentation in den einzelnen Arbeitspaketen. Kasten B („Management") verdeutlicht die Wahl der Zielmanagementebene. Es ist vorgesehen, dass dies durch die Wahl einer Ebene aus dem im Projekt entwickelten Schalenmodell erfolgen wird (O'Faoláin de Bhróithe et al., 2017). Ausgehend von der gewählten Ebene wird das System angepasst. Zu dieser Anpassung gehören insbesondere die Konfiguration des Leitfadens sowie die Auswahl der zu erstellenden Dokumentationen.

Kasten C („Planung") zeigt die einzelnen Arbeitsschritte, die in diesem Arbeitspaket ausgeführt werden müssen. Dazu gehört auch der Arbeitsschritt „kollaborative Kennzahldefinition". Die Darstellung korrespondiert mit den Arbeitsschritten aus Abbildung 2 und ist hier in einen *Use Case* eingebettet, welcher den gesamten Prozess des Energie- und Umweltmanagements beschreibt. Die Ebene unterhalb des Kastens zeigen die Aktionen, die ein oder mehrere Nutzer ausführen müssen, um die einzelnen Arbeitsschritte auszuführen. Die eigentliche Datenerfassung erfolgt in dem Arbeitspaket „Unterstützung – Datenerfassung" (Kasten D). Die Datenerfassung erfolgt entweder durch manuelle Dateneingabe mehrerer Nutzer (kollaborativ), durch eine automatische Erfassung von elektronischen Zählern bereitgestellter Daten oder durch die Erfassung von Rohdaten aus anderen Datenquellen (z. B. Enterprise-Ressource-Planning-Systemen). Im Arbeitspaket „Überprüfung" (Kasten E) werden Berichte erzeugt, die Entscheidern zur Verfügung gestellt werden können. Diese Berichte enthalten insbesondere Werte für die im Arbeitsschritt „Kennzahlendefinition" (siehe „Planung", Kasten C) festgelegten Kennzahlen. Diese Werte werden durch Analyse der erfassten Daten ermittelt. Als Schnittstelle zwischen den Arbeitspaketen „Planung" und „Unterstützung – Datenerfassung" ist eine automatisierte Erzeugung bzw. Anpassung des Datenmodells notwendig, um Datenkonsistenz zu gewährleisten und um die zur Analyse notwendigen Daten erfassen zu können. Insgesamt ergibt sich ein ganzheitliches Konzept für den Umwelt- und Energiemanagementprozess, der iterativ durch die Auswahl geeigneter Maßnahmen, die auf der Grundlage der Berichte und Dokumentationen (siehe „Managementbewertung", Kasten F) verbessert werden kann.

4.2 Technisches Grobkonzept

Neben der ganzheitlichen Unterstützung im Sinne eines Leitfadens und bei allen Dokumentationspflichten, ergibt sich aus dem fachlichen Konzept, dass das System zwei grundverschiedene Funktionen bereitstellen muss: einerseits die kollaborative Kennzahlendefinition und andererseits die Datenerfassung und -analyse. Als technische Grundlage käme für die kollaborative Kennzahlendefinition ein strukturiertes Wiki infrage. Bei einem Wiki handelt es sich um eine kostengünstige – oft kostenfreie – Standardsoftware, die im Stile einer Webseite beliebig nutzerfreundlich gestaltet werden kann, wobei eingegebene Daten den Anforderungen entsprechend strukturiert werden können. Für die Datenerfassung bietet sich Microsoft Excel® an, da dieses Werkzeug weit verbreitet und den Nutzern in der Handhabung bekannt ist (Junker, 2010; Leyh et al., 2011). Zur Gewährleistung der Mehrbenutzerfähigkeit (Kollaboration) sowie der Datenkonsistent sollte Excel® in eine Client-Server-Architektur mit einer zentralen Datenbank im Backend eingebettet werden (Görner et al., 2014). Excel® bietet darüber hinaus umfangreiche Analysefähigkeiten, die für das zu entwickelnde System verwendet werden können.

Eine Herausforderung besteht darin, diese beiden Teilsysteme derart zu verbinden, dass das Ergebnis der Kennzahlendefinition geeignet auf das Datenmodell, das dem Excel®-Backend zur Verfügung gestellt wird, abgebildet wird. Für diesen Zweck ist eine automatisierte Erzeugung des Datenmodells aus den strukturierten Daten der Kennzahlendefinition notwendig. Diese automatisierte Erzeugung des Datenmodells ermöglicht darüber hinaus Änderungen und Ergänzungen bei den Kennzahlendefinitionen ohne umfangreiche Implementierungsaufwände. Nur so kann der gesamte Prozess des Energie- und Umweltmanagements einerseits ganzheitlich und andererseits nutzerfreundlich umgesetzt werden. Die automatisierte Datenmodellerzeugung ermöglicht eine evolutionäre Entwicklung des Umwelt- und Energiemanagements für KMU.

Ein weiterer Schwerpunkt liegt in der Anpassbarkeit des Prozesses abhängig von den Zielen der Unternehmen. Der Umfang und Detaillierungsgrad des Energie- und Umweltmanagementprozesses sollte von den Zielen des Unternehmens abhängig und an deren Bedürfnisse anpassbar sein. Während der Anforderungserhebung wurde dazu im QuiXel-Projekt ein allgemeingültiges Modell des Umwelt- und Energiemanagements erstellt. Dieses stellt den unterschiedlichen Nutzen und die erreichbaren Ergebnisse des Energie- und Umweltmanagements den dazu jeweils notwendigen Aufwänden gegenüber (O'Faoláin de Bhróithe et al., 2017). Es ist geplant, dass der Nutzer zu Anfang seine Ziele für das Energie- und Umweltmanagement identifiziert und benennt und abhängig davon der auszuführende Prozess ermittelt bzw. angepasst wird. Die Ziele werden zu Beginn der Einführung des Energie- und Umweltmanagements vom Nutzer abgefragt. In Abhängigkeit der zu erreichenden Ziele werden im Wiki sowohl der Leitfaden als auch die Dokumentationsvorlagen angepasst. Darüber hinaus wird die Komponente für die Kennzahlendefinition so konfiguriert, dass die Komplexität der zu ermittelnden Kennzahlen den Zielen der Nutzer entspricht. Es werden kundenorientierte Schritt-für-Schritt-Anleitungen und entsprechend angepasste Dokumentationsvorlagen bereitgestellt. Da das diesen Anpassungen zugrundeliegende Modell alle erforderlichen Aspekte der europäischen Normen des Energie- und Umweltmanagements enthält, ist stets sichergestellt, dass der Prozess rechtskonform und in Entsprechung der Normen durchgeführt wird.

5 Zusammenfassung und Ausblick

Dieses Papier präsentiert das zentrale Konzept des QuiXel-Projekts mit dem Ziel, eine integrierte Daten- und Informationsplattform für das kollaborative und evolutionäre Energie- und Umweltmanagement in KMU zu entwickeln. Es wird der Bedarf nach einer ganzheitlichen IT-Unterstützung aller Aspekte des Energie- und Umweltmanagements diskutiert. Es werden die Anforderungen an eine solche ganzheitliche IT-Unterstützung aus der detaillierten Analyse der europäischen Normen für das Umwelt- und Energiemanagement sowie aus Anforderungsworkshops mit potenziellen Anwendungspartnern hergeleitet.

Als Ergebnis dieser Anforderungsanalyse wird ein Katalog der wesentlichen funktionalen Anforderungen an ein ganzheitliches System für das Umwelt- und Energiemanagement präsentiert. Auf Basis dieses Anforderungskataloges erfolgt die Erstellung des Fachkonzeptes. Ausgehend von diesem Fachkonzept wird im QuiXel-Projekt aktuell das technische Konzept erstellt, das die Grundlage zur Implementierung der QuiXel-Plattform sein wird. Mit der Umsetzung wird im Juni diesen Jahres begonnen. Dabei ist geplant, für die kollaborative Kennzahlenentwicklung ein Wiki zu verwenden und zu erweitern und die Datenerfassung und -analyse unter Verwendung von Microsoft Excel® umzusetzen. Excel® wird dafür in eine Client-Server-Architektur eingebettet werden, so dass einerseits eine Mehrbenutzerfähigkeit ermöglicht und andererseits die Konsistenz der Daten unter Verwendung einer zentralen Datenbank gewährleistet wird. Der Leitfaden und alle Dokumentationsvorlagen werden ebenfalls in der Wiki-Komponente umgesetzt.

Literaturverzeichnis

Boß J, Wohlgemuth V (2015) Integration und Weiterentwicklung bestehender Energiemanagement-Applikationen mit dem OpenResKit-Framework. In: Cunningham DW, Hofstedt P, Meer K, Schmitt I (Hrsg.) INFORMATIK 2015: Informatik, Energie und Umwelt (45. Jahrestagung der Gesellschaft für Informatik, 28. September – 02. Oktober 2015, Cottbus Deutschland), Gesellschaft für Informatik e.V., Bonn, S. 239-248

Bundesministerium für Umwelt, Naturschutz und Reaktorsicherheit (BMU) (2012) Energiemanagementsysteme in der Praxis, ISO 50001: Leitfaden für Unternehmen und Organisationen

Eichhammer W, Kohlhaas M, Neuhoff K, Rohde C, Rosenberg A, Schlomann B (2011) Untersuchung des Energieeinsparpotentials für ein Nachfolgemodell ab dem Jahr 2013 zu Steuerbegünstigungen für Unternehmen des Produzierenden Gewerbes sowie der Land- und Forstwirtschaft bei der Energie- und Stromsteuer – Endbericht, Tech. rep., Bundesministerium der Finanzen (BMF), Berlin

EnergieAgentur.NRW (2013) EMS.marktspiegel. http://www.energieagentur.nrw/energieeffizienz/ems.marktspiegel. Letzter Aufruf: 13.04.2017

Görner R, Fuchs-Kittowski F, Freiheit J, Becker J (2014) Quexolver – Ein mehrbenutzerfähiges Framework zur Verwaltung umweltrelevanter Daten mit Excel als Frontend zur Erfassung und Analyse. In: Wohlgemuth V, Lang CV, Marx Gómez J (Hrsg.) Konzepte, Anwendungen und Entwicklungstendenzen von betrieblichen Umweltinformationssystemen (BUIS): Tagungsband zu den 6. BUIS-Tagen, Shaker Verlag, Aachen, S. 1-14

Heldt K, Wohlgemuth V (2009) Typische Entwicklungs- und Entscheidungsprozesse zu betrieblichen Umweltinformationssystemen am Beispiel der Daimler AG. In: Fischer-Stabel P, Kremers H, Susini A, Wohlgemuth V (Eds.) Environmental Informatics and Industrial Environmental Protection – Concepts, Methods and Tools, Vol. 3. Shaker Verlag, Aachen, S. 83-90

Hilty LM, Rautenstrauch C (1995) Betriebliche Umweltinformatik. In: Page B, Hilty LM (Hrsg.) Umweltinformatik: Informatikmethoden für Umweltschutz und Umweltforschung, Handbuch der Informatik Nr. 13.3, 2. Aufl., Oldenbourg Verlag, München/Wien, S. 295-312

Junker H (2010) Die Beliebigkeit betrieblicher Umweltinformationssysteme. In: Greve K, Cremers AB (Eds.) EnviroInfo 2010 – Integration of Environmental Information in Europe, Shaker Verlag, Aachen, S. 232-247

Leyh C, Krischke A, Strahinger S (2011) Die Herausforderungen der IT-Unterstützung des Nach-haltigkeitsmanagements in KMU: eine vergleichende Betrachtung ausgewählter KMU und Großunternehmen. In: Meyer J-A (Hrsg.) Nachhaltigkeit in kleinen und mittleren Unternehmen. Euler Verlag, Lauterbach, S. 269-288

O'Faoláin de Bhróithe A, Fuchs-Kittowski F, Freiheit J, Dinkel T, Voigt S (2017) Energiemanagement in deutschen KMU – Ergebnisse einer empirischen Studie. In: Arndt H-K, Marx Gómez J, Wohlgemuth V, Lehmann S, Pleshkanovska R (Hrsg.) Nachhaltige Betriebliche Umweltinformationssysteme: Konferenzband zu den 9. BUIS-Tagen, Magdeburg, Springer Gabler Verlag, Wiesbaden, S. 35-44

Prognos AG (2013) Ifeu Institut, Hochschule Ruhr-West: Marktanalyse und Marktbewertung sowie Erstellung eines Konzeptes zur Marktbeobachtung für ausgewählte Dienstleistungen im Bereich Energieeffizienz. Endbericht zur Studie im Auftrag des BAFA.

Rößler R, Schlieter H, Esswein W (2013) Modellgestützte Dokumentation und Steuerung von Energiemanagementsystemen, HMD – Praxis Wirtschaftsinformatik 291, S. 26-39

Sächsische Energieagentur – SAENA GmbH (2015) Anleitung zur Einführung eines Energiemanagementsystems in KMU

Schneider M, Weissenbach K, Wohlgemuth V (2014) EnergieNetz – Eine webbasierte, erweiterbare Open-Source-Software für das Energiemangement in lernenden Energieeffizienznetzwerken. In: Plödereder E, Grunske L, Schneider E, Ull D (Hrsg.) INFORMATIK 2014: Big Data - Komplexität meistern (44. Jahrestagung der Gesellschaft für Informatik, 22.–26. September 2014, Stuttgart Germany), Gesellschaft für Informatik e.V., Bonn, 2014, S. 1889–1900

Umweltgutachterausschuss (UGA) (2011) EMAS-Leitfaden – In fünf Etappen sicher zum Ziel. Mai 2011. http://www.emas.de/fileadmin/user_upload/06_service/PDF-Dateien/UGA_Infoblatt_EMAS-Leitfaden-fuer-KMU.pdf. Letzter Aufruf: 13.04.2017

Wohlgemuth V (2015) Ein Überblick über Einsatzbereiche von betrieblichen Umweltinformationssystemen (BUIS) in der Praxis. In: Cunningham DW, Hofstedt P, Meer K, Schmitt I (Hrsg.) INFORMATIK 2015: Informatik, Energie und Umwelt (45. Jahrestagung der Gesellschaft für Informatik, 28. September – 02. Oktober 2015, Cottbus Deutschland), Gesellschaft für Informatik e.V., Bonn, S. 223-237

Toolbox zur Steigerung der Ressourceneffizienz im metallverarbeitenden Gewerbe

Stefan Blume, Denis Kurle, Christoph Herrmann, Sebastian Thiede

Abstract Strategien zur Steigerung der ökonomischen und ökologischen Leistungsfähigkeit von Unternehmen werden in der Regel aus der lokalen Perspektive verfolgt, wobei Wechselwirkungen zwischen verschiedenen Akteuren einer unternehmensübergreifenden Wertschöpfungskette kaum Berücksichtigung finden. Dies führt häufig zu Problemverschiebungen, Zielkonflikten und letztendlich zu lokalen aber nicht zu globalen Verbesserungen. Vor diesem Hintergrund stellen die Autoren das Konzept einer Toolbox zur Aufdeckung von ungenutzten Ressourceneffizienzpotentialen sowie von Wechselwirkungen lokaler Verbesserungsstrategien und resultierender Zielkonflikte auf Ebene der Wertschöpfungskette vor. Die Anwendbarkeit der Toolbox und daraus resultierende Vorteile werden anhand eines realen Fallbeispiels aus der Industrie illustriert.

1 Einleitung

Energie und Ressourcen bilden eine unverzichtbare Grundlage für die Fertigung von Produkten. Angesicht eines erwarteten Anstiegs der Fertigungsaktivitäten über die nächsten zwanzig Jahre wird aktuell eine Zunahme des Materialbedarfs sowie des damit einhergehenden Energiebedarfs von ca. 40 % prognostiziert, vorausgesetzt es werden keine tiefgreifenden Effizienzsteigerungen erreicht (European Commission, 2011; World Business Council for Sustainable Development, 2010). Durch die sinkende Verfügbarkeit von Ressourcen und daraus resultierende ökonomische Effekte wie z. B. steigende Brennstoffpreise entsteht ein Handlungsdruck für Unternehmen, ihre Ressourcenbedarfe zu reduzieren (Duflou et al.,

S. Blume (✉) • D. Kurle • C. Herrmann • S. Thiede
Institut für Werkzeugmaschinen und Fertigungstechnik,
Professur Nachhaltige Produktion und Life Cycle Engineering,
Technische Universität Braunschweig, Langer Kamp 19b
E-Mail: stefan.blume@tu-braunschweig.de

2012). Unternehmen werden Transparenz und Verständnis in Bezug auf ihre Energie- und Ressourcenverbräuche künftig weiter steigern müssen, um einerseits den Risiken durch schwankende Rohstoffpreise und striktere gesetzliche Regularien erfolgreich begegnen zu können (Duflou et al., 2012; Henriques und Sadorsky, 2010) und andererseits den Anforderungen an ein ökologisch nachhaltigeres Wirtschaften gerecht zu werden.

Um Analysen in Bezug auf Energie- und Ressourcenbedarfe für Anwender greifbarer zu machen, sind diverse Methoden zur Analyse unterschiedlicher (Fabrik-)Systemebenen, zeitlicher Skalen, Ressourcenflüsse und ökologischer Wirkungskategorien entstanden. Weitverbreitete Methoden in diesem Kontext sind die Energie- und Stoffstromanalyse (MEFA), welche häufig in Verbindung mit Lebenszyklusbewertungen (LCA) zur Ermittlung des ökologischen Einflusses von Produkten und Prozessen genutzt wird. Eine weitere Methode aus dem Lean Management stellt die Wertstrommethode (VSM) dar, welche es ermöglicht, zeitliche sowie qualitätsorientierte Ineffizienzen in Prozessketten zu ermitteln (Rother und Shook, 1999). Energie VSM (EVSM) als erweiterte Formen der VSM integrieren zusätzlich Energie- sowie TGA-Aspekte (Bogdanski et al., 2012). Um die inhärenten dynamischen Effekte in der Fertigung erfassen zu können, haben sich zudem Simulationsansätze als vielversprechend erwiesen (Herrmann et al., 2011). Alle genannten Methoden repräsentieren zunächst Einzellösungen, welche unterschiedliche Leistungskennzahlen (KPIs) nutzen, was einen Ergebnisvergleich der unterschiedlichen Methoden erschwert. Besondere Herausforderungen bei der Anwendung der Methoden zeigen sich in der steigenden Komplexität der untersuchten Systeme auf höheren Systemebenen sowie in den vielfältigen Auswirkungen lokaler Entscheidungen in Einzelfabriken mit jeweils individuellem Verhalten auf verschiedenen Systemebenen in vor- oder nachgelagerten Fabriken. Abbildung 1 veranschaulicht sowohl die Einzelfabrikperspektive (P1) als auch die Perspektive einer gesamten Wertschöpfungskette (P2) inklusive möglicher Zielkonflikte zwischen den Fabriken (siehe Abbildung 1).

Bei der Untersuchung gesamter Wertschöpfungsketten werden aufgrund dieser Komplexität große Anforderungen an die verantwortlichen Entscheider gestellt. Typische Fragestellung mit möglichen Wechselwirkungen innerhalb und zwischen den Fabriken bei gleichzeitigen Auswirkungen auf ökonomische und ökologische Zielkriterien können in diesem Kontext beispielsweise sein:

- Ist es sinnvoll kleinere Chargen zu produzieren und den aktuellen Lagerbestand zu reduzieren? (Produktionsplanung und -steuerung)
- Könnte ein alternatives Rohmaterial die Produktqualität steigern? (Qualitätssicherung und -management)
- Bringt eine Produktumgestaltung Kostensenkungen mit sich? (Design, Entwicklung)

- Sollten erneuerbare Energien genutzt werden, um die Umweltwirkungen zu reduzieren? (Beschaffung)
- Ist das aktuelle Produktionslayout geeignet für eine Erhöhung der Produktionskapazität? (Fabrikplanung)
- Inwiefern wirken sich Prozessänderungen auf die Produktqualität aus?
- Welche Auswirkungen hat dies für den Kunden? (Fertigungsplanung)

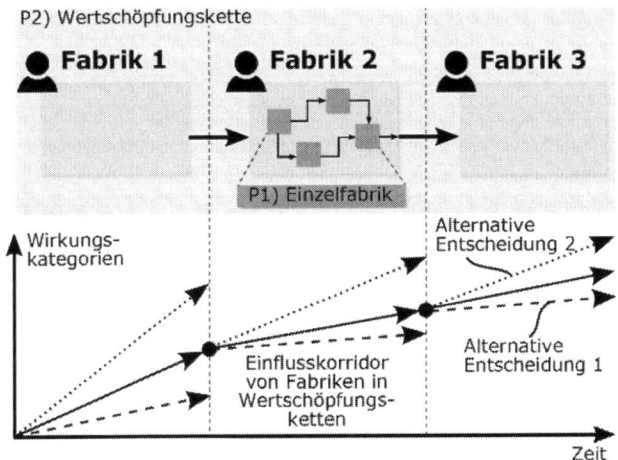

Abb. 1: Einfluss von lokalen Entscheidungen in Wertschöpfungsketten.

Zur Bewältigung dieser Herausforderungen wird im vorliegenden Paper eine Toolbox zur Steigerung der Energie- und Ressourceneffizienz sowohl für einzelne Fabriken wie auch gesamte Wertschöpfungsketten vorgestellt. Die Toolbox basiert auf einer einheitlichen Datenbasis, welche es ermöglicht, die vorgestellten komplementären Methoden (EVSM, Simulation, MEFA sowie LCA) in einer einheitlichen Umgebung zu integrieren und dadurch vergleichbare KPIs bereitzustellen. Die Anwendbarkeit der Toolbox wird anschließend anhand einer Fallstudie aus dem metallverarbeitenden Gewerbe demonstriert.

2 Theoretische Grundlagen

2.1 EVSM

Die Wertstrommethode ist eine statische Methode zur Darstellung des Wertstroms eines Produktes sowie all seiner wertschöpfenden sowie nicht wertschöpfenden prozessbezogenen Aktivitäten. Erweiterungen dieser Methode berücksichtigen energierelevante Aspekte (Bogdanski et al., 2012) sowie Produkteigenschaften und deren Auswirkungen auf die entsprechenden Fertigungsprozesse (Schönemann et al., 2014). Neben der Berücksichtigung direkter, d. h. einzelnen Maschinen allozierbarer Energie, betrachten weitere Ansätze auch indirekte Energieabnehmer, welche zur Bereitstellung der TGA notwendig sind und einen erheblichen Anteil am Energiebedarf ausmachen können (Devoldere et al., 2007; Posselt et al., 2014). All diese Ansätze sind jedoch ausschließlich für einzelne Produkte in separaten Prozessketten gültig und sind daher nicht auf Systeme bestehend aus mehreren Produkten übertragbar. Wechselwirkungen zwischen verschiedenen Produkten im gleichen Produktionssystem wie bspw. blockierte Ressourcen und dadurch höhere Energiebedarfe, Durchlauf- und Wartezeiten bleiben demnach unberücksichtigt. Zur Überwindung dieses Defizits kann die EVSM Methode auch mit Simulationen unter Einbeziehung von Produktionsplanungs- und Steuerungsinformationen erweitert werden (Schönemann et al., 2016; Alvandi et al., 2016).

2.2 Simulation von Produktionssystemen

Simulation ist in der Produktionstechnik eine weitverbreitete Methode, um das dynamische Verhalten von Systemen im zeitlichen Verlauf nachbilden und prognostizieren zu können (Jahangirian et al., 2010; Negahban und Smith, 2014). Es existieren gleichermaßen Ansätze zur Simulation des Energiebedarfs auf Komponenten-/Prozess-/Maschinenebene (Eisele, 2014; Gontarz et al., 2012), als auch auf Prozesskettenebene (Herrmann et al., 2011; Weinert et al., 2011; Seow und Rahimifard, 2011). Weitere Forschungsaktivitäten konzentrieren sich auf die Kopplung zwischen Simulationsmodellen über unterschiedliche Systemebenen der Fabrik hinweg (Bleicher et al., 2014; Heinzl et al., 2013; Thiede et al., 2016a). In industriellen Anwendungen spielt insbesondere die Verknüpfung von Simulationen mit vorhandenen Informationssystemen wie ERP oder MES Systemen eine große Rolle, um eine kontinuierliche Verbesserung der Leistungsfähigkeit des Produktionssystems sicherstellen zu können (Li et al., 2016).

2.3 MEFA und LCA

MEFA beschreibt eine Methode zur systematischen Bewertung von Material- und Energieflüssen (z. B. Roh- und Hilfsstoffe, Produkte und Halbzeuge wie auch Emissionen) sowohl innerhalb eines Systems als auch mit seiner Umgebung

(Torres et al., 2008). Basierend auf Eingangs-/Ausgangsbilanzierenden Modellen sind diverse Ansätze entstanden, um ökonomische und ökologische Systembewertungen durchführen zu können (Suh, 2005). Die MEFA Methode beruht auf durchschnittlichen oder kumulierten Werten und stellt somit eine statische Bewertungsmethode dar, wohingegen Material- und Energieflüsse in der Realität dynamisch sind (Ghadimi et al., 2014). MEFA Ansätze fokussieren sich in der Regel auf ein Teilsystem und blenden vor- oder nachgelagerte Aktivitäten aus („gate-to-gate" Ansatz), weshalb es nicht für eine ganzheitliche Bewertung von Umweltwirkungen geeignet ist (Torres et al., 2008).

LCA Methoden hingegen erweitern den Betrachtungsspielraum auf den gesamten Lebenszyklus des untersuchten Objektes (typischerweise ein Produkt oder Service), d. h. alle Phasen von der Rohstoffextraktion über die Produktion, Nutzung sowie Verwertung finden Berücksichtigung („cradle-to-grave"-Ansatz). Folglich können mögliche Problemverschiebungen zwischen Lebenszyklusphasen und Wirkungskategorien erkannt und verhindert werden (Klöpffer, 1997; Finnveden et al., 2009). Typische Softwaretools und Lebenszyklusdatenbanken (LCI) liefern bereits gute Möglichkeiten, die Einflüsse vor- und nachgelagerter Aktivitäten bewerten zu können, ohne für alle Phasen eigene Primärdaten zu erheben. Aufgrund der Komplexität von LCA-Analysen und des bestehenden methodischen Freiraums sind die Ergebnisse unterschiedlicher Studien trotz der Einführung von internationalen Standards (ISO 14040, 14044) jedoch selten direkt vergleichbar (Laurent et al., 2014; International Organization for Standardization, 2006a; International Organization for Standardization, 2006b).

2.4 Überblick und Forschungslücke

Abbildung 2 fasst den Fokus der vorgestellten Methoden in Bezug auf unterschiedliche Bewertungskriterien qualitativ zusammen (siehe Abbildung 2). Die Kriterien berücksichtigen dabei u. a. zeit-, kosten-, umwelt-, qualitäts- sowie nutzerorientierte Anforderungen an die Methoden. Es wird deutlich, dass die Methoden unterschiedliche Stärken aufweisen und erst eine Kombination einen erfolgsversprechenden Ansatz für die ganzheitliche Analyse von Fabriken und Wertschöpfungsketten darstellt. Li et al. (Li et al., 2016) sowie Thiede et al. (Thiede et al., 2016b) präsentierten bereits eine kombinierte Lösung bestehend aus MEFA, LCA, VSM sowie Simulation als Ergebnis des Forschungsprojektes „Sustainability Cockpit", welches vom Australian Research Council (ARC) gefördert wurde. Dieser Ansatz berücksichtigt jedoch noch nicht die Analyse auf Ebene der Wertschöpfungskette. Ein MEFA-orientierter Ansatz, der diese Perspektive betrachtet, wurde von Heinemann et al. vorgestellt. Durch den induktiven Aufbau der Modelle eignet sich dieser jedoch explizit nur für die Aluminiumdruckguss-Wertschöpfungskette (Heinemann, 2016).

Folglich konnte bis dato noch kein Ansatz gefunden werden, der die zuvor genannten Methoden in eine kohärente Softwareumgebung bringt, die in der Lage ist, sowohl Einzelfabriken als auch Wertschöpfungsketten in einer flexiblen, parametrierbaren Art und Weise bewerten zu können. Deshalb wird im Folgenden ein eigener Ansatz vorgestellt, mit dem vergleichbare Leistungskennzahlen für einzelne Fabriken generiert und Problemverschiebungen entlang der Wertschöpfungskette verhindert werden können.

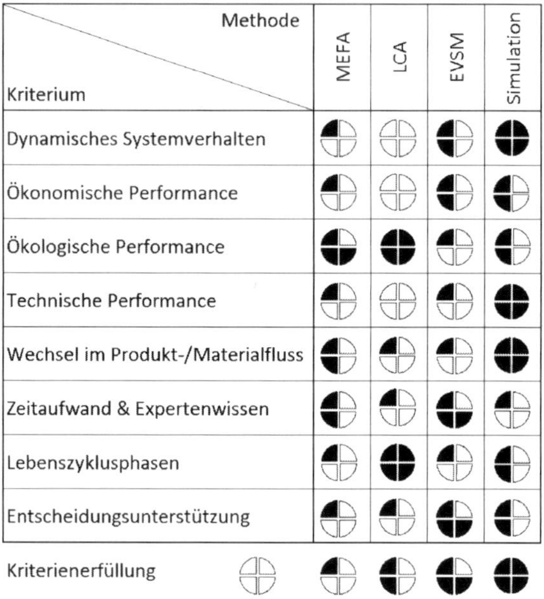

Abb. 2: Klassifizierung der beschriebenen Methoden (in Anlehnung an Thiede et al., 2016b).

3 Konzept

Motiviert durch die Defizite der existierenden Ansätze ergibt sich die Zielstellung, ein Tool zur ganzheitlichen Bewertung von Einzelfabriken und Wertschöpfungsketten zu entwickeln, das auf einer gemeinsamen Datenbasis aufbaut und die vorgestellten Analysemethoden verknüpft. Im Gegensatz zum Tool von Thiede et al. und Li et al. (Li et al., 2016; Thiede et al., 2016b), das eher auf eine kontinuierliche

Anwendung in Unternehmen unter Nutzung von Live Daten aus Ressourcenplanungssystemen zielt, liegt der Fokus des vorgestellten Ansatzes auf Einzelanalysen, die beispielsweise von externen Unternehmensberatern durchgeführt werden können.

In einem ersten Schritt werden allgemeine Anforderungen an das Konzept als Basis der Entwicklung abgeleitet: Eine *Multi-Kriterien-Analyse* soll Zielkonflikte zwischen verschiedenen Leistungskennzahlen sichtbar machen. Dabei werden technische (Durchlaufzeiten, Durchsatz etc.), ökonomische (Material-, Energie-, Arbeitskosten etc.) und ökologische Aspekte (Klimawirkung, Toxizität etc.) über den Lebenszyklus der hergestellten Produkte berücksichtigt. Durch eine *Multi-Ebenen-Modellierung* der Fabriken – vom Prozess- bis zum Wertschöpfungskettenlevel – können die unternehmensübergreifenden Wirkungen von lokalen Entscheidungen analysiert werden. Durch *Prognosefunktionen* können sowohl heutige als auch zukünftige Systemzustände untersucht und Handlungsoptionen bewertet und verglichen werden. Schließlich soll der Nutzer durch Funktionen zur *Entscheidungsunterstützung* bei der Anwendung des Tools geleitet und mit Lösungsvorschlägen versorgt werden.

Aufbauend auf diesen Anforderungen und inspiriert durch das existierende „Sustainability Cockpit" (Li et al., 2016; Thiede et al., 2016b) wurde das in Abbildung 3 dargestellte Konzept der Toolbox entwickelt, das sich wie folgt gliedert:

- Auf der *Datenebene* werden Daten gesammelt, konsolidiert und für die Anwendung der vorgestellten Methoden aufbereitet.
- Auf der *Logikebene* werden die Eingabedaten mit Hilfe von virtuellen, verkoppelten Modellen der Fabriksysteme unter Anwendung der vorgestellten Methoden in die gewünschten Ausgaben (z. B. KPIs) umgewandelt.
- Die *Nutzeroberfläche* dient der Darstellung der Analyseergebnisse sowohl auf lokaler Ebene (Einzelfabrik) wie auch auf globaler Ebene (Wertschöpfungskette).

Bei der Anwendung der Toolbox können aus Nutzersicht drei verschiedene Pfade unterschieden werden: Ein EVSM-, ein Simulations- und ein MEFA-/ LCA-Pfad. Jeder Pfad liefert in Abhängigkeit der Berechnungsart (statisch oder dynamisch), der Bewertungsdimension (ökonomisch, ökologisch, technisch) und des Fokus (Produktionsphase oder Produktlebenszyklus) unterschiedliche Ergebnisse, die durch die Nutzung einer gemeinsamen Datenbasis jedoch zu einem in sich konsistenten System von Kennzahlen führen. Je nach Intention des Nutzers können entweder Pfade einzeln oder komplementär verfolgt werden, wobei die Analyseergebnisse miteinander kombiniert werden. Im ersten Schritt werden die Ergebnisse für jede Fabrik dabei im sogenannten *Einzelfabrik-Modul* angezeigt. Sofern eine Analyse aus Wertschöpfungskettensicht durchgeführt wird, können die Ergebnisse automatisch aggregiert und in das sogenannte *Wertschöpfungsketten-Modul* überführt werden. Funktionen zur *Entscheidungsunterstützung* sind in beiden Modulen integriert, um den Nutzer bei der Interpretation und Auswahl geeigneter Verbesserungsmaßnahmen aus einer *Wissensdatenbank* zu unterstützen. Die einzelnen Elemente des Tools werden im Folgenden näher beschrieben.

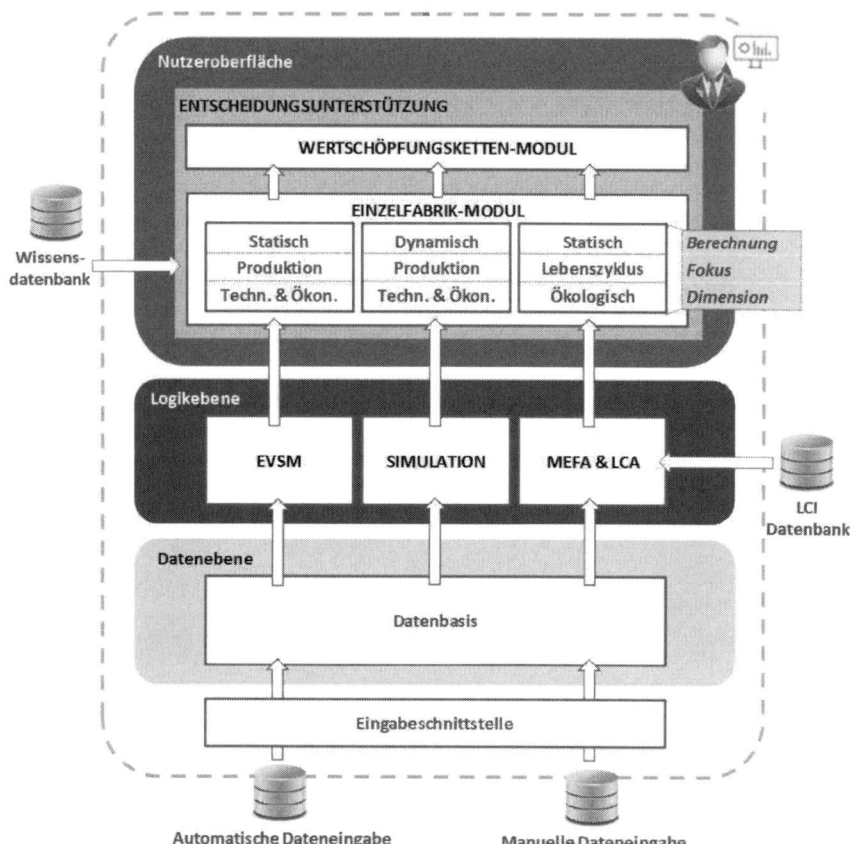

Abb. 3: Toolbox-Konzept.

3.1 Einzelfabrik-Modul: EVSM

Der Ansatz in diesem Anwendungspfad basiert auf der bereits vorgestellten Energiewertstrommethode, welche durch zusätzliche Leistungskennzahlen erweitert wurde. Basierend auf Modellen des Wertstroms in *Microsoft Excel* stellt dieser

Ansatz relevante Kennzahlen bezüglich Kapazität, Flexibilität, Qualität, Ressourcenbedarf und Kosten visuell übersichtlich zur Verfügung und fördert das Verständnis für das Gesamtsystem inkl. etwaiger Wechselwirkungen. Somit erlaubt er eine schnelle Identifizierung von „Hot Spots" und möglichen Handlungsfeldern. Durch die Wahl der Softwareumgebung *Excel* sind eine einfache Zugänglichkeit und Nutzbarkeit dieses Pfades auch für Nicht-Experten gegeben.

3.2 Einzelfabrik-Modul: Simulation

Der Simulationspfad ermöglicht die Analyse dynamischer Aspekte wie das zeitabhängige Maschinenverhalten bzgl. Zuständen und Medienverbräuchen sowie Wechselwirkungen zwischen den beteiligten Systemelementen (Produkten, Jobs, Maschinen). Diese Elemente wurden in der Simulationssoftware *Anylogic* nach einem hybriden Simulationsansatz aufgebaut, wobei sowohl Logik einer ereignisdiskreten (DES) und agentenbasierten Simulation (AB), als auch Elemente von Dynamic Systems (DS) zum Einsatz kommen. Durch die Nutzung der DES-Logik wird sichergestellt, dass alle relevante Wechsel zwischen Maschinenzuständen wie Anfahren, Warten und Produzieren berücksichtigt werden. Die DS-Berechnungen hingegen bilden kontinuierliche Bedingungen ab, wie z. B. den Energiebedarf der Maschinen. Der AB-Ansatz ermöglicht schließlich das individuelle Platzieren von Maschinen und die Definition individueller Produktflüsse (konvergierend, divergierend, Einzel- und Batchprozesse). Im Ergebnis liefert der Pfad somit Informationen bzgl. zeit- und energiebezogener (Ablauf-)Planungsaspekte in Abhängigkeit der dynamischen Wechselwirkungen der beteiligten Systemelemente. Die Leistungsfähigkeit des Produktionssystems wird mit Hilfe von Leistungskennzahlen wie wertschöpfenden und nicht wertschöpfenden Zeiten und Energieeinsätze, Maschinen- und Systemlastprofilen sowie Ausfall- und Wartungsstatistiken bewertbar gemacht.

3.3 Einzelfabrik-Modul: MEFA und LCA

Die MEFA- und LCA-Modellierung wurde überwiegend in der Software *Umberto* durchgeführt, die eine automatische Berechnung miteinander verknüpfter Energie- und Materialflüsse entlang eines Systems von Transformationsprozessen ermöglicht. Petrinetz-basierte Modelle werden dabei für die modellhafte Beschreibung der Realsysteme verwendet. Um Aufbau und Anpassung der Modelle zu vereinfachen, wurden vordefinierte Standardmodule für diverse Prozesse und TGA entwickelt, die per Drag & Drop in die Modelle eingefügt werden können. Durch Variieren von Eingangs-/Ausgangsbilanzen von Produktionsprozessen sowie produkt-, prozess- und fabrikbezogenen Parametern können Szenario-orientierte Experimente zur Berechnung und zum Vergleich der resultierenden Energie- und Materialflüsse durchgeführt werden (Ghadimi et al., 2014). Mit Hilfe der LCA-Methodik unter Nutzung externer LCI-Datenbanken wie *ecoinvent* werden mit den Lebensphasen einhergehende Umweltwirkungen wie Treibhauspotential, Eutrophierung oder Ressourcenabbau bewertet.

3.4 Wertschöpfungsketten-Modul

Die asymmetrische Verteilung von Informationen zwischen Partnern ist laut Principal-Agent-Theorie eine kritische Hürde bei der globalen Verbesserung von Wertschöpfungsketten (Sewing, 1994). Zur Überwindung dieser Informations-Asymmetrie erweitert das Wertschöpfungsketten-Modul den Untersuchungshorizont von der intra-Fabrikebene auf die inter-Fabrikebene mit dem Ziel einen besseren Informationsaustausch und einen höheren Grad an Transparenz zwischen den Partnern zu unterstützen. Hierfür werden Daten aus den Einzelfabrik-Modulen der beteiligten Unternehmen aggregiert und zur Berechnung globaler Leistungskennzahlen verwendet. Somit lassen sich beispielsweise die Anteile der einzelnen Partner an Produktionskosten, Umweltwirkungen oder Durchlaufzeiten in Bezug auf die Wert-schöpfungskette bewerten und vergleichen. Durch diese globale Analyse der Konsequenzen lokaler Entscheidungen sowie stochastischer Einflüsse werden Vor- und Nachteile sowie resultierende Zielkonflikte sichtbar und durch Implementierung passender Geschäftsmodelle gerecht auf die beteiligten Partner umgelegt werden.

3.5 Entscheidungsunterstützung

Durch die Integration von Funktionen zur Entscheidungsunterstützung sollen die Nutzbarkeit und Akzeptanz der Toolbox gesteigert werden. Folgende Funktionen wurden deshalb in das Tool integriert:

- Eine *Wissensdatenbank* mit regelbasiertem und fallbasiertem Wissen wie z. B. Verbesserungsmaßnahmen oder Durchschnittswerten für verschiedene Fabrikelemente. Diese ermöglicht das Überbrücken von Datenlücken sowie Plausibilitätsprüfungen.

- Eine konfigurierbarer *KPI Monitor*, in dem Leistungskennzahlen und Nachhaltigkeitsindikatoren für eine multikriterielle Bewertung von Fabrik oder Wertschöpfungskette nutzerfreundlich aufbereitet werden.
- Ein *Vorschrifts-Modul*, welches Informationen über gesetzliche Rahmenbedingungen für genutzte Prozesse zur Verfügung stellt, z. B. durch Anzeige zulässiger Grenzwerte für Emissionen in Wasser, Böden und Luft.
- Eine *Produkt-Qualitätsprüfung*, welche Wechselwirkungen zwischen verschiedenen Prozessen in Bezug auf produktbezogene Qualitätsparameter aufdeckt, z. B. die Wirkung einer geänderten Materialqualität auf Folgeprozesse.
- Eine *Szenarioanalyse*, welche den nutzerfreundlichen Vergleich von verschiedenen Handlungsoptionen ermöglicht sowie die Bewertung von Geschäftsmodellen auf Wertschöpfungskettenebene erlaubt.

4 Anwendung

Nachfolgend wird die Anwendung der Toolbox anhand einer Fallstudie aus dem europäischen metallverarbeitenden Gewerbe präsentiert. Die Konfiguräion der Wertschöpfungskette, die drei Fabriken umfasst, ist in Tabelle 1 dargestellt.

Fabriknummer:	#1	#2	#3
Hauptprozesse:	Schleifen	Aktivieren	Sägen
	Härten	Verchromen	Polieren
	Warmwalzen	Entfetten	
	Richten	Ätzen	
	Schälen	Schleifen	

Tab. 1: Konfiguration der untersuchten Wertschöpfungskette.

Das untersuchte Produkt ist eine verchromte Kolbenstange für den Einsatz in hydraulischen Komponenten von z. B. Kränen und Raupen. Beginnend mit den Stahlknüppeln (42CrMo4) eines lokalen Zulieferers erfolgen in Fabrik #1 hauptsächlich Umform- und Trennprozesse sowie Wärmebehandlungen zur Verbesserung der mechanischen Materialeigenschaften. Fabrik #2 fokussiert auf Prozessschritte zur Oberflächenbehandlung, d. h. Prozesse zum Aufbringen einer Chromschicht. In Fabrik #3 erfolgen die finalen Bearbeitungsschritt vor der Auslieferung an die Endkunden. Umfangreiche Primärdaten wurden in den beschriebenen Fabriken erhoben, um deren aktuelle Leistungsfähigkeit zu bewerten. Abbildung 4 zeigt die Verteilung der Produktionskosten auf die einzelnen Prozessschritte von Fabrik #1, basierend auf der MEFA Analyse, die Material-, Energie- und Arbeits-aufwände berücksichtigt (siehe Abbildung 4). Die Kosten für den eingekauften Rohstahl, die mit ca. 75 % den Hauptkostentreiber darstellen und folglich in der Visualisierung dominieren würden, sind hier zugunsten der besseren Lesbarkeit nicht berücksichtigt. Abgesehen vom Rohstahl konnten drei Prozesse als beson-ders kostenrelevant und somit als ökonomische Hotspots identifiziert werden (Pro-zesse 3, 10 und 12).

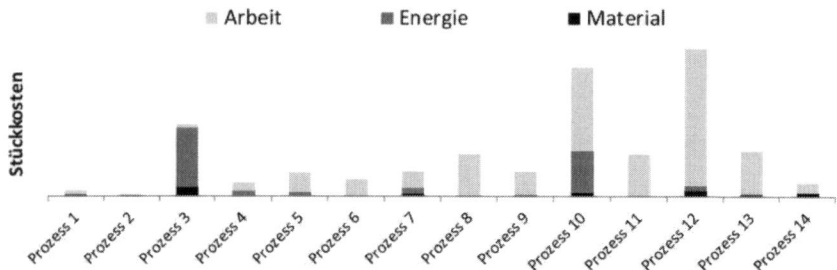

Abb. 4: Übersicht der Produktionskosten in Fabrik #1, Stahlbedarf ausgeklammert.

Durch Anwendung des Simulationspfades wurden Erkenntnisse über das dynami-sche Verhalten der Fabriken erlangt. Abbildung 5 (a) zeigt das kumulierte elektri-sche Lastprofil der beteiligten Maschinen von Fabrik #1. Lediglich zwei Prozesse sind für die signifikanten Lastspitzen im ersten und letzten Drittel des Profils verantwortlich und könnten folglich z. B. für eine Integration in ein Lastmanage-mentsystem in Frage kommen. Aus Abbildung 5 (b) lassen sich die Wartezeiten eines Produktes vor den zu durchlaufenden Maschinen ablesen. Die erheblichen Wartezeiten an diversen Maschinen erhöhen die Durchlaufzeit des Produktes durch das Gesamtsystem und lassen auf eine nicht ideal ausgetaktete Prozesskette schließen.

Die Ergebnisse der drei Einzelfabriken wurden in das *Wertschöpfungsketten-Modul* überführt, um eine globale Bewertung der Ausgangssituation zu erhalten. Abbildung 6 zeigt die Verteilung ausgewählter Leistungskennzahlen über die Fab-riken, wobei Fabrik #1 hinsichtlich Kosten und Umweltwirkungen (hier: CO_2eq. Emissionen) dominiert. Fabrik #2 trägt hingegen mit 66 % maßgeblich zu den qualitätsbedingten Verlusten durch Generierung von Ausschuss bei. Daraus re-sultiert wiederum ein großer Einfluss auf die Kosten und Umweltwirkungen der vorgelagerten Fabrik #1, welche zusätzliche Teile produzieren muss, um den Ausschuss in Fabrik #2 zu kompensieren. Die Relevanz von Fabrik #3 ist hingegen für alle Leistungskennzahlen eher gering, weshalb diese im Folgenden nicht weiter berücksichtigt wird. Aufbauend auf diesen Erkenntnissen wurden mögliche Verbesserungsmaßnahmen mit der Toolbox bewertet. Eine Möglichkeit, die Verluste in Fabrik #2 zu reduzieren, basiert auf der Verwendung höherwertigeren Stahls in Fabrik #1. Diese Anpassung führt zu ca. 10 % höheren Bezugskosten für den Rohstahl, weshalb dem zugehörigen Unternehmen zu Fabrik #1 bisher Anreize für diese Maßnahme fehlten. Mit Hilfe der Toolbox lassen sich nun die lokalen wie globalen Vorteile der Maßnahme bewerten und transparent darstellen. Abbildung 7 gibt einen Eindruck der Szenarioanalyse im *Wertschöpfungsketten-Modul* für diese Maßnahme, wobei in den Spinnennetzdiagrammen jeweils das Ausgangsszenario und das alternative Szenario bzgl. sechs Bewertungskriterien verglichen werden (siehe Abbildung 7). Es lässt sich feststellen, dass die Wahl eines höherwertigeren Ausgangsmaterials zwar einerseits höhere Herstellungskosten für Fabrik #1 verursacht, jedoch andererseits die Qualitätsrate und daraus resultierend die Kosten, Umweltwirkungen und Energieintensität der Produktion in Fabrik #2 signifikant gesenkt werden können. Aus globaler Sicht kann eine Kosteneinsparung von ca. 1,4 % konstatiert werden, alle anderen Leistungskennzahlen werden ebenfalls verbessert. Auf Grundlage dieser Bewertung lassen sich nun passende Geschäftsmodelle ausarbeiten, die einen Umsetzungsanreiz für Fabrik #1 darstellen, indem beispielsweise die zusätzlichen lokalen Produktionskosten von ca. 7,6 % je Stück kompensiert werden.

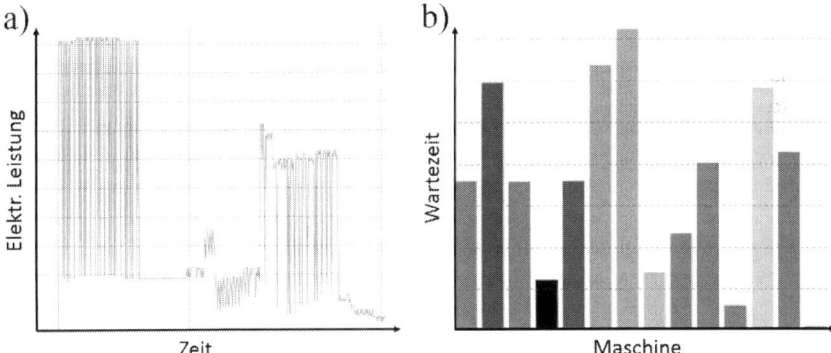

Abb. 5: Ausgewählte Simulationsergebnisse von Fabrik #1: (a) Elektrisches Lastprofil der Prozesskette (b) Wartezeiten eines spezifischen Produktes vor den Maschinen.

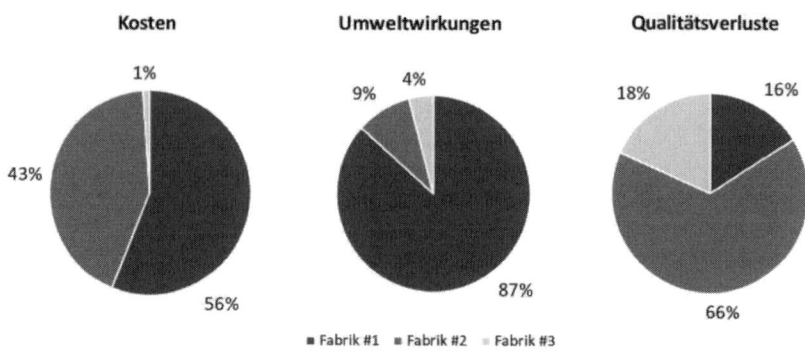

Abb. 6: Fabrikübergreifende Leistungskennzahlen im Wertschöpfungsketten-Modul.

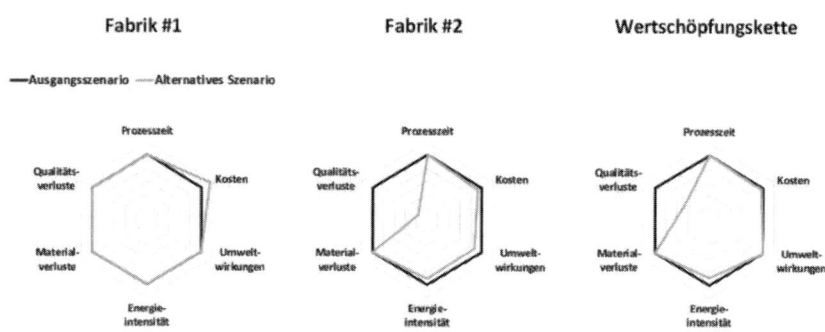

Abb. 7: Vergleich von Ausgangsszenario und alternativem Szenario aus Sicht der Einzelfabriken #1 und #2 (links) sowie aus Sicht der Wertschöpfungskette (rechts).

5 Fazit

Die vorgestellte Toolbox ermöglicht eine ganzheitliche Bewertung von Wertschöpfungsketten, die sowohl die lokale Perspektive jeder beteiligten Fabrik als auch die globale Perspektive umfasst. Aufbauend auf einer einheitlichen Datenbasis wurden komplementäre Bewertungsmethoden in einer Umgebung miteinander kombiniert, um vergleichbare Leistungskennzahlen für die bewerteten Systeme zu erhalten. Das Tool wurde grundsätzlich so konzeptioniert, dass es auch für Nicht-Experten in der Modellierung und Simulation von Produktionssystemen nutzbar ist. Dadurch versprechen sich die Entwickler eine breite Anwendbarkeit und die

Identifizierung signifikanter Einsparpotentiale im europäischen metallverarbeitenden Gewerbe. Die multikriterielle Betrachtung ermöglicht die Identifizierung von Zielkonflikten zwischen der ökonomischen, ökologischen und technischen Bewertungsdimension, führt folglich jedoch nicht immer zu eindeutigen Handlungsempfehlungen. Es stellt sich somit in der Praxisanwendung die Frage nach der Relevanz bzw. Gewichtung der Bewertungsdimensionen und zugehöriger KPIs im Rahmen von Entscheidungsprozessen. Auch innerhalb einer Dimension stellt eine solche Priorisierung eine große Herausforderung dar und erfolgt ggf. nicht ausschließlich auf Basis objektiver Kriterien, beispielsweise wenn die Wichtigkeit verschiedener Umweltwirkungen (Klimawandel, Eutrophierung, Versauerung etc.) gegeneinander abgewogen werden muss. Weiterer Entwicklungsbedarf bzgl. der Toolbox besteht somit im Bereich der Entscheidungsunterstützung mit Hilfe multikriterieller Bewertungsverfahren wie z. B. Nutzwertanalyse, Analytischer Hierarchieprozesse oder Outranking-Verfahren, welche die individuellen Ziele und Prioritäten der Toolboxanwender bei Entscheidungsprozessen berücksichtigen. Des Weiteren kann der Ansatz in einer nächsten Entwicklungsstufe auch auf andere Industriesektoren übertragen werden, sobald die Vorteilhaftigkeit in der industriellen Anwendung im metallverarbeitenden Gewerbe nachgewiesen werden konnte.

Acknowledgements

Diese Veröffentlichung basiert auf Forschungsarbeiten des Projektes „MEMAN - Integral Material and Energy flow MANagement in MANufacturing metal mechanic sector" (www.meman.eu), das von der Europäischen Union im Rahmen des Programms Horizon 2020 unter der Grant Agreement Nr. 636926 gefördert wird. Die Veröffentlichung orientiert sich inhaltlich an einer aus dem Projekt heraus getätigten Publikation (Blume et al., 2017). Die Autoren danken allen Projektpartnern für die Freigabe der dargestellten Ergebnisse.

Literaturverzeichnis

Alvandi S, Li W, Schönemann M, Kara S, Herrmann C (2016) Economic and environmental value stream map (E2VSM) simulation for multi-product manufacturing systems. Int. J. Sust. Eng.

Bleicher F, Duer F, Leobner I, Kovacic I, Heinzl B, Kastner W (2014) Co-simulation environment for optimizing energy efficiency in production systems. In: Annals – Manufacturing Technology, Vol. 63, pp 441-44

Blume S, Kurle D, Herrmann C, Thiede S (2017) Toolbox for Increasing Resource Efficiency in the European Metal Mechanic Sector. Akzeptiert zur Veröffentlichung in: Procedia CIRP

Bogdanski G, Schönemann M, Thiede S, Andrew S, Herrmann C (2012) An Extended Energy Value Stream Approach Applied on the Electronics Industry. In: IFIP International Conference on Advances in Production Management Systems, Berlin/Heidelberg/New York: Springer Verlag, pp 65-72

Devoldere T, Dewulf W, Deprez W, Willems B, Duflou JR (2007) Improvement Potential for Energy Consumption in Discrete Part Production Machines. In: Takata S, Umeda Y, editors. Proceedings of the 14th CIRP Conference on Life Cycle Engineering, Berlin/Heidelberg/New York: Springer Verlag, pp 311-316

Duflou JR, Sutherland JW, Dornfeld D, Herrmann C, Jeswiet J, Kara S, Hauschild M, Kellens K (2012) Towards energy and resource efficient manufacturing: A processes and systems approach. In: CIRP Annals – Manufacturing Technology, Vol. 61, pp 587-609

Eisele C (2014) Simulationsgestützte Optimierung des elektrischen Energiebedarfs spanender Werkzeugmaschinen. Aachen: Shaker Verlag

European Commission (2011) Roadmap to a Resource Efficient Europe. COM, 571

Finnveden G, Hauschild MZ, Ekvall T, Guinée J, Heijungs R, Hellweg S, Koehler A, Pennington D, Suh S (2009) Recent developments in Life Cycle Assessment, Journal of Environmental Management, pp 1-21

Ghadimi P, Li W, Kara S, Herrmann C (2014) Integrated Material and Energy Flow Analysis towards Energy Efficient Manufacturing. Procedia CIRP, Vol. 15, pp 117-22

Gontarz A, Züst S, Weiss L, Wegener K (2012) Energetic machine tool modeling approach for energy consumption prediction. 10th Global Conf. on Sust. Man., Istanbul. Zürich, Switzerland: Institute of Machine Tools and Manufacturing, Swiss Federal Institute of Technology

Heinemann T (2016) Energy and Resource Efficiency in Aluminium Die Casting, Berlin/Heidelberg/New York: Springer Verlag

Heinzl B, Rossler M, Popper N, Leobner I, Ponweiser K, Kastner W, Dur NF, Bleicher F, Breitenecker F (2013) Interdisciplinary Strategies for Simulation-Based Optimization of Energy Efficiency in Production Facilities. In: 2013 UKSim 15th International Conference on Computer Modelling and Simulation, pp 304-309

Henriques I, Sadorsky P (2010) Can environmental sustainability be used to manage energy price risk? Energy Economics, Vol. 32. pp 1131-1138

Herrmann C, Thiede S, Kara S, Hesselbach J (2011) Energy oriented simulation of manufacturing systems - Concept and application. In: CIRP Annals – Manufacturing Technology, Vol. 60, pp 45–48

International Organization for Standardization (2006a) ISO 14040:2006: Environmental management – Life cycle assessment – Principles and framework, Geneva

International Organization for Standardization (2006b) ISO 14044:2006: Environmental management – Life cycle assessment – Requirements and guidelines, Geneva

Jahangirian M, Eldabi T, Naseer A, Stergioulas LK, Young T (2010) Simulation in manufacturing and business: A review. In: European Journal of Operational Research, Vol. 203. pp 1-13

Klöpffer W (1997) Life cycle assessment. Environ. In: Environmental Science and Pollution Research, Vol. 4, pp 223-228

Laurent A, Clavreul J, Bernstad A, Bakas I, Niero M, Gentil E, Christensen TH, Hauschild MZ (2014) Review of LCA studies of solid waste management systems - Part II: Methodological guidance for a better practice. In: Waste Management, Vol. 34, pp 589-606

Li W, Alvandi S, Kara S, Thiede S, Herrmann C (2016) Sustainability Cockpit: An integrated tool for continuous assessment and improvement of sustainability in manufacturing. CIRP Annals – Manufacturing Technology, Vol. 65, pp 5-8

Negahban A, Smith JS (2014) Simulation for manufacturing system design and operation: Literature review and analysis. In: Journal of Manufacturing, Vol. 33, pp 241-261

Posselt G, Fischer J, Heinemann T, Thiede S, Alvandi S, Weinert N, Kara S, Herrmann C (2014) Extending Energy Value Stream Models by the TBS Dimension – Applied on a Multi Product Process Chain in the Railway Industry. Procedia CIRP, Vol. 15, pp 80-85

Rother M, Shook J (1999) Learning to See: Value Stream Mapping to Add Value and Eliminate Muda. Cambridge: The Lean Enterprise Institute

Schönemann M, Thiede S, Herrmann C (2014) Integrating Product Characteristics into Extended Value Stream Modeling. Procedia CIRP, Vol. 17, pp 368-373

Schönemann M, Kurle D, Herrmann C, Thiede S (2016) Multi-product EVSM Simulation. Procedia CIRP, Vol. 41, pp 334-339

Seow Y, Rahimifard S (2011) A framework for modelling energy consumption within manufacturing systems. In: CIRP Journal of Manufacturing Science and Technology, Vol. 4, pp 258-264

Sewing E (1994) Die Principal-Agent-Theorie. In: Die Absatzwegewahl des Herstellers: Analyse vor dem Hintergrund der Principal-Agent-Theorie. Wiesbaden: Deutscher Universitätsverlag, S. 46-52

Suh S (2005) Theory of materials and energy flow analysis in ecology and economics. Ecological Modelling, Vol. 189, pp 251-269

Thiede S, Schönemann M, Kurle D, Herrmann C (2016a) Multi-level simulation in manufacturing companies: The waterenergy nexus case. Journal of Cleaner Production, Vol. 139, pp 1118-1127

Thiede S, Li W, Kara S, Herrmann C (2016b) Integrated Analysis of Energy, Material and Time Flows in Manufacturing Systems. Procedia CIRP, Vol. 48, pp 200

Torres MT, Barros MC, Bello PM, Casares JJ, Rodríguez-Blas JM (2008) Energy and material flow analysis: application to the storage stage of clay in the roof-tile manufacture. Energy, Vol. 33, pp 963-973

Weinert N, Chiotellis S, Seliger G (2011) Methodology for planning and operating energy-efficient production systems. CIRP Annals – Manufacturing Technology, Vol. 60, pp 41-44

World Business Council for Sustainable Development (2010) Vision 2050: The new agenda for business, Geneva

Entwicklung eines konzeptionellen Frameworks für Elektromobilitätskonzepte mit dem Fokus auf Geschäftsmodellen sowie IKT

Hewad Osmani, Benjamin Wagner vom Berg, Frank Köster

Abstract Mit einer besseren Marktdurchdringung von Elektromobilitätskonzepten kann eine nachhaltige Umgestaltung des Verkehrs erfolgen und dadurch wesentliche Umweltschutzmaßnahmen (z. B. Reduzierung von CO_2-Emissionen) erzielt werden. Dabei können dienstleistungsbasierte Geschäftsmodelle den derzeitigen Nachteilen (z. B. hohe Anschaffungskosten, geringe Reichweiten und lange Aufladezeiten) von Elektromobilitätskonzepten wirksam entgegenwirken. Zudem können Elektromobilitätskonzepte durch die Nutzung von Informations- und Kommunikationstechnologien (IKT) für Kunden komfortabler gestaltet werden und Unternehmen die Möglichkeit zur Generierung zusätzlicher Mehrwerte bieten. Trotz dieser aussichtsreichen Perspektiven bleibt der große Erfolg von Elektromobilitätskonzepten aktuell aus. Darum wird in diesem Beitrag ein konzeptionelles Framework dargestellt, anhand dessen eine erste Bewertung innovativer Geschäftsmodelle sowie potenzieller Einsatzmöglichkeiten von IKT für Elektromobilitätskonzepte vorgenommen wird. Dieser Beitrag untersucht inwiefern innovative Geschäftsmodelle im Verbund mit IKT für Unternehmen sowie Kunden Mehrwerte generieren kann und somit die Marktdurchdringung von Elektromobilitätskonzepten begünstigt werden kann. Das Ziel dieses Beitrags ist es die Entwicklung innovativer Geschäftsmodelle und IKT-Einsatzmöglichkeiten im Bereich der Elektromobilität zu fokussieren.

H. Osmani (✉) • B. Wagner vom Berg • F. Köster
Carl von Ossietzky Universität Oldenburg
E-Mail: hewad.osmani@gmail.com; benjamin.wagnervomberg@hs-bremerhaven.de;
frank.koester@dlr.de

1 Einleitung

Bemühungen zum Umweltschutz, Förderungen von erneuerbaren Energien, die Unabhängigkeit von limitierten und nicht erneuerbaren fossilen Rohstoffen, können mit herkömmlichen Mobilitätsformen kaum erreicht werden (Hindermann et al., 2014; Busse et al., 2014). Des Weiteren sorgen Veränderungen bei Kundenanforderungen zu einem neuen Mobilitätsbewusstsein. Aufgeschlossenheit gegenüber nachhaltigen Verkehrskonzepten, durch Urbanisierung entstehender Platzmangel in Großstädten und die zunehmende Digitalisierung führen dazu, dass innovative Geschäftsmodelle im Mobilitätssektor an Bedeutung gewinnen (Wagner vom Berg, 2015; Degirmenci et al., 2014; Ried et al., 2013; Klör et al., 2014). Trotz des hohen Potenzials stehen Elektromobilitätskonzepten eine Vielzahl an Vorbehalten und Risiken (z. B. hohe Anschaffungskosten, lange Ladezeiten und geringe Reichweiten) gegenüber, die u. a. Ursache für eine geringe Marktdurchdringung sind (Weidlich, 2010).

Um Mobilität nachhaltiger zu gestalten und Vorbehalte gegenüber entgegenzuwirken, erscheinen innovative Geschäftsmodelle und IKT-Einsatzmöglichkeiten für Elektromobilitätskonzepte als vielversprechender Ansatz (Hildebrandt et al., 2015). Dabei können IKT genutzt werden, um innovative Geschäftsmodelle den Kunden gegenüber benutzerfreundlicher zu gestalten und für Unternehmen die Schaffung neuer Wertschöpfungspotenziale zu ermöglichen.

Die Untersuchung von innovativen Geschäftsmodellen im Allgemeinen und für Elektromobilitätskonzepte im Speziellen erfolgt bisher in einem eher geringen Umfang (Schneider und Spieth, 2013). Daher adressiert dieser Beitrag diesen Forschungsbedarf und stellt ein konzeptionelles Framework vor, in dem die Ableitung, Implementierung und Evaluation von innovativen Geschäftsmodellen sowie Einsatzmöglichkeiten von IKT für Elektromobilitätskonzepte betrachtet werden.

2 Methodisches Vorgehen

2.1 Geschäftsmodelle

Eine einvernehmliche Definition bzw. Verständnis des Begriffs „Geschäftsmodell" konnte sich bis heute nicht durchsetzen und somit gibt es eine Vielzahl an verschiedenartigen Interpretationen bzw. Auslegungen dieses Begriffs (Welz, 2015; Weiner et al., 2015). Gründe dafür sind u. a., dass die Prägung und Nutzung des Ausdrucks in verschiedenen Wissenschaftsdisziplinen parallel stattfand, dass in Geschäftsmodellen Theorien und Elemente aus verschiedenen Wissenschaftsrichtungen integriert wurden und eine mangelnde Abgrenzung zu anderen Begriffen wie bspw. „Strategie" (Schneider und Spieth, 2013; Bieger und Reinhold, 2011; Zott et al., 2011; Chesbrough und Rosenbloom, 2002).

Der Begriff Geschäftsmodell wird innerhalb dieses Beitrags gemäß der folgenden Definition verstanden „A business model is a conceptual tool containing a set of objects, concepts and their relationships with the objective to express the business logic of a specific firm. Therefore we must consider which concepts and relationships allow a simplified description and representation of what value is provided to customers, how this is done and with which financial consequences" (Osterwalder et al., 2005).

Als Beispiele für ein innovatives Geschäftsmodell im Bereich der Elektromobilität wird das Battery Leasing (BL) betrachtet. Das Geschäftsmodell des BL basiert darauf Kunden EV und Akku separat voneinander anzubieten, wobei Kunden Akkus für einen bestimmten Zeitraum mit einer festgelegten Kilometeranzahl mieten können und dabei die Ladeinfrastruktur (bspw. Akkulade- und Wechselstationen) des Service Providers nutzen können (Christensen et al., 2012).

2.2 Informations- und Kommunikationstechnologien

Im Kontext der Elektromobilität können IKT u. a. in den folgenden Bereichen eingesetzt werden: Bezahlung, Vernetzung, Information, Metering/Monitoring, Authentifikation, Reservierung und standortbezogene Dienste. Ein Einsatz von IKT ist aber auch in vielen anderen Bereichen von Elektromobilitätskonzepten denkbar, wie bspw. Fahrsicherheit, Fahrassistenten, Datenauswertung oder autonomes Fahren. Darüber hinaus bieten IKT-Einsatzpotenziale in den folgenden Bereichen (Festag et al., 2016):

- Internet der Dienste: Dabei wird es ermöglicht, durch den Informationsaustausch zwischen technischen Systemen untereinander, im Fahrzeug webbasierte Anwendungen sowie digitale Konsumgüter nutzen zu können.
- Car-to-Cloud Communication: Dabei wird der Zugang zu Daten-Clouds ermöglicht, um auf zu Web- und Medieninhalten (bspw. Filehosting, Infotainment und Streaming), aktuellen Verkehrs- und Standortinformationen oder Updates für die Systemsoftware zugreifen zu können.
- Car-to-Car und Car-to-Infrastructure Communication: Dabei können Kommunikationsprozesse zwischen Fahrzeugen und mit der Verkehrsinfrastruktur (z. B. Austausch von Sensordaten) stattfinden.

- Smart Traffic: Anwendungen in diesem Bereich beabsichtigen es die Mobilität hinsichtlich verkehrsoptimalen, intermodalen und energieeffizienten Aspekten zu verbessern. Dafür können mit Big-Data-Technologien aus historischen Daten Prognosen über zukünftige Verkehrsentwicklungen erstellt werden. Zudem können über Datenplattformen multimodale Mobilitätsdaten für Verkehrsteilnehmer bereitgestellt werden.

2.3 Konzeptionelles Framework

Es gibt eine Vielzahl an Gründen für die Nutzung konzeptioneller Frameworks, u. a. die Zusammenfassung von Vorschriften, Richtlinien, die Aufstellung grundlegender Ideen für einen Forschungsbereich, eine effektive sowie einheitliche Kommunikation zwischen unterschiedlichen Parteien, die häufig verschiedene Sprachen sprechen und implizite Annahmen treffen (Miller und Redding, 1986; Solomon und Solomon, 2016). Des Weiteren basieren konzeptionelle Frameworks auf Modellen, die den aktuellen Zustand aufzeigen und somit Verbesserungsmöglichkeiten bieten sowie auf Mängel innerhalb des Status quo hinweisen. Letztlich können konzeptionelle Frameworks bei der Klarstellung von Annahmen und Behauptungen innerhalb eines Forschungsbereichs, der Entwicklung einer Nomenklatur sowie bei der Konzeption von Taxonomien behilflich sein (Solomon und Solomon, 2016).

Innerhalb des Forschungsbereichs für innovative Geschäftsmodelle gibt es einen Mangel an theoretischen Grundlagen (Zott et al., 2011; Teece, 2010). Außerdem konnte bisher kein theoretisches bzw. konzeptionelles Framework für Geschäftsmodelle und IKT im Bereich der Elektromobilität identifiziert werden. Daher erscheint die Entwicklung eines solchen Frameworks sinnvoll, um die zuvor genannten Mängel zu exponieren und Forschungslücken in diesem Bereich zu verringern sowie die Grundlage für zukünftige Untersuchungen innerhalb dieses Bereichs zu bilden.

2.4 Literaturanalyse

Die Grundlage für das konzeptionelle Framework bildet die hier durchgeführte Literaturanalyse. Die Methodik der Literaturanalyse wurde gewählt, weil es sich dabei um eine in der Wissenschaft und besonders in der Wirtschaftsinformatik etablierte Methode zur Evaluierung der aktuellen Literatur sowie Identifizierung eines Forschungsbedarfs handelt (Buck et al., 2015; Vom Brocke et al., 2009;

Fettke, 2006; Levy und Ellis, 2006; Webster und Watson, 2002; Cooper, 1988). Die Literaturanalyse erfolgt nach der vielmals in der Wirtschaftsinformatik genutzten Vorgehensweisen von vom Broocke et al. (Vom Brocke et al., 2009) und Webster/Watson (Webster und Watson, 2002; Ebke und Daeuble, 2015; Herterich et al., 2015; Kruse und Baumöl, 2014; Bandara et al., 2011).

Dabei wird im ersten Prozessschritt der Rahmen der Literaturanalyse nach der Taxonomie für Literaturanalysen von Cooper (Cooper, 1988) festgelegt. Die Taxonomie beschreibt sechs elementare Merkmale und Eigenschaften, für die Charakterisierung einer Literaturanalyse (siehe Abbildung 1).

	Zielgruppe	Kategorien			
1	Fokus	Forschungs-ergebnis	Forschungs-methode	Theorie	Anwendungs-möglichkeit
2	Ziel	Integration	Kritik	Zentrale Aspekte	
3	Aufbau	Historisch	Konzeptionell	Methodisch	
4	Perspektive	Neutral		Befangen	
5	Zielgruppe	Forscher (spezifisch)	Forscher (allgemein)	Praktiker/ Politiker	Öffentlich-keit
6	Umfang	Gründlich	Selektiv	Repräsentativ	Limitiert

Abb. 1: Taxonomie für Literaturanalysen (Buck et al., 2015).

Im zweiten Teil der Literaturanalyse erfolgt die Konzeptualisierung der Thematik. Dabei werden Erkenntnisse zu relevanten Faktoren in Bezug auf die begünstigende oder hemmende Marktdurchdringung von Elektromobilitätskonzepten, Geschäftsmodellen, IKT und Akteuren im Bereich der Elektromobilität identifiziert.

Die Literaturrecherche erfolgt im dritten Prozessschritt. Dabei wurden wissenschaftliche Datenbanken und Suchmaschinen nach für den Zweck der Literaturanalyse relevanten Beiträgen durchsucht. Eine vorwärts- und rückwärtsgerichtete Suche, wie es Webster/Watson (Webster und Watson, 2002) vorgeschlagen, konnte aufgrund des limitierten Umfangs dieses Beitrags nicht durchgeführt werden. Die Recherche sowie Auswahl der Beiträge wird in der Abbildung 2 dargestellt.

Als geeigneter Zeitrahmen für die Literaturanalyse wurde der Zeitraum zwischen 2010 bis 2016 als angebracht betrachtet, weil in dem Jahr 2010 in der „United Nations Climate Conference in the Cancun Agreements" die Umsetzung relevanter Klimaziele festgelegt wurden (Busse et al., 2014). In dem ersten Selektionsschritt wurden durch eine Datenbankabfrage zunächst 272 Beiträge identifiziert. In den ursprünglich 272 gefundenen Artikeln waren 21 Duplikate enthalten.

In dem nächsten Selektionsschritt wurden 177 Artikel aussortiert, weil diese nach der Analyse der Titel und Abstracts als thematisch nicht relevant für die Literaturanalyse klassifiziert wurden. Somit blieben noch 74 Beiträge übrig, von denen wiederum 53 Beiträge aus der Literaturanalyse ausgeschlossen wurden. Der Ausschluss dieser Beiträge erfolgte, weil diese sich nach dem Durchlesen im Hinblick auf deren inhaltliche Qualität und Quantität zum Thema dieser Literaturanalyse als nicht relevant erwiesen. Letztlich konnten mittels der durchgeführten Literaturanalyse insgesamt 18 themenrelevante Beiträge identifiziert werden. In der Abbildung 2 (Gräning et al., 2011) werden der Prozess sowie die Suchergebnisse der Literaturanalyse dargestellt.

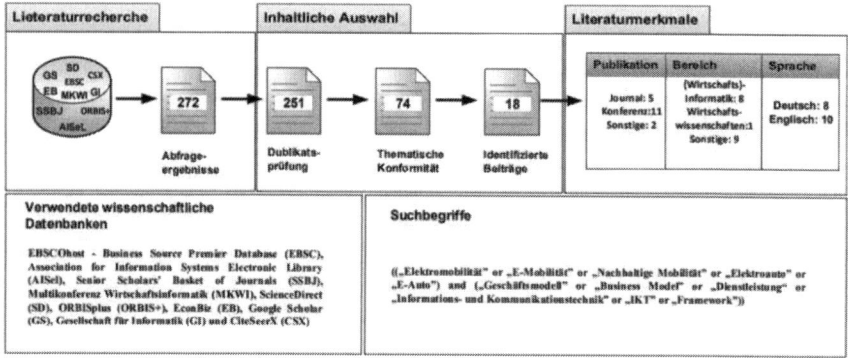

Abb. 2: Literatursuche und –auswahlprozess.

Den vierten Prozessschritt bildet die Analyse der im Zuge der Literaturanalyse identifizierten Beiträge. Dafür schlagen Webster/Watson (Webster und Watson, 2002) vor, die Erkenntnisse der zuvor identifizierten Beiträge mittels einer Konzeptmatrix (siehe Abbildung 4) zu verknüpfen und kategorisieren (Vom Brocke et al., 2009; Webster und Watson, 2002). Häufig in den Beiträgen identifizierte Erkenntnisse wurden zu den Kategorien begünstigende (Nachhaltigkeit, Smart Grid und Total Cost of Ownership) und hemmende (Reichweite, Akku, Preis und Ladeinfrastruktur) Einflussfaktoren, IKT (Bezahlung, Vernetzung, Information, Metering/Monitoring, Authentifikation, Reservierung und Standort) und Akteure (Fahrzeughersteller, Service Provider, Kunden und Staat) im Bereich von Elektromobilitätskonzepten zusammengefasst (siehe Abbildung 3).

Beitrag	Methodik	Begünstigend		Hemmend							IKT					Akteure			
		Nachhaltigkeit	Smart Grid	TCO	Reichweite	Akku	Preis	Ladeinfrastruktur	Bezahlung	Vernetzung	Information	Metering/Monitoring	Authentifikation	Reservierung	Standort	Fahrzeughersteller	Service Provider	Kunden	Staat
1 [8]: Hildebrandt et al. (2015)	Conjoint-Analyse	●			●	●		●	●				●	●	●	●	●	●	●
2 [32]: Hanelt et al. (2015)	Survey	●			●		●	●	●	●					●	●	●	●	●
3 [33]: Stryja et al. (2015)	Inhaltsanalyse	●							●						●	●	●	●	
4 [34]: Bohnsack/Pinkse/Kolk (2014)	Inhaltsanalyse	●	●		●	●	●	●	●		●					●	●	●	●
5 [6]: Klör et al. (2014)	Literaturanalyse	●	●	●	●	●	●	●			●				●	●	●	●	
6 [1]: Hindermann/Fellmann/Thomas (2014)	Inhaltsanalyse	●	●		●		●		●	●					●	●	●	●	●
7 [35]: Abdelkafi/Makhotin/Posselt (2013)	Inhaltsanalyse	●	●	●	●	●	●	●	●	●		●	●		●	●	●	●	●
8 [36]: Krenge/Roscher/Kox (2013)	Fallstudie	●	●		●					●					●	●	●	●	
9 [5]: Ried/Jochen/Fichtner (2013)	Inhaltsanalyse	●		●	●			●	●	●		●		●	●	●	●	●	
10 [37]: Williander/Stalstad (2013)	Fallstudie			●	●	●	●	●							●	●		●	●
11 [16]: Christensen/Wells/Cipcigan (2012)	Inhaltsanalyse	●	●		●	●	●	●	●			●	●		●	●	●	●	
12 [38]: Mählmann/Groß/Breitner (2012)	Inhaltsanalyse	●	●		●	●		●	●						●	●	●	●	●
13 [39]: Kley/Lerch/Dallinger (2011)	Inhaltsanalyse	●		●	●	●	●		●	●		●	●	●	●	●	●	●	
14 [40]: Kley (2011)	Inhaltsanalyse	●	●	●	●	●				●			●		●			●	
15 [41]: San Roman et al. (2011)	Inhaltsanalyse	●	●				●			●		●				●	●		
16 [42]: Müller/Benad/Rennhak (2011)	Diskurs	●			●	●	●	●	●	●					●	●	●	●	●
17 [7]: Weidlich et al. (2010)	Interviews	●	●			●	●	●	●	●			●	●	●	●	●	●	●
18 [3]: Wagner vom Berg/Köster/Gomez (2010)	Diskurs	●	●		●	●				●					●	●	●	●	
Σ		17	11	6	14	10	13	9	12	10	6	3	7	6	13	16	17	15	6

Abb. 3: Konzeptmatrix.

3 Vorstellung des konzeptionellen Frameworks

3.1 Framework für Elektromobilitätskonzepte

Mit dem in diesem Beitrag erarbeiteten konzeptionellen Framework soll die Ableitung, Implementierung und Evaluation von Geschäftsmodellen sowie der Einsatz von IKT als relevante Erfolgsfaktoren von Elektromobilitätskonzepten berücksichtigt werden (siehe Abbildung 4). Bei dem konzeptionellen Framework werden Geschäftsmodelle vor (Phase 1: Geschäftsmodellableitung), während (Phase 2: Geschäftsmodellimplementierung) und nach der Implementierung (Phase 3: Geschäftsmodellevaluation) betrachtet. Neben der Betrachtung relevanter Geschäftsmodellfaktoren erfolgt eine Reflexion über potenzielle Einsatzmöglichkeiten von IKT, um somit Elektromobilitätskonzepte zu begünstigen.

Das in diesem Beitrag entwickelte Framework richtet sich an Unternehmen, die als Service Provider Dienstleistungen im Bereich der Elektromobilität anbieten. Diesen Unternehmen soll es somit ermöglicht werden ihre Geschäftsmodelle und IKT-Einsatzmöglichkeiten nach dem aktuellen Stand der Wissenschaft zu konzipieren, implementieren, evaluieren und zu modifizieren.

3.2 Komponenten des konzeptionellen Frameworks

Die wesentlichen Komponenten des konzeptionellen Frameworks sind: Geschäftsmodellkomponenten, Einflussfaktoren, Geschäftsmodellinstanzen, Leistungsdimensionen sowie IKT-Unterstützungsmöglichkeiten.

In dem Framework bilden die Akteure im Elektromobilitätsumfeld sowie die internen und externen Faktoren die Geschäftsmodellfaktoren. Dabei handelt es sich um diejenigen Faktoren, welche als Grundlage bei der Ableitung von Geschäftsmodellen für Unternehmen dienen.

Als relevante Akteure im Elektromobilitätsumfeld werden innerhalb des konzeptionellen Frameworks, die folgenden aus der Literaturanalyse identifizierten Akteure betrachtet: Fahrzeughersteller, Service Provider, Kunden und der Staat. Bei den internen Faktoren handelt es sich um Ressourcen und Kompetenzen, die sich im Besitz eines Unternehmens befinden und durch das Unternehmen beeinflussbar (endogen) sind. Interne Faktoren können in materielle (z. B. Finanzen und Sachanlagen) und immaterielle (z. B. Unternehmensprofil und -rechte) Faktoren aufgeteilt werden. Bei den externen Faktoren handelt es sich um Vorgaben, denen Unternehmen unterliegen und durch das Unternehmen kaum beeinflussbar (exogen) sind. Dabei kann es sich u. a. um Vorgaben aus Politik, Konkurrenzunternehmen, Rohstoffe, gesellschaftliche und wirtschaftliche Entwicklungen handeln.

Begünstigende (Nachhaltigkeit, Smart Grid und TCO) und hemmende (Reichweite, Akku, Preis und Ladeinfrastruktur) Einflussfaktoren sind wesentliche Aspekte bezüglich der Kundenpräferenzen gegenüber Elektromobilitätskonzepten. Die begünstigenden Einflussfaktoren bieten Unternehmen die Möglichkeit ihren Kunden Dienstleistungen attraktiver und auf deren Präferenzen angepasst zu gestalten. Im Gegensatz dazu stellen hemmende Einflussfaktoren Barrieren dar, die es weitestmöglich zu verringern gilt.

Bei der Geschäftsmodellinstanz handelt es sich um die konkrete Ausprägung eines Geschäftsmodells, das zuvor abgeleitet wurde und sich demnach in der Phase der Vorbereitung befindet.

Die Leistungsdimensionen (Leistungspotenzial, -erstellungsprozess und -ergebnis) für die Erbringung von Dienstleistungen gehen zurück auf das Modell von

Hilke (Hilke, 1989). Anhand dieser drei Leistungsdimensionen kann die Evaluation und Anpassung der Geschäftsmodelle erfolgen.

Der Einsatz bzw. Unterstützungsmöglichkeiten von IKT können in allen Phasen des Frameworks erfolgen. Mit IKT können Unternehmen ihren Kunden zusätzliche Nutzen bieten und den Umgang mit Elektromobilitätskonzepten komfortabler gestalten.

3.3 Phasen des konzeptionellen Frameworks

Das in diesem Beitrag entwickelte konzeptionelle Framework besteht aus drei sequenziellen Phasen: Geschäftsmodellableitung, -implementierung und -evaluation. Die verschiedenen Phasen des Frameworks werden dabei innerhalb der Boxen in der Abbildung 4 dargestellt.

Die erste Phase des Frameworks besteht aus Geschäftsmodellfaktoren (Akteuren im Elektromobilitätsumfeld und internen sowie externen Faktoren) und Einflussfaktoren (hemmende und begünstigende Faktoren). In dem Framework bilden die Geschäftsmodellfaktoren eines Unternehmens die Grundlage für die Ableitung von Geschäftsmodellen für Elektromobilitätskonzepte, die von begünstigenden sowie hemmenden Einflussfaktoren dementsprechend positiv bzw. negativ beeinflusst werden. Dabei tangieren Geschäftsmodellfaktoren die begünstigenden Faktoren und die hemmenden Faktoren, wobei es beabsichtigt ist, den Effekt von begünstigenden Faktoren zu maximieren und den von hemmenden Faktoren zu minimieren.

In der zweiten Phase des Frameworks erfolgt die Implementierung der zuvor abgeleiteten Geschäftsmodelle. In dieser Phase werden die Voraussetzungen geschaffen, um die offerierten Leistungen überhaupt erbringen zu können, d. h. es erfolgt die Umsetzung aller notwendigen Maßnahmen (bspw. Ressourcenbeschaffung, oder Marketingmaßnahmen), damit das zuvor abgeleitete Geschäftsmodell erfolgreich umgesetzt werden kann. Danach erfolgt die Überführung des Geschäftsmodells in den Betrieb.

Nach der Implementierung des Geschäftsmodells kommt die Phase der Geschäftsmodellevaluation, dass aus den drei Leistungsdimensionen besteht (Hanelt et al., 2015). Das Leistungspotenzial eines Unternehmens besteht aus der Leistungsbereitschaft (Wollen) und der Leistungsfähigkeit (Können) für die Erbringung einer zuvor beworbenen Dienstleistung. Beim Leistungserstellungsprozess findet die Umsetzung aller Maßnahmen statt, damit die im Geschäftsmodell eines Unternehmens beschriebenen Leistungen realisiert (Roth, 2008) werden können. Das Leistungsergebnis ist die Konkretisierung der Leistungserstellung. Zuvor bieten Unternehmen den Kunden lediglich ihre Leistungspotenziale an. Das Leistungsergebnis soll zu dem vom Kunden (z. B. hohe Nutzenstiftung) erhofften und vom Unternehmen (z. B. hohe Profite) beabsichtigten Ergebnis führen. Alle drei Leistungsdimensionen werden von den Kunden als eine zusammenhängende Leistungsgesamtheit wahrgenommen. Anhand dieser Leistungsdimensionen kann die Überprüfung hinsichtlich der Umsetzung der Unternehmensziele erfolgen und mögliche Stärken bzw. Schwachstellen des Geschäftsmodells identifiziert werden. Somit kann das Geschäftsmodell entsprechend modifiziert werden und für das Unternehmen Wettbewerbsvorteile generieren (Martini, 2008).

Die Anpassung des Geschäftsmodells und ein Einsatz von IKT sind optional. IKT ermöglichen es für Kunden Mehrwerte zu schaffen sowie zusätzliche und benutzerfreundliche Dienstleistungen bereitzustellen und sollten daher von Unternehmen genutzt werden, um ihre Dienstleistungen dadurch für Kunden attraktiver zu gestalten.

3.4 Framework: Battery Leasing Geschäftsmodell

Die relevanten Akteure bei dem Geschäftsmodell des BL sind Fahrzeughersteller, Kunden und der Staat. Mit Fahrzeugherstellern müssen Einigungen hinsichtlich standardisierter Akkus getroffen werden, damit Kunden Akkus sowie Lade- und Wechselstationen mit einer Vielzahl von EV nutzen können. Innerhalb der unterschiedlichen Ladeinfrastrukturanbietern sollten Kooperationen in Bezug auf die Mitbenutzung ihrer Lademöglichkeiten eingegangen werden, um somit Kunden ein weitreichendes Ladeinfrastrukturnetz anbieten zu können. Mit diesem Geschäftsmodell sollte den Kunden das Zurücklegen von Langstrecken mit ihren EV ohne lange Aufladezeiten durch die Nutzung von Akkuwechselstationen ermöglicht werden. Von staatlicher Seite ist es beabsichtigt Elektromobilitätskonzepte zu fördern, in diesem Zuge könnten evtl. Fördermaßnahmen für den Ausbau von Ladeinfrastruktur beantragt werden oder die Durchsetzung von gesetzlichen Rahmenbedingungen für Standards der Akkus von EV angestrebt werden.

Die für dieses Geschäftsmodell benötigten internen Unternehmensfaktoren sind u. a. ausreichende finanzielle Ressourcen sowie qualifiziertes Personal für die Entwicklung der Akkus und Lade- bzw. Wechselmöglichkeiten. Externen Faktoren sind bspw. die Preise sowie die Haltbarkeit der Akkus.

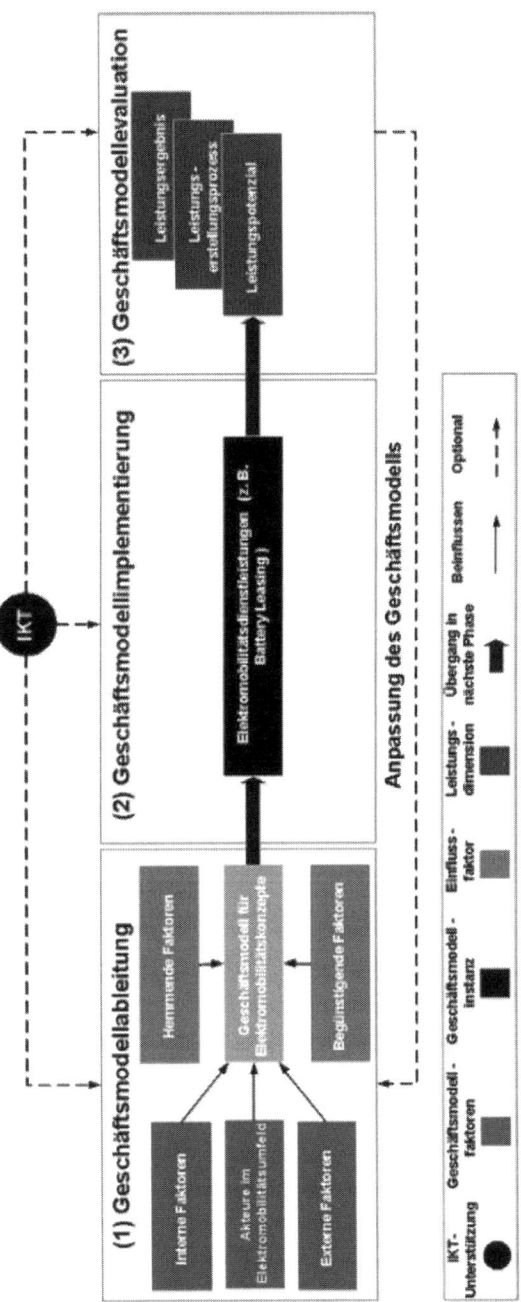

Abb. 4: Konzeptionelles Framework für Elektromobilitätskonzepte.

Beim BL können die begünstigenden Einflussfaktoren dazu beitragen, dass Kunden ihren Mobilitätsbedürfnissen umweltfreundlicher und flexibler nachgehen können. Bis auf eine derzeit limitierte Anzahl an Ladeinfrastrukturanalagen, wirken sich die restlichen hemmenden Einflussfaktoren nur relativ geringfügig auf dieses Geschäftsmodell aus (z. B. kann die Reichweitenproblematik durch Akkuwechselstationen weitestgehend kompensiert werden und hohe Anschaffungspreise der EV durch „mieten" des Akkus gesenkt werden). Mit dem Ausbau von Ladeinfrastrukturanalagen können für Kunden hemmende Einflussfaktoren weiter reduziert werden und dadurch die Attraktivität dieses Geschäftsmodells gesteigert werden.

Bei diesem Geschäftsmodell muss überprüft werden, ob die Kundenerwartungen gegenüber dem Geschäftsmodell erfüllt wurden oder nicht. Dafür können Unternehmen entsprechende Evaluationsmaßnahmen (bspw. Kundenbefragungen, Interviews, Fragebögen oder Soll-Ist-Vergleiche) durchführen.

Der IKT-Einsatz kann bei dem BL Geschäftsmodell in den folgenden Bereichen erfolgen: Authentifikation des Kunden, Vernetzung der Ladeinfrastrukturanlagen mit dem Stromnetz sowie erhalten von standortbezogenen Informationen zum Finden von Ladeinfrastrukturanlagen.

4 Fazit

Konzepte aus der Elektromobilität besitzen das Potenzial wesentliche Beiträge zu Umweltschutzmaßnahmen zu leisten und die sich im Wandel befindenden Kundenanforderungen (z. B. nach umweltfreundlichen Mobilitätsangeboten) zu erfüllen. Jedoch wirken sich die aktuellen Hindernisse (bspw. hohe Anschaffungskosten oder kurze Reichweiten) abschreckend auf Kunden aus.

In diesem Beitrag wurde ein konzeptionelles Framework mit dem Fokus auf Geschäftsmodellen sowie IKT-Einsatzmöglichkeiten für Elektromobilitätskonzepte auf Basis einer Literaturanalyse erarbeitet, um die Marktdurchdringung von Elektromobilitätskonzepten zu unterstützen.

Das konzeptionelle Framework soll Unternehmen bei der Ableitung, Implementierung und Evaluation von innovativen Geschäftsmodellen fördern, um dadurch die Schaffung von attraktiven Angeboten für Kunden zu ermöglichen. Dafür wurde der aktuelle Stand der Wissenschaft betrachtet und daraus relevante Faktoren (begünstigende und hemmende Einflussfaktoren, Geschäftsmodelle, IKT und Akteure im Bereich der Elektromobilität) in Bezug auf eine erfolgversprechende Marktdurchdringung hergeleitet.

Es konnte festgestellt werden, dass es kein Framework und kaum Beiträge im Bereich innovativer Geschäftsmodelle oder IKT-Einsatzmöglichkeiten für Elektromobilitätskonzepte gibt, obwohl diese als relevante Faktoren für den Erfolg von Elektromobilitätskonzepte zu betrachten sind. Abgesehen von dem gescheiterten Konzept von Better Place (BL Geschäftsmodell), konnten keine innovativen Geschäftsmodelle im Bereich der Elektromobilität in der Praxis identifiziert werden, um die derzeitigen Probleme von Elektromobilitätskonzepten zu verringern und für Kunden vielversprechende Angebote zu gestalten (Wimmer, 2015). Es ist davon auszugehen, dass innovative Geschäftsmodelle vermehrt erst entstehen, sobald Einnahmen aus gegenwärtigen Geschäftsmodellen nachlassen und Unternehmen sich dadurch nach innovativen Alternativen bemühen.

Innerhalb dieses Beitrags wurde ein initialer Versuch unternommen, mithilfe eines konzeptionellen Frameworks, innovative Geschäftsmodelle und den Einsatz von IKT im Bereich der Elektromobilität zu fokussieren.

Literaturverzeichnis

Abdelkafi N, Makhotin S, Posselt T (2013) Business model innovations for electric mobility – what can be learned from existing business model patterns? International Journal of Innovation Management 17, pp 1-41

Bandara W, Miskon S, Fielt E (2011) A systematic, tool-supported method for conducting literature reviews in information systems. Proceedings of the 19th European Conference on Information Systems, Paper 221, Helsinki

Bieger T, Reinhold S (2011) Das wertbasierte Geschäftsmodell – Ein aktualisierter Strukturierungsansatz. In: Bieger T, zu Knyphausen-Aufseß D, Krys K (Hrsg.) Innovative Geschäftsmodelle, Springer Verlag, Berlin/Heidelberg/New York, S. 13-70

Bohnsack R, Pinkse J, Kolk A (2014) Business models for sustainable technologies: Exploring business model evolution in the case of electric vehicles. Research Policy 43, pp 284-300

Buck C, Kessler T, Eymann T (2015) Nutzerverhalten als Teil der IT-Security – ein IS-Literaturüberblick. Smart Enterprise Engineering 12. Internationale Tagung Wirtschaftsinformatik, Osnabrück, S. 1115-1130

Busse S, Runge S, Jagstaidt U, Kolbe LM (2014) An Ecosystem Overview and Taxonomy of Electric Vehicle Specific Services. Tagungsband Multikonferenz Wirtschaftsinformatik, Paderborn, pp 908-920

Chesbrough H, Rosenbloom RS (2002) The role of the business model in capturing value from innovation: evidence from Xerox Corporations's technology spinn-off companies. Industrial and Corporate Change 11, pp 529-555

Christensen TB, Wells P, Cipcigan L (2012) Can innovative business models overcome resistance to electric vehicles? Better Place and battery electric cars in Denmark. Energy Policy 48, pp 498–505

Cooper HM (1988): Organizing knowledge syntheses: A taxonomy of literature reviews. Knowledge in Society 1, pp 104-126

Degirmenci K, Breitner MH (2014) Carsharing: A Literature Review and a Perspective for Information Systems Research. Tagungsband Multikonferenz Wirtschaftsinformatik, Paderborn, pp 962-979

Ebke M, Daeuble G (2015) Anforderungen an mobile Assistenzsysteme zur Unterstützung von Geschäftsprozessen – Literaturrecherche und empirische Untersuchung des Technischen Kundendienstes. Smart Enterprise Engineering 12. Internationale Tagung Wirtschaftsinformatik, Osnabrück, S. 46-60

Festag A, Rehme M, Krause J (2016) Studie Mobilität 2025: Koexistenz oder Konvergenz von IKT für Automotive? Anforderungen der vernetzten Mobilität von morgen an Fahrzeuge, Verkehrs- und Mobilfunkinfrastruktur. http://dialoginstitut.de/wp-content/uploads/2016/01/IKT-EM-II_Studie-Mobilit%C3%A4t-2025.pdf. Letzter Aufruf: 14.04.2017

Fettke P (2006) State-of-the-Art des State-of-the-Art: Eine Untersuchung der Forschungsmethode „Review" innerhalb der Wirtschaftsinformatik. Wirtschaftsinformatik 48, S. 165-176

Gräning A, Felden C, Piechocki M (2011) Status Quo und Potenziale der eXtensible Business Reporting Language für die Wirtschaftsinformatik. Wirtschaftsinformatik 53, S. 225-234

Hanelt A, Nastjuk I, Henning K, Eisel M, Ebermann C, Brauer B, Piccinini E, Hildebrandt B, Stryja C, Schüritz R, Kühl N, Hottum P, Satzger G (2015) Entwicklung eines Frameworks zur Beschreibung von Geschäftsmodellen für Elektromobilitätsdienstleistungen. 9. Internationale Energiewirtschaftstagung an der TU Wien, Wien, S. 1-17

Herterich M, Peters C, Neff A, Uebernickel F, Brenner W (2015) Mobile Work Support for Field Service: A Literature Review and Directions for Future Research. Smart Enterprise Engineering 12. Internationale Tagung Wirtschaftsinformatik, Osnabrück, pp 134-148

Hildebrandt B, Hanelt A, Piccinini E, Kolbe LM, Nierobisch T (2015) The Value of IS in Business Model Innovation for Sustainable Mobility Services – The Case of Carsharing. Smart Enterprise Engineering 12. Internationale Tagung Wirtschaftsinformatik, Osnabrück, pp 1008-1022

Hilke W (1989) Dienstleistungs-Marketing: Banken und Versicherungen, freie Berufe, Handel und Transport, Nichterwerbswirtschaftlich orientierte Organisationen, Gabler Verlag, Wiesbaden

Hindermann V, Fellmann M, Thomas O (2014) Dienstleistungsinnovationen für die Elektromobilität. Tagungsband Multikonferenz Wirtschaftsinformatik, Paderborn, S. 895-907

Kley F, Lerch C, Dallinger D (2014) Business models for sustainable technologies: Exploring businessmodel evolution in the case of electric vehicles. Energy Policy 43, pp 284-300

Kley F (2016) E-Mobility: Neue Geschäftsmodelle zur Ladeinfrastruktur. http://www.isi.fraunhofer.de/isi-wAssets/docs/e-x/working-papers-sustainability-and-innovation/WP5-2011_neue-Geschaeftsmodelle.pdf. Letzter Aufruf: 14.04.2017

Klör B, Bräuer S, Beverungen D, Matzner M (2014) IT-basierte Dienstleistungen für die Elektromobilität – Konzeptioneller Rahmen und Literaturanalyse. Tagungsband Multikonferenz Wirtschaftsinformatik, Paderborn, S. 2048-2066

Kolbe LM (2015) Disruption on the Way? The Role of Mobile Applications for Electric Vehicle Diffusion. Smart Enterprise Engineering 12. Internationale Tagung Wirtschaftsinformatik, Osnabrück, pp 1023-1037

Krenge J, Roscher M, Kox T (2013) Beschreibungsmodell für IKT-Geschäftsmodelle in der Elektromobilität. In: Horbach M (Hrsg.) INFORMATIK 2013: Informatik angepasst an Mensch, Organisation und Umwelt (43. Jahrestagung der Gesellschaft für Informatik, 16.–20. September 2013, Koblenz, Germany), Gesellschaft für Informatik e.V., Bonn, S. 1535-1547

Kruse B, Baumöl U (2014) Organizational Adoption of Social Networking Services – A Literature Review. Tagungsband Multikonferenz Wirtschaftsinformatik 2014, Paderborn, pp 962-979

Levy Y, Ellis TJ (2006) A Systems Approach to Conduct an Effective Literature Review in Support of Information Systems Research. Informing Science Journal 9, pp 181-212

Mählmann J, Groß P-O, Breitner MH (2012) Analysis and Discussion of Critical Success Factors of E-mobility Interconnected IS Infrastructure. Multikonferenz Wirtschaftsinformatik 2012, Braunschweig, pp 1449-1460

Martini A (2008) Suchen, Erfahren und Vertrauen in den „Moments of Truth". Eine Analyse dynamischer Qualitätsbeurteilung bei professionellen Dienstleistungen am Beispiel von Bildungsleistungen, Dissertation, Universität Berlin

Miller BW, Redding R (1986) The FASB: The People, the Process and the Politics. USA

Müller C, Benad H, Rennhak C (2016) E-Mobility: Treiber, Implikationen für die beteiligten Branchen und mögliche Geschäftsmodelle. https://publikationen.uni-tuebingen.de/xmlui/bitstream/handle/10900/44113/pdf/WP_2011_09.pdf. Letzter Aufruf: 14.04.2017

Osterwalder A, Pigneur Y, Tucci CL (2005) Clarifying Business Models: Origins, Present, And Future Of The Concept. Communications of the Association for Information Systems 16, pp 1-25

Ried S, Jochem P, Fichtner W (2013) Chancen für IKT durch zukünftige Dienstleitungs-Geschäftsmodelle für Flotten mit Elektrofahrzeugen. In: Horbach M (Hrsg.) INFORMATIK 2013: Informatik angepasst an Mensch, Organisation und Umwelt (43. Jahrestagung der Gesellschaft für Informatik, 16.-20. September 2013, Koblenz, Germany), Gesellschaft für Informatik e.V., Bonn, S. 1548-1562

Roth S (2007) Preismanagement für Leistungsbündel: Preisbildung, Bündelung und Delegation. Deutscher Universitätsverlag, Wiesbaden

San Roman TG, Momber I, Abbad MR, Miralles AS (2011) Regulatory framework and business models for charging plug-in electric vehicles: Infrastructure, agents, and commercial relationships. Energy Policy 39, pp 6360-6375

Schneider S, Spieth P (2013) Business Model Innovation: Towards An Integrated Future Research Agenda. International Journal of Innovation Management 17, pp 1-34

Solomon A, Solomon J (2016) A conceptual framework of conceptual frameworks: positioning corporate financial reporting and corporate environmental reporting on a continuum. https://business-school.exeter.ac.uk/documents/papers/accounting/2004/0405.pdf. Letzter Aufruf: 14.04.2017

Teece DJ (2010) Business models, business strategy and innovation. Long Range Planning 43, pp 172-194

Vom Brocke J, Simons A, Niehaves B, Reimer K, Plattfaut R, Cleven A (2009) Reconstructing the Giant: On the Importance of Rigour in Documenting the Literature Search Process. Proceedings of the 17. European Conference On Information Systems (ECIS), Paper 161, Verona

Wagner vom Berg B (2015) Konzeption eines Sustainability Customer Relationship Managements (SusCRM) für Anbieter nachhaltiger Mobilität, Doctoral dissertation, Oldenburg, Univ., Diss.

Webster J, Watson RT (2002) Analyzing the past to prepare for the future: Writing a literature review. Management Information Systems Quarterly 2, pp xiii-xxiii

Weidlich A (2010) Geschäftsmodelle Elektromobilität. Fünfzehntes Kasseler Symposium Energie-Systemtechnik Kassel, S. 135-142

Weiner N, Renner T, Kett H (2015) Geschäftsmodelle im Internet der Dienste Trends und Entwicklungen auf dem deutschen IT-Markt. https://wiki.iao.fraunhofer.de/images/studien/geschaeftsmodelle_im_internet_der_dienste_trends.pdf. Letzter Aufruf: 14.04.2017

Welz J (2015) Geschäftsmodelle und Erfolgsfaktoren von deutschen Bioenergiedörfern. http://www2.leuphana.de/umanagement/csm/content/nama/downloads/download_publikationen/Welz_Geschaeftsmodelle_und_Erfolgsfaktoren_Bioenergiedoerfer.pdf. Letzter Aufruf: 17.12.2015

Williander M, Stalstad C (2013) New Business Models for Electric Cars. EVS27 International Battery, Hybrid and Fuel Cell Electric Vehicle Symposium, Barcelona, pp 1-11

Wimmer P (2015) The Green Bubble: Our Future Energy Needs and Why Alternative Energy Is Not the Answer. New York

Zott C, Amit R, Massa L (2011) The business model: Recent developments and future research. Journal of Management 37, pp 1019-104

Nutzung von e!Sankey Calc als Modellierungswerkzeug

Andreas Möller, Jan Hedemann

Abstract Sankey-Diagramme haben sich aus kommunikationstheoretischer Sicht als besonders leicht interpretierbare Sprache zur Visualisierung von Daten herausgestellt, insbesondere Zusammenhänge der indirekte Herkünfte und Verwendungen. Das betrifft etwa Kostenzusammenhänge in Supply-Chains oder auch Stoff- und Energieströme. Sankey-Diagramme werden zumeist als unflexibles Visualisierungs-Add-On für Modellierungs- und Simulationswerkzeugen für spezielle Anwendungsfelder entwickelt. Oder man nutzt Visualisierungsprogramme, die zwar ausgezeichnete Zeichenfunktionen zur Verfügung stellen, dafür aber keinerlei Möglichkeiten der Datenverarbeitung und Modellierung bieten. Der folgende Beitrag soll einen Zwischenweg darstellen, wobei die Modellierung von Stoff- und Energieströmen im Vordergrund steht.

1 Einleitung

Visualisierungsprogramme, die nur Zeichenwerkzeuge bieten und keinerlei Modellierungsfunktionen bieten zumeist die Möglichkeit, auf externe Datenbestände zuzugreifen. Typisch ist der Zugriff auf Excel®-Dateien. Das computergestützte Modell erstreckt sich dann auf zwei verschiedene Dateien, Dateiformate und Programme. Auch erweist sich die Pflege der „Links" als mühsam. Darüber hinaus sind in Tabellenkalkulationen bestimmte Modellierungsfunktionen nicht einfach zu nutzen, vor allem die Übersetzung einer Modellspezifikation in einen mathematischen Lösungsansatz (Umsetzung in ein lineares Gleichungssystem, Umsetzung in eine Nullstellensuche).

A. Möller (✉)
Institut für Umweltkommunikation, Leuphana Universität Lüneburg
E-Mail: moeller@uni.leuphana.de

J. Hedemann
ifu Hamburg GmbH, Max-Brauer-Allee 50, Hamburg
E-Mail: j.hedemann@ifu.com

Der Vorteil der Nutzung von Excel® als Modellierungswerkzeug besteht darin, dass viele Modellierungsprobleme mit Hilfe von Excel® gelöst werden. Excel® ist vielfach auch das Einstiegs-Modellierungswerkzeug. Das betrifft z. B. auch Stoffstromanalysen und Life Cycle Assessment. Dabei sind aber auch sehr schnell die Schwächen zutage getreten. Zum einen werden die Modelle sehr unübersichtlich, etwa durch unsichtbare Links zwischen Sheets, wenn man jeden einzelnen Prozess mit Hilfe von Sheets modelliert. Schnell hat man es mit Duzenden von Sheets zu tun. Außerdem ist es erforderlich, mit Zyklen umzugehen. Dies erfordert den Einsatz von Algorithmen in Visual Basic, welche die Modellspezifikationen in Zwischentabellen und Matrizen übersetzen, die von eingebauten Funktionen (Berechnen der Inversen usw.) herangezogen werden.

Im Folgenden soll untersucht werden, ob es gerade in dem Zusammenhang der Modellierung von Flowsheets nicht sinnvoller wäre, direkt die Modellierung im Visualisierungsprogramm vorzunehmen. Damit soll insbesondere auf einen adäquaten Umgang mit Zyklen eingegangen werden.

2 Vorbild Normalkostenrechnung

Am Beispiel der vergangenheitsbezogenen Kostenrechnung und dem Kostenüberwälzungsprinzip (Kilger, 1993) lässt sich darstellen, wie schrittweise Datenerfassung und Datenvisualisierung in Modellierung überführt werden. In der Kostenrechnung nennt man eine Kostenrechnung, die sich so aus der Ist-Kostenrechnung entwickelt, eine Normalkostenrechnung (Kilger, 1993). Typisch ist die Berechnung bestimmter Kostenarten mit Hilfe anderer, direkt erhobener Kostenarten, etwa die Abschätzung von Lohnkosten aus Arbeitsstunden. Die in das Kostenmodell einfließenden Kostenarten sind quasi die Indikatoren für die berechneten Kostenarten.

Auf ähnliche Weise kann die Datenerfassung etwa für Energieflussanalysen zur Steigerung der Energieeffizienz reduziert werden. Der Übergang von der Ist-Kostenrechnung zur Normalkostenrechnung kann also analog in verschiedenen Kontexten angewendet werden.

Das Beispiel der Kostenrechnung weist aber auch auf eine weitere Herausforderung hin. Aus einer Zeit vor dem Einsatz von Computern stammt der BAB, der Betriebsabrechnungsbogen (Hummel und Männel, 1986). Dieser stellt nichts anderes als ein Modell der Kostenüberwälzung von den Kostenarten zu den Kostenträgern dar. Die Kostenüberwälzung kann dabei mehrere Schritte enthalten und darüber hinaus auch Zyklen. Auch dieser Fall tritt in anderen Kontexten auf, etwa, wenn bei der Energiegewinnung Energie zum Betrieb eingesetzt werden muss.

Während in der Kostenrechnung mögen Zyklen als unerfreuliche Randerscheinungen erscheinen mögen, sieht die Sache bei Stoffstromanalysen anders aus. Der Zyklus sollte eher ein generelles Gestaltungsmuster sein. Ansonsten macht es keinen Sinn, von Kreislauffähigkeit, Kreislaufwirtschaft und industriellem Metabolismus zu sprechen (Fischer-Kowalski, 1998; Fischer-Kowalski und Hüttler, 1999).

Modellierungswerkzeuge sollte entsprechende Leitbilder und konkreten Modellierungen nicht behindern, etwa durch hohe Anforderungen an die Modellierungsexperten, sondern unterstützen. Der folgende Abschnitt wendet sich daher dem Umgang mit Zyklen auf verschiedenen Ebenen zu. Dabei wird auch die Modellierungspraxis deutlich werden: Wie gibt man die zu berechnenden Anteile eines Modells an.

3 Mathematische Zugänge zum Umgang mit Zyklen

Bereits angesprochen worden ist, dass man bestimmte Modellierungsherausforderungen in mathematische Probleme übersetzen muss, um eine Lösung berechnen zu können. Im Falle der Zyklen im Betriebsabrechnungsbogen muss aus den verfügbaren Daten des BAB ein lineares Gleichungssystem abgeleitet werden, das dann mit Hilfe von Algorithmen gelöst werden kann. Auf ähnliche Weise kann in der Plankostenrechnung (Küpper, 1992) und beim Life Cycle Assessment (Heijungs und Suh, 2002) verfahren werden. Die Beschränkung auf lineare Gleichungen ist letzten Endes sogar notwendig, da es um Zweck/Mittel-Beziehungen geht und sowohl die Kostenrechnung als auch das Life Cycle Assessment Effizienzanalysen sind.

Will man jedoch neue Gleichgewichtszustände („steady states") im industriellen Metabolismus bestimmen, so ist mit nicht-linearen Prozessen zu rechnen. Wenn dann noch Kreisläufe hinzukommen, wird es schwierig: Lohnt sich das Recycling? Welcher zusätzliche Aufwand ist mit der Kreislaufführung verbunden? Passen die Stoff- und Energieströme für das Recycling zusammen?

Als Vorbild für den Umgang mit solchen Fragen kann das Chemical Engineering dienen. Seit mehreren Jahrzehnten wird an Computerwerkzeugen für das Chemical Engineering gearbeitet (z. B. Aspen Plus® von AspenTech), und es habe sich dabei verschiedene Grundkonzepte herausgestellt („Approaches", Westerberg et al., 1979).

Beim „Sequential Modular Approach" schneidet gedanklich die Recyclingströme auf („Tearing", Gundersen und Hertzberg, 1983). Sind alle Kreisläufe aufgeschnitten und jeweils eine Ende mit einem anfänglichen Schätzwert versehen, kann man die Stoff- und Energieströme sequentiell berechnen. Die Berechnung kann als erfolgreich angesehen werden, und der Kreislauf befindet sich im Gleichgewicht, wenn jeweils die beiden Enden der Schnitte den gleichen Wert aufweisen. Den Kreislauf kann als Funktion interpretiert werden, die mit einem Schätzwert startet und einen Funktionswert $f(x)$ ausrechnet. Das System befindet sich dann im Gleichgewicht, wenn für alle aufgeschnittenen Flüsse i gilt: $f_i(x_i) = x_i$. Mit anderen Worten, man sucht Fixpunkte der Funktionen f_i. Wenn sich das System noch nicht im Gleichgewicht befindet, werden neue Startwerte bestimmt mit Hilfe von Konvergenzmethoden (Wegstein, Biegler, 2000), und die Berechnung erneut gestartet. Es ergibt sich eine Sequenz von Berechnung, die hoffentlich gegen die Fixpunkte konvergiert.

Eine Alternative zum Sequential Modular Approach stellt die „Equation-Oriented Strategy" dar (Westerberg et al., 1979; Barton, 2000). Bei ihr wird aus den Modellspezifikationen ein System nicht-linearer algebraischer Gleichungen zusammengestellt. Diese haben etwa für einen ganz einfachen Mixer die Form $Y00_M=X00_M+X01_M$. Derartige Gleichungen werden in eine Normalform überführt, bei der auf der rechten Seite nur noch die Null auftritt, also etwa $Y00_M-(X00_M+X01_M) = 0$. Interpretiert man die n linken Seiten als Funktionen, verdeutlicht sich, dass die Nullstelle einer n-dimensionalen Funktion gesucht ist. Hier kommt. Verfahren zur Nullstellensuche wie das Newton-Verfahren können eingesetzt werden, um die Gleichgewichte zu bestimmen.

Universell einsetzbare Softwarewerkzeuge erfordern, dass Modellierer und -innen derartige Vorbereitungen zur Anwendung bekannter Verfahren wie der Nullstellensuche selbst vornehmen müssen. Spezialisierte Werkzeuge können dann im Vorteil sein, weil sie – zumindest zum Teil – diese Arbeit übernehmen können. Beim Einsatz von Solvern zum Lösen linearer Gleichungen kann dies so weit gehen, dass die Modellierer und -innen vom Berechnungsverfahren nichts wissen. Beim System nicht-linearer algebraischer Gleichungen sieht es insofern etwas anders aus, als dass Modellierer und -innen gute Startbedingungen für die Suche nach Gleichgewichten vorgeben müssen, etwa durch das Tearing oder anfängliche Schätzwerte.

4 Umgang mit Zyklen in eSankey Calc

Das Softwarewerkzeug eSankey hat sich als populäres Werkzeug zum Design von Sankey-Diagrammen erwiesen. Soll sie auch Berechnungsfunktionen bieten, stellt sich sehr schnell die Frage des Umgangs mit Zyklen. ESankey bietet Ansätze zum Umgang auf drei Ebenen an:

1. Die oberste Ebene folgt dem Sequential Modular Approach. Modellierer und -innen unterstützen das Bestimmen von Gleichgewichten in Zyklen mit Hilfe des Tearings und anfänglichen Schätzwerten. Als Konvergenzmethode kommt insbesondere Wegstein zum Einsatz. Tearing und Schätzung sind dabei Teil von Prozessspezifikationen, obwohl sich diese Angaben auf die Flüsse zwischen den Prozessen beziehen.

2. Das „Modular" des Sequential Modular Approach bezieht sich darauf, dass keine Vorgaben zur Berechnung einzelner Prozesse gemacht werden. Die Equation-Oriented Strategy verlangt die Spezifikationen aller Prozesse als Menge von Funktionen, während beim Sequential Modular Approach gleichsam Sub-Solver für die einzelnen Prozesse verwendet werden können, etwa durch Einsatz von Excel® oder durch Angabe von Algorithmen in einer Skriptsprache wie Python. Das bedeutet aber auch, dass zyklische Prozesse in einem aggregierten Prozess zusammengefasst werden können. Das ist z. B. in der Chemischen Industrie von Bedeutung.

3. Auf der untersten Ebene werden bestimmte mathematische Verfahren wie die Nullstellensuche zur Verfügung gestellt, etwa in Form der Funktion fzero(expression, variable, initial_value).

5 Beispiel

Abbildung 1 zeigt das Sankey-Diagramm einer Ammoniaksynthese. Das Beispiel ist aus (Finlayson, 2012) übernommen. Damit kann auch die Modellierung mit einem spezialisierten Tool wie eSankey mit Excel® verglichen werden. Ein Kreislauf ergibt sich, weil die Reaktion nicht zu 100 % erfolgt. Damit befinden sich auch Sickstoff und Wasserstoff im Outputstrom des chemischen Reaktors. In der Separatoreinheit werden Wasserstoff und Stickstoff vom Ammoniak abgetrennt und über den Mixer erneut zugeführt.

Das Modell enthält damit zwei Herausforderungen für die Berechnung, zum einen die Bestimmung des Gleichgewichts, das sich für den Zyklus einstellt, und zum anderen die Bestimmung des chemischen Gleichgewichts im chemischen Reaktor. Abbildung 2 zeigt die Spezifikation des Mixers. Deutlich wird dabei, wie das Tearing im Rahmen des Sequential Modular Approaches auf der obersten Ebene des Gesamtmodells durchgeführt wird.

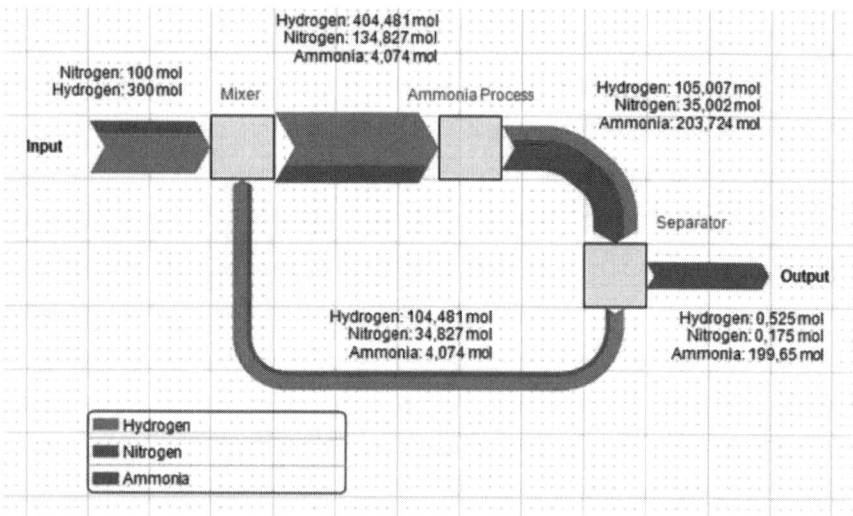

Abb. 1: Sankey-Diagramm der Ammoniak-Synthese.

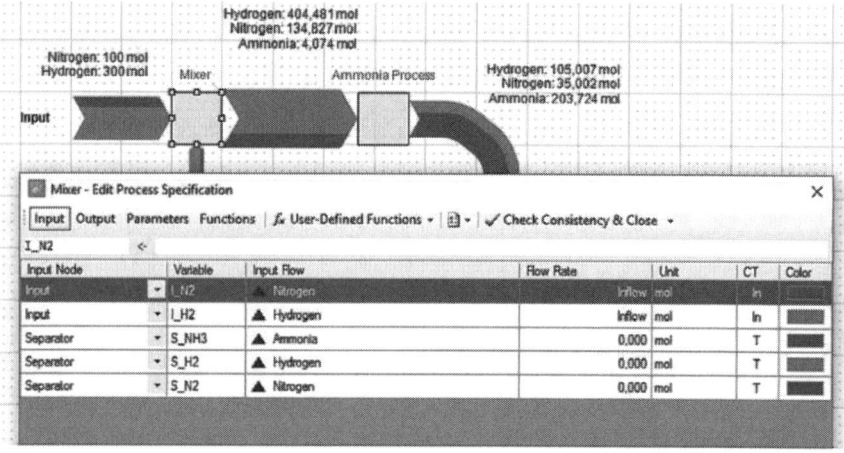

Abb. 2: Angabe der Schnittstellen („Tearing") für die Rückflüsse aus der Separatoreinheit („T" in der Spalte „CT") und Schätzwerte (hier 0.000).

In Abbildung 3 werden die Zuweisungen und Gleichungen für die Berechnung der Inputs und Outputs des chemischen Reaktors angegeben. Dabei können verschiedene Sektionen unterschieden werden. Von Bedeutung sind hier „Estimations" und „Sequence". Während die Sektion „Estimations" die Schätzungen aufnimmt (geschätzt wird das chemische Gleichgewicht CR), dient „Sequence(CR, EQUI,

KR)" dazu, das sich tatsächlich einstellende chemische Gleichgewicht zu bestimmen. Diese Sektion entspricht dem Goal-Seeking in Excel®: Die Variable CR soll so verändert werden, dass der Wert der Variablen EQUI dem Wert KR entspricht, wobei KR eine Konstante für die Ammoniaksynthese ist. Die Bestimmung von EQUI ist in Zeile 30 angeben.

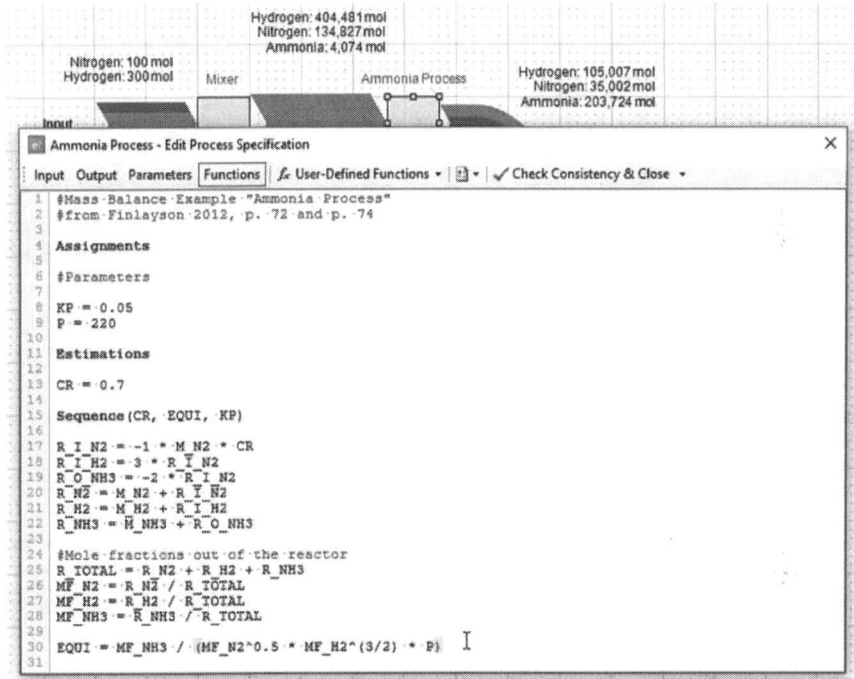

Abb. 3: Zuweisungen und Gleichungen zur Spezifikation des chemischen Reaktors.

Der chemische Reaktor ist ein Beispiel für die Nutzung mathematischer Verfahren innerhalb der Berechnung der Inputs und Outputs eines einzelnen Prozesses. Bei der Suche nach einem Wert für CR, so dass EQUI = KR ist, wird intern das newton-ähnliche Verfahren Broyden verwendet (Broyden, 1965).

6 Zusammenfassung

Die Forderung nach Berechnung und Modellierung von Sankey-Diagrammen führt sehr schnell zu erheblichen Herausforderungen, zumal im Zusammenhang

mit Leitbildern wie Kreislaufführung. Man könnte dieses Problem quasi ausla-
gern, indem Universalsoftwarewerkzeuge wie Excel® quasi beauftragt, die Berechnungen vorzunehmen, woraus sich die Forderung nach einer entsprechenden
Excel-Schnittstelle ergibt. Das ist in vielen Fällen eine gute Lösung.

Allerdings sind die Modellierungsexperten mit der Herausforderung konfron-
tiert, selbst die Modellspezifikationen in den Dateninput für geeignete mathematische Verfahren zu übersetzen. Hier können spezialisierte Softwarewerkzeuge hilfreich sein.

Das Beispiel zeigt dabei aber, dass ein vollständiges Verbergen der zum Einsatz
kommenden Berechnungsmethoden nicht möglich ist. Man denke nur an der Tearing. Bemerkenswert ist, dass den Modellierungsexperten im Chemical Engineering Derartiges durchaus vertraut ist. In den Umwelt-und Nachhaltigkeitswissen-
schaften ist das leider noch nicht der Fall.

Literaturverzeichnis

Barton PI (2000) The Equation Oriented Strategy for Process Flowsheeting, Department of
    Chemical Engineering, Massachusetts Insstitute of Technolgy, Cambridge, MA
Biegler LT (2000) Systems of Nonlinear Equations – Part II, Chemical Engineering Department,
    Carnegie Mellon University, Pittsburgh
Broyden CG (1965) A Class of Methods for Solving Nonlinear Simultaneous Equations. Mathe-
    matics of Computation 19, pp 577-593
Finlayson BA (2012): Introduction to Chemical Engineering Computing, 2nd ed, John Wiley &
    Sons: Hoboken (NJ)
Fischer-Kowalski M (1998) Society's Metabolism – The Intellectual History of Material Flow
    Analysis, Part I, 1860-1970. Journal of Industrial Ecology 2, Issue 1, pp 61-78
Fischer-Kowalski M, Hüttler W (1999) Society's Metabolism – The Intellectual History of Ma-
    terial Flow Analysis, Part II, 1970-1998. Journal of Industrial Ecology, Vol. 2, Issue 4, pp
    61-78
Gundersen T, Hertzberg T (1983) Partitioning and Tearing of Networks – Applied to Process
    Flowsheeting. Modeling, Identification and Control, Vol. 4, No. 3, pp 139-165
Heijungs R, Suh S (2002) The Computational Structure of Life Cycle Assessment, Kluver: Dor-
    drecht/Boston/London
Hummel S, Männel W (1986) Kostenrechnung 1 – Grundlagen, Aufbau und Anwendung,
    4. Aufl., Gabler: Wiesbaden
Kilger W (1993) Flexible Plankostenrechnung und Deckungsbeitragsrechnung, 10. Aufl.,
    Gabler: Wiesbaden
Küpper H-U (1992) Theoretische Grundlagen der Kostenrechnung. In: Männel, W. (Hrsg.)
    Handbuch Kostenrechnung, Gabler: Wiesbaden
Westerberg AW, Hutchinson HP, Motard RL, Winter P (1979) Process Flowsheeting, Cambridge
    University Press: Cambridge/London/New York

The ECET Assessment Framework for Environmental Performance Indicators

Naoum Jamous, Ivayla Trifonova

Abstract Due to accelerated adverse changes in the environment, much legislation has been passed on the topic of sustainability. This, coupled with improved social awareness, has challenged companies to enhance their business strategies with respect to improvements in sustainability. A clear and comprehensive communication of a company's sustainability efforts has become an increasingly important factor for success in today's markets. Performance indicators, aligned with sustainable topics and a company's ability for sustainability reporting, are a way to face this challenge. This paper elaborates on the increased demand of Small and Medium Enterprises (SMEs) for Environmental Management Information Systems (EMISs) and adequately assesses the applications of relevant regulations to successfully curtail and reduce the enterprise's impact on the environment while running its business. In this paper we present a new assessment framework model for EMIS adoption and key success factors for using it in an SME. In order to build the model, an exploratory study of 272 companies was conducted to identify the requirements, and it led to a conceptual model based on four identified success constructs and named the ECET Assessment Framework. The focus of this paper is to explain the confirmative approach used to validate this conceptual model. The ECET framework was evaluated by 138 companies by means of a Structural Equation Model (SEM). This SEM provides the validity of the success constructs and gives additional insight into their interdependencies. The evaluated success model helps companies to position themselves based on their EMIS determining factors and to gain knowledge about what needs to be improved in order to achieve a successful implementation of an EMIS.

N. Jamous (✉) • I. Trifonova
Otto-von-Guericke-Universität Magdeburg
Universitätsplatz 2, 39106 Magdeburg, Deutschland
E-Mail: naoum.jamous@iti.cs.uni-magdeburg.de; ivayla.trifonova@st.ovgu.de

1 Introduction

In light of a shared ecosystem, preservation is a global responsibility. Individual, local actions have repercussions at a global level and protecting our shared atmosphere should be a global objective (Jamous et al., 2011). Environmental issues have increasingly become an important global public policy issue, and the preservation of environmental sustainability and energy efficiency is becoming a daily challenge for today's companies (Günther, 1998). "Sustainability seeks to provide the best outcome for the human and natural environments both now and into the indefinite future" (White and Gwendolen, 2009). All business activities of any enterprise, independent of industry, have an impact on the environment. Identifying and measuring these impacts is the starting point to reach sustainable development.

For the last four decades, researchers have identified some remarkable achievements that have positively impacted the environment and society in general (Jamous et al., 2011). At the enterprise level, environmental problems have not been seriously tackled. Most organizations, especially SMEs, focus on the short- to medium-term benefits and develop their action plan within that framework, paying less attention to environmental issues and more attention to monetary gains. In this regard, a recommendation system or a dashboard as an Environmental Management Information System (EMIS) could play a vital role in keeping an organization's management well informed regarding the environmental impact of their decisions' direct effect on the competitiveness of their organization.

Organizations which comprise more than 95 % of the European Union's enterprises and over 55 % of its economic value added are Small and Medium-sized enterprise (SMEs). These two simple figures show the importance of the (SME) sector. The European Commission for Enterprise and Industry report indicates that between 75 % and 90 % of the SMEs think that their activities do not have any impact on the environment (EU Commission, 2007). During the last two decades, researchers have presented much academic research investigating the environmental role of SMEs and the internal and external barriers for their adopting of Environmental Management Systems (EMSs) and EMISs. Several examples can be found at (Cristóbal Andrade et al., 2012; Hillary, 2004; Ammenberg and Hjelm, 2003; Fay, 2000; Hoevenagel and Wolters, 2000; Teuteberg and Straßenburg, 2009).

This work serves to support the LWC-EPI research project by mathematically strengthening its findings about the EMIS adoption requirements and key success factors for using it in an SME. The first step was an exploratory factor analysis that led to identify these requirements and build a conceptual model based on four identified success factors. The focus of this paper is on the second research step, where a confirmatory analyses was conducted to evaluate the conceptual model, named the ECETAssessment Framework, using a Structural Equation Model (SEM) based on the replies from 138 companies. This SEM provides the validity of the success constructs and gives additional insight into their interdependencies. The evaluated success model helps companies position themselves based on their EMIS determining factors and gain knowledge about how to improve in order to achieve a successful implementation of an EMIS.

This paper is structured as follows: Section 2 provides an introduction to the terms and the research background as well as a summary of the current state of research in adjacent areas of study. Section 3 describes the holistic research approach of the LWC-EPI and the ECET Assessment Framework. It presents the overall research concept, while the entire paper addresses a significant part of it. Section 4 briefly describes the exploratory study which was conducted to build the ECET framework. In Section 5, the proposed ECET framework is evaluated by means of a confirmatory study. This study uses the PLS method to confirm the structure of the proposed research model based on the ECET framework. Furthermore, implications and findings are discussed in this section. The paper closes with a summary and a research outlook in Section 6.

2 Terms and Barriers

There are different views and definitions of SMEs, which are also well known as small and medium businesses (SMB) in the USA. Our working definition is as follows: an SME is an enterprise which has a specific number of employees that falls below certain limits, or its annual turnover does not exceed a certain amount of money (COMM/ENTR, 2005). These limit lines change over time and vary between countries. For our work, we used the European Union standard which set the maximum number of an enterprise's employees at 250 in order to be an SME (EU Commission for Enterprise and Industry, 2012).

Organizations follow the Environmental Management System (EMS) similar to the international standard ISO 14000 series or the European Eco-Management and Audit Scheme (EMAS) to direct their actions. According to Welford, EMSs are prototype frameworks to support enterprises in setting objectives and targets, which allow them to evaluate their environmental compliance and performance and conceive a plan for improvement (Welford, 1996). Usually, such systems include an organizational structure, a planning process, and the resources needed to develop such a plan, followed by an implementation strategy and a medium- to long-term policy for the sustainable use of resources while protecting the environment.

As mentioned before, many researchers have tried to study the barriers for SMEs in adopting an EMS and using an EMIS. Hillary sheds light on this issue in her paper "Environmental management systems and the smaller enterprise" (Hillary, 2004). Based on her study, the drawbacks of implementing an EMS for the surveyed SMEs can be summarized into (Hillary, 2004; Starkey, 1998):

- Resources: SMEs should invest more money, time, and skills.
- The lack of rewards: Most of the SMEs do not believe that the market will reward this effort.
- Overload the SME with extra documentation and paper work instead of focusing on environmental performance.
- Problems meeting different stakeholders' demands.
- An over-complicated system and a complex approach.

During the past few decades, Information Technology (IT) has turned out to be a pillar for providing corporations and enterprises with relevant environmental-related topics using Environmental Management Information Systems (EMIS) (Marx Gómez, 2004; Nieuwenhuis et al., 2006). The concept of EMIS emerged with the discussion about the architecture of the environmental system, which begun in the 1980's (Marx Gómez, 2004). EMIS has often been employed by companies for the purpose of assessing, optimizing, and reporting the current impact of their own processes and operations on the environment. To do so, EMISs use a specific kind of performance indicators called Environmental Performance Indicators (EPIs). Several reporting standards and initiatives have been introduced over the last several decades using a variety of EPIs with a focus on different aspects and levels. The Global Reporting Initiative (GRI) (Global Reporting Initiative, 2006) is the most prominent standard for creating sustainability report today.

Nowadays, many EMISs are available in the market. Enterprises use these EMIS to support business strategies and R&D, as well as input in process design, education, and product labeling (Jamous et al., 2010). EMISs can be grouped into five main categories (Jamous and Mueller, 2010):

- Sustainability reporting tools
- Tools related to distribution and (green) logistics
- Tools for waste management and recycling planning
- Tools supporting compliance management and environmental management
- Lifecycle assessment and material flow analysis tools

It is hard to identify the specific barriers that face SMEs in adopting and implementing EMISs. Here are some general common difficulties faced by most of the SMEs; they differ in ranking from country to country (Hitchens, 2003), and they can prevent an SME from implementing the software:

- Shortage of funds for software
- Lack of time due to the concentration on the daily processing activities
- Lack of knowledge regarding the possible benefits of EMIS, e.g. the improved image of the company
- Absence of demanded expertise, suitable environmental education, and/or training
- Unaware of the special environmental legislation (Hitchens, 2003)
- Lack of generic Environmental Management Applications/Solutions aligned to the nature and needs of SMEs
- Anxiety about the unknown problems of applying the software (Hillary, 2000)
- The existence of a public reporting component in EMIS which frightens the small/medium companies (Hillary, 2000)
- The cultural attitude of the SMEs is negative toward Environmental Management Software (Hillary, 2000)
- Fragile upper-level management support (Hillary, 2000)
- Absence of qualified verifiers (Hillary, 2004)
- Disbelief in the value of Environmental Management System in the market (Hillary, 2004)

The architecture and nature of an EMIS has been perfectly adapted to the large enterprises, whereas the nature of the SMEs is generic and based on specific support and solutions (Hillary, 2000). This was one of the main reasons that none of the EMIS tools in the market have successfully targeted the growing needs of the SMEs for such a system as it shown in reviews like Nieuwenhuis et al. 2006 (Nieuwenhuis et al., 2006) and Teuteberg & Straßenburg 2009 (Teuteberg and Straßenburg, 2009). Basically, SMEs can not afford to adopt the EMIS because "they see these systems as an extra cost and quality expense, without being balanced by measurable benefits" (Clausen, 2004). Focusing on SMEs more closely, the following problems arise:

- The direct cost of such system usually is expensive in regards to an SME's budget.
- Even though SMEs might not use all of a system's components, they must purchase them as a single package that the SME cannot easily customize.
- The systems usually have a high demand for expensive hardware and extensive customization, conditioning, and maintenance efforts.
- The dependence of SMEs on experts to manage the system increases their operational cost (Jamous et al., 2011).

It is a daunting challenge to find a cost-effective solution while still taking into consideration the size and type of organization as well as its needs and priorities.

Seeking a way to help enterprises find the appropriate EPIs in addressing their most significant environmental impact, which the enterprise can influence through its operations, management, products, and services, presents yet another challenge (Jamous et al., 2011).

3 Research Approach

This work is part of the Light-Weight Composite Environmental Performance Indicators solution (LWCEPI) research project. The LWC-EPI aims to provide a conceptual model for an efficient Environmental Management Information System (EMIS) that can help any SME in selecting, creating, calculating, comparing, and reporting its environmental performance indicators at the enterprise level. This model helps developers provide tools to enable any prototype SME to discover whether it follows selected governmental, industrial, or internal regulations. In addition, it assists SME management in comparing their EPIs' results with other competitors at a sectorial level.

Since the LWC-EPI aims to help any SME (not industry specific) satisfy the increased requests of the customers, governments, and NGOs for environmental data, the first step was to gather the requirements for such a system from end-users (SMEs) and domain experts through field studies, direct meetings, and different types of questionnaires. Using the OEPI ontology (OEPI FP7 Project webpage http://www.oepi-project.eu/), all the requirements were structured to be used in developing the use cases together with the specifications gathered from IT and domain experts. This work serves to support the LWC-EPI research project by mathematically strengthening its findings about the EMIS adoption requirements and key success factors for using it in an SME. Continuous assessment and evaluation of the developed cases against the defined requirements and specifications will be applied before moving to the design and development phase.

The user requirements for EMIS implementation were studied and analyzed through end user examination. Due to the limitations of related research in this area, we decided to take an exploratory approach. The outcome was analyzed using an Exploratory Factor Analysis (EFA). The EFA derived relevant variables and constructs to establish a conceptual assessment framework, namely the ECET framework. To evaluate the proposed framework, we conducted a second analysis as a confirmatory study. This study was conducted with the PLS method (Gefen et al., 2000). Figure 1 shows the research approach followed to derive and prove the ECET framework.

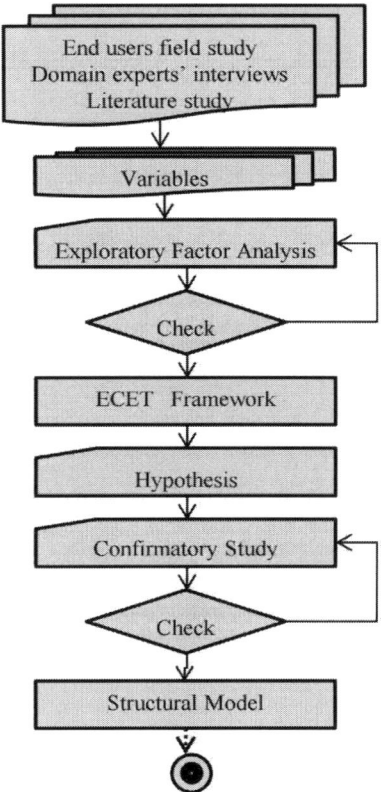

Fig. 1: Research Approach to Derive and Proof the ECET Framework.

4 Exploratory Study

As mentioned, our work aims to prove mathematically the correctness of the ECET framework which consists of four factors, and it gives companies the opportunity to position themselves based on their EMIS determining factors and gain knowledge about how to achieve a successful implementation of an EMIS.

Between January and May 2012, an interview-based survey was conducted of 277 companies to collect data for the identification of relevant factors for implementing EMIS in SMEs. The survey was paper-based and used a questionnaire developed with the OEPI ontology and checked by domain experts to ensure the appropriate assessment of information for the business domain. In total, 272 valid responses coming from around 30 different countries were obtained, with more than 80 % of these responses coming from SMEs. The outcome was analyzed using an Exploratory Factor Analysis (EFA) because of the absence of any assumptions for a possible model structure. An EFA is a variable reduction technique which identifies the number of latent constructs and the underlying factor structure of a set of variables. It may be used to explore the possible underlying factor structure of a set of observed variables without imposing a preconceived structure on the outcome (Child, 2006), and it can be used to identify unknown concepts within a set of variables by calculating interdependencies (Hair, 2006). By performing an EFA, the number of constructs and the underlying factor structure are identified. The EFA derived relevant variables and constructs to establish a conceptual requirements framework named the ECET framework. This framework gives companies the opportunity to position themselves based on their EMIS determining factors and gain knowledge about how to improve in order to achieve a successful implementation of an EMIS (Jamous et al., 2013). In the course of reviewing the factors' variables and comparing the tables' results to the written text in the paper (Jamous et al., 2013), eight variables distributed on the four factors were missing and two were wrongly located due to human error. To validate the results, a different statistical tool was used to repeat the EFA, and the same results were achieved.

4.1 ECET Assessment Framework

Based on the results of the EFA, a conceptual requirements model was proposed. This requirements framework introduces four relevant dimensions that form a foundation for an EMIS's implementation in any corporate environment. The four dimensions are:

- Environmental Maturity level (EML)
- Current Environmental Situation (CES)
- Environmental Footprint Expectation (EFE)
- Technological Experience Level (TEL)

Environmental Maturity Level (EML): This dimension represents the third factor from the EFA and has been interpreted as the environmental maturity level of the company. This concept covers aspects like the company's own environmental expertise, EMIS usage, and its motivation for EMIS. It consists of eleven factors:

- Number of environmental experts employed (var9)
- EMIS in place (var7)

- Monitoring and checking environmental data/information (var18)
- Environmental improvement programs in place (var8)
- EMIS usage (var11)
- Yearly budget for IT (var37)
- Publishing environmental/sustainability reports (var6)
- Motivation (var4)
- Yearly budget for collecting, monitoring, and reporting environmental data (var36)
- Preference of an EMIS as licensed software (var32)
- Preference of an EMIS designed for expert users (var29)

Current Environmental Situation (CES): This dimension represents the first factor of the EFA. It consists of eight factors:

- Current situation of data accuracy (var25)
- Current situation of data availability (var21)
- Current IT support situation (var22)
- Current situation of time-line preferences (var24)
- Environmental reporting situation (var20)
- Current situation of environmental monitoring (var23)
- Satisfaction with organization's current environmental sustainability situation in general (var27)
- Current situation of environmental expertise (var19)

It summarizes the current situation in a company on different issues related to an EMIS implementation. This concept includes the base factors for a successful implementation of an EMIS in a corporate context.

Environmental Footprint Expectation (EFE): This dimension represents the attitude of the company toward the outcome of an EMIS implementation. This concept consists of nine factors:

- Importance based on data type: dynamic data automatically updated (var16)
- The importance of the EPIs on process and activity level (var14)
- Importance based on data type: static/statistical data (var15)
- Importance of the EPIs on a product level (var13)
- Importance based on data type: Real time data (var17)
- The importance of the EPIs on enterprise level (var12)
- Preference of an EMIS as an open source system (var35)
- Level of integration (var28)
- Awareness of environmental legislation (country: society, laws, and regulations) (var5).

It summarizes aspects of the importance of EMIS for the company and some advanced technical issues like dynamic data and implementation forms. Therefore, this dimension includes the factors representing what the company wants to achieve with the implementation of EMIS.

Technological Experience Level (TEL): The fourth dimension based on the EFA has been interpreted as technological experience. This factor was not reliable considering the very low Cronbach alpha of 0.055. Nevertheless, since this is an exploratory study, this factor has been investigated further on the level of domain expertise. Following this, the variables contained in this dimension are mostly related to technical issues of EMIS implementation, such as preferences in provisioning an EMIS and cultural and regional perspectives. In particular, it contains five factors:

- Preference of an EMIS as a web application (var34)
- Preference of an EMIS as a light-weight solution (var33)
- Current situation on other related issues (var26)
- Enterprise's country (var2)
- Preference of an EMIS as standalone system (var31)

Figure 2 presents a condensed graph of the ECET conceptual requirements framework based on the identified four dimensions (see figure 2). It gives companies the opportunity to position themselves based on their EMIS determining factors and gain knowledge about how to achieve a successful implementation of an EMIS. More details about this study can be found in (Jamous et al., 2013).

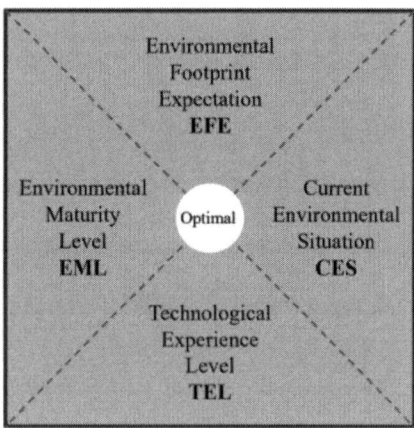

Fig. 2: The ECET Assessment Framework.

5 Confirmatory Study

The proposed ECET framework has to be confirmed to assure a proper conceptualization. To achieve this confirmation, a confirmatory study has been conducted and will be presented in this section.

In this study, we first formulated a hypothesis which reflects the inter-dependencies between the identified factors of the ECET framework. The formulation of the hypothesis was based on a literature study focused on IT project success in SMEs and success factors in business application enrollment. For the operationalization of the hypothesis, we used the method of Structural Equation Modeling (SEM). SEM is a method for multi-variant data analysis which investigates dependencies between variables that cannot be observed or measured directly (Schumacker and Lomax, 2010). The data acquisition for testing the structural model was done by interviews and surveys. A survey questionnaire was developed based on the hypothesis, enhanced by knowledge from practical experience and opinions from expert interviews. The results of the survey were analyzed by using the Partial-Least-Square method (PLS).

PLS is a convenient method of analysis because of the minimal demands on measurement scales, sample size, and residual distributions, and it can therefore be used for theory confirmation. When the research is based on a strong prior theory and the goal of the analysis if the further development of the model, it would be more appropriate to use covariance based estimation methods like Maximum Likelihood or Generalized Least Square (GLS).

For application, a PLS based approach is often more suitable. The assumptions for this approach are that the measured variance is a useful variance and should be explained, and that all latent variables are linear combinations of the observed measures. Sample size can be smaller than in similar analysis. A rule of thumb suggests that the sample size should be equal to the larger of the following: ten times the scale with the largest number of causal indicators, or ten times the largest number of structural paths directed at a particular construct in the structural model (Tabachnick and Fidell, 2007).

5.1 Hypothesis for the Interdependencies between the Success Factors

Based on the identified constructs in the ECET framework, we derived four hypotheses. The hypotheses were formulated based on expert opinions of the dependencies and influence factors on Information Systems implementation in general and, in particular, business scenarios. The interviewed experts were experienced project managers in IT departments of SMEs in different industry sectors. We enriched the experts' opinion with findings from literature studies on the determination of success factors in implementing Information Systems in general and in particular situations.

H1: The Technological Experience Level (TEL) influences positively the Environmental Maturity Level (EML).

The core concept of the structural model, the environmental maturity level, is interdependent directly with the three other constructs of the ECET framework. These first three hypotheses formulate the core of the structural model.

Interviewed experts agreed that the technological experience level of a company has a significant impact on any Information System implementation project and the maturity level of a company. This claim is widely supported by several findings in the literature (e.g. Martin et al., 2002; Siegenthaler and Schmid, 2005; Lee et al., 2008; Xu et al., 2008).

H2: The Environmental Maturity Level (EML) influences positively the Environmental Footprint Expectation (EFE).

The implementation of an EMIS is fundamentally based on the understanding of business processes and key indicators for environmental issues. Therefore, most of the experts agreed that a thorough understanding of environmental issues in business processes in the company and a high level of environmental competence influences the implementation of an EMIS. This will lead to a higher expectation from using the EMIS and better environmental footprint expectation. This hypothesis is supported in the literature as well (e.g. Watson et al., 2011; Dao et al., 2011).

H3: The Current Environmental Situation (CES) positively influences the Environmental Maturity Level (EML).

Achieving a certain environmental maturity level strongly depends on the engagement and environmental circumstances of the company. Having a low pressure to implement environmental issues leads to a lower commitment of engagement in implementation. Therefore, the current environmental situation has a significant impact on engagement to achieve a certain environmental maturity level. Similar interdependencies can be found in the area of business process management in (Rohloff 2011), IT project management in (Mas and Mesquida, 2011), and ERP systems in (Bernroider, 2008).

H4: The Technological Experience Level (TEL) positively influences the Environmental Footprint Expectation (EFE).

Technological experience leads to a high confidence in implementing information systems with high expectations. Grounded on technological experience, companies are able to design and implement outstanding IT solutions to fulfill high expectations in the outcome. Therefore, it is assumed, that technological experience will lead to higher expectations in the environmental footprint documentation. Support for this assumption can also be found in literature, for example: (Dietz et al., 2007; Fisher and Freudenburg, 2004; Gandhi et al., 2006). In summary, the research model for the following analysis consists of four constructs and four hypotheses as depicted in figure 3.

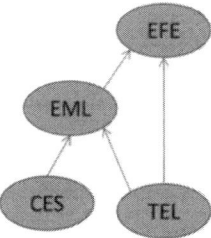

Fig. 3: Research Model.

5.2 Research Method

The research model as depicted in figure 3 has been operationalized by using the PLS approach. In terms of the method of Structural Equation Modeling (SEM), the constructs from the ECTE framework have been used as latent variables, extended by the new construct of EMIS implementation success. To reproduce the latent variables, a measurement model was implemented to assign one or more indicator variables to one latent variable.

These indicator variables can be measured and are connected to the latent variables.

The dataset for the analysis was generated by a questionnaire-based survey. The questionnaire was based on the ECET framework model and was slightly adapted by practical experiences from research and domain experts. Every latent variable was operationalized by multiple indicator variables. Overall, the measurement model consists of 4 latent variables and 24 indicator variables. The minimal number of indicator variables for every latent variable is four and the maximal set is eight.

Every indicator variable was formulated by a specific question in the questionnaire. Answers to the questions have been recorded in a 5-step-Likert scale from "fully agree" to "fully disagree". The questionnaire was tested before the survey in a pre-test through selected experts. There were no results from the pre-test which led to a change in the questionnaire. The questionnaire for the survey consists of 24 questions for the measurement model and four questions about the current state of the company and demographic information. The questionnaire was distributed among 200 employees in the area of business administration, environmental governance, product development, and information technology in 138 companies, selected randomly from the address database of our research laboratory. 152 questionnaires were handed back and, after a quality check of all answers, eight responses were disregarded. Therefore, the data set for the analysis consists of 144 observations. For a survey overview and a first descriptive insight of the data, see table 1.

5.3 Results

For the analysis of the measurement model, we used SmartPLS Version 2.0.M3. SmartPLS provides the possibility to calculate different factors and interdependencies for the measurement model and the structural model. Based on these factors, a statement of the model quality can be drawn. Furthermore, the hypothesis can be tested and, based on the model calculations, a decision can be made about the rejection or acceptance of it.

As it can be seen in table 2, all latent variables have quality measures which allow the structural model to be considered as reasonable. The constructs Current Environmental Situation and Environmental Maturity Level have a Cronbach Alpha higher than 0.6, which is acceptable for the constructs. Technological Experience with a Cronbach Alpha of 0.566 is close enough to 0.6, but the Environmental Footprint Expectation with a Cronbach Alpha of 0.475 might lack consistency. Due to the nature of the study and the early, explorative aspect of the research, we decided to leave this construct in the further analyses, but take care of it in future research steps.

Looking at the structural model, we can see the calculation of the correlation between the latent variables. These correlations lead us to the discussion of the hypothesis.

ECET Factor	Variable	min	max	AVG	STD DEV
EML	VAR9	0	4	1.3130	0.8379
	VAR7	0	4	1.2931	0.7313
	VAR18	0	3	1.0862	0.6894
	VAR8	0	3	1.0517	0.7052
	VAR11	0	4	1.3621	0.8448
	VAR6	0	3	1.1724	0.6856
	VAR4	0	3	0.9913	0.7518
	VAR36	0	3	0.9310	0.7037
CES	VAR25	0	3	1.2051	0.6861
	VAR21	0	3	1.0085	0.5310
	VAR22	0	3	1.1565	0.7174
	VAR24	0	4	1.5726	0.8704
	VAR20	0	4	1.2991	0.7764
	VAR19	0	3	1.2051	0.7106
EFE	VAR16	0	3	1.5739	0.8450
	VAR14	0	3	1.6522	0.7695
	VAR15	0	3	1.1913	0.5882
	VAR13	0	4	1.6696	0.7991
	VAR12	0	4	1.1304	0.7748
	VAR35	0	4	1.6870	0.9988
	VAR28	0	3	1.2414	0.7946
	VAR5	0	4	0.8174	0.8904
TEL	VAR34	0	4	1.0000	0.8408
	VAR2	1	24	9.5556	6.3143
	VAR33	0	3	1.1207	0.8111
	VAR3	1	5	2.4615	1.4473

Tab. 1: Descriptive Analysis Overview.

	AVE	Compodite Reliability	R^2	Cronbach Alpha
Environmental Maturity Level (EML)	0,475	0,877	0,462	0,839
Current Environmental Situation (CES)	0,322	0,699	0	0,638
Environmental Footprint Expectation (EFE)	0,212	0,023	0,405	0,475
Technological Experience Level (TEL)	0,461	0,716	0	0,566

Tab. 2: Quality Measures for the Structural Model.

The correlations between the latent variables vary from 0.209 to 0.580. This means that all four hypotheses cannot be dismissed. With the lowest correlation of 0.209 between the Technological Experience Level (TEL) and the Environmental Maturity Level (EML) (hypothesis H1), this hypothesis supports the experts' collective opinion that environmental maturity level is more a business topic than a technological topic. Technological expertise serves as a foundation, but it does not lead to maturity in this specific topic. The correlation between Technological Experience Level (TEL) and Environmental Footprint Expectation (EFE) (hypothesis H4) with 0.343 and Environmental Maturity Level (EML) and Environmental Footprint Expectation (EFE) (hypothesis H2) with 0.415 show that with a certain level of technology experience and maturity, the expectation increases for the environmental footprint communication. This result is well aligned with the observation that for environmental issues within a company, there has to be a mindset for environmental measures and the exciting of this mindset or attitude increases the expectation constantly. The highest correlation is between the Current Environmental Situation CES and the Environmental Maturity Level (EML) (hypothesis H3) with a path coefficient of 0.580. This correlation is as strong as expected from the experts. Figure 4 visualizes the result of the measurement model.

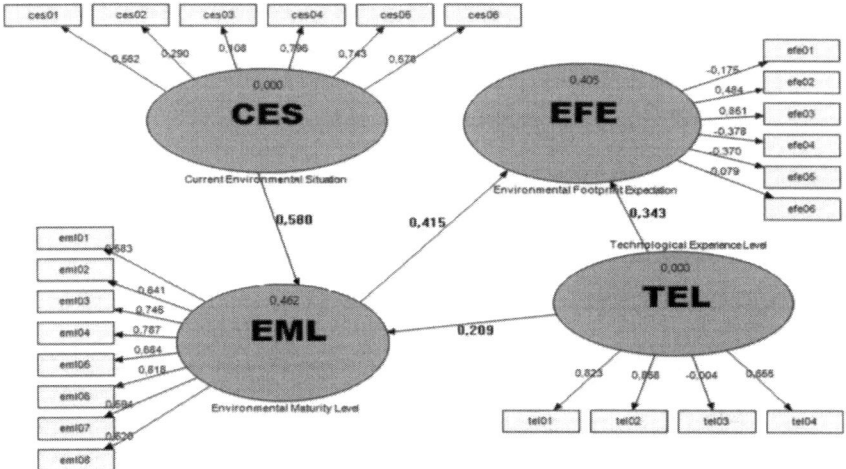

Fig. 4: Result of the Measurement Model.

6 Conclusion and Future Research

The aim of this paper was to confirm the ECET Assessment Framework. This has been done by evaluating the model with 138 companies by means of a Structural Equation Model (SEM). This SEM provides the validity of the success constructs and gives additional insight into their interdependencies. The evaluated model helps companies to position themselves based on their EMIS determining factors and aids them in gaining knowledge about the needed improvements in order to achieve a successful use of an EMIS.

Based on the construct developed from the factor analysis the ECET framework was derived by applying an exploratory factor analysis (EFA). This ECET framework was evaluated by conducting a confirmatory study. This study shows that in the core concepts, the proposed model can be regarded as valid. In some minor aspects, we see some open issues which have to be intensively investigated in the future research steps.

Based on the findings of this paper, companies are able to determine the level of environmental performance measurement at which they are operating and which developments are necessary to achieve a higher level of environmental performance measurement. Therefore, when using this framework, companies will be able to follow a systematic path towards EMIS adaption and implementation.

Several further research steps will follow this work. First, there has to be an investigation into the contradictory issues from the confirmatory analysis. For this, the survey data has to be analyzed in detail to gain some new insight about the distribution and the data quality. Second, we will follow the holistic research approach from LWC-EPI to develop use cases and concepts for the implementation of an EMIS adapted to the specific needs of SME enterprises.

References

Ammenberg J, Hjelm O (2003) Tracing business and environmental effects of environmental management systems? a study of networking SMEs using a joint environmental management system. In: Bus. Strat. Env. 12 (3), pp 163-174

Bernroider EWN (2008) IT governance for enterprise resource planning supported by the De-Lone-McLean model of information systems success. In: Information & Management 45 (5), pp 257-269

Child D (2006) The essentials of factor analysis. 3. Aufl. London: Continuum

Clausen J (2004) Umsteuern oder Neugründen? Die Realisierung ökologischer Produktpolitik im Unternehmen. Universität Göttingen, Bremen

COMM/ENTR (2005) The new SME definition. User guide and model declaration. Luxembourg: Off. for Off. Publ. of the Europ. Communities (Enterprise and industry publications)

Cristóbal Andrade L, Gómez Míguez C, Taboada Gómez MC, Bello Bugallo PM (2012) Management strategy for hazardous waste from atomised SME: application to the printing industry. In: Journal of Cleaner Production 35, pp 214-229

Dao V, Langella I, Carbo J (2011) From green to sustainability: Information Technology and an integrated sustainability framework. In: The Journal of Strategic Information Systems 20 (1), pp 63-79

Dietz T, Rosa EA, York R (2007) Driving the human ecological footprint. In: Frontiers in Ecology and the Environment 5 (1), pp 13-18

EU Commission (2007) Accompanying document to the Communication from the Commission to the Council, the EU Parliament, the European Economic and Social Committee and the Committee of the Regions – Small, clean and competitive – A programme to help SMEs comply with environmental legislation – Impact Assessment. http://eur-lex.europa.eu/LexUriServ/ LexUriServ.do?uri=CELEX:52007SC0906:EN:NOT. Last Updated: 10.08.2007. Accessed: 05.11.2012

EU Commission for Enterprise and Industry (2012) Small and medium-sized enterprises (SMEs). Definition. URL: http://ec.europa.eu/enterprise/policies/sme/facts-figures-analysis/sme-definition/index_en.htm, Last Updated: 16.04.2012. Accessed: 31.10.2012

Fay C (2000) Foreword. In: Ruth Hillary (Eds.) Small and medium-sized enterprises and the environment. Business imperatives. Sheffield: Greenleaf Publ, pp 9-10

Fisher DR, Freudenburg WR (2004) Postindustrialization and Environmental Quality: An Empirical Analysis of the Environmental State. In: Social Forces 83 (1), pp 157-188

Gandhi N, Mohan Das, Selladurai V, Santhi P (2006) Unsustainable development to sustainable development: a conceptual model. In: Management of Environmental Quality: An International Journal 17 (6), pp 654-672

Gefen D, Straub DW, Boudreau M (2000) Structural Equation Modeling ans Regression: Guidelines for Research Practice. In: Communications of the ACM 4 (7)

Global Reporting Initiative (2006) GRI's G3 Sustainability Reporting Guidelines. Version 3.0. Amsterdam

Günther O (1998) Environmental information systems. Berlin/Heidelberg/New York: Springer (Springer-Lehrbuch)

Hair JF (2006) Multivariate data analysis. 6. Aufl. Upper Saddle River, NJ: Pearson/ Prentice Hall

Hillary R (2000) Small and medium-sized enterprises and the environment. Business imperatives. Sheffield: Greenleaf Publ.

Hillary R (2004) Environmental management systems and the smaller enterprise. In: Journal of Cleaner Production 12 (6), pp 561-569

Hitchens David MWN (2003) Small and medium sized companies in Europe. Environmental performance, competitiveness and management; international EU case studies. Berlin: Springer

Hoevenagel R, Wolters T (2000) Small and medium-sized enterprises, environmental policies and the supporting role of intermediate organisations in the Netherlands. In: Greener Management International 30, S. 61-69

Jamous N, Kassem G, Marx Goméz J, Rainer D (2010) Proposed Light-Weight Composite Environmental Performance Indicators (LWC-EPI) Model. In: Greve K, Cremers AB (Eds.) Integration of environmental information in Europe. Proceedings of the 24th EnviroInfo 2010. Köln, Germany, 06.-08.10.2010. EnviroInfo. Aachen: Shaker, pp 222-231

Jamous N, Mueller K (2010) OEPI (Organisations' Environmental Performance Indicators). D1.1: State-of-the art for EPIs. WP 1: Ontological Reference Architecture for EPIs. Hrsg. v. OEPI Consortium 2010-2012

Jamous N, Kramer F, Kassem G, Marx Gómez J, Dumke R (2011) (LWC-EPI) Concept. In: Golinska P, Fertsch M, Marx Gómez J (Eds.) Information Technologies in Environmental Engineering (ITEE 2011), Bd. 3. Berlin/Heidelberg/New York: Springer (Environmental Science and Engineering), pp 289-299

Jamous N, Schrödl H, Turowski K (2013) Light-Weight Composite Environmental Performance Indicators (LWC-EPI) Solution: A Systematic Approach towards Users Requirements. In Proceedings of the HICSS-46; Maui, US. DOI 10.1109/ HICSS.2013.383

Lee C, Lee H, Kang M (2008) Successful implementation of ERP systems in small businesses: a case study in Korea. In: Serv Bus 2 (4), pp 275-286

Martin R, Mauterer H, Gemünden H (2002) Systematisierung des Nutzens von ERP-Systemen in der Fertigungsindustrie. In: Wirtschaftsinformatik 44 (2), S. 109-116

Marx Gómez J (2004) Automatisierung der Umweltberichterstattung mit Stoffstrommanagementsystemen. Habilitationsschrift. Otto-von-Guericke-Universität Magdeburg, Magdeburg

Mas A, Mesquida AL (2011) A Software Tool to Support the Integrated Management of Software Projects in Mature SMEs. In: O'Connor RV, Pries-Heje J, Messnarz R (Eds.) Systems, Software and Service Process Improvement, Bd. 172. Berlin/Heidelberg/New York: Springer (Communications in Computer and Information Science), pp 236-246

Nieuwenhuis P, Vergragt Ph, Wells PE (2006) The business of sustainable mobility. From vision to reality. Sheffield: Greenleaf

Rautenstrauch C (1999) Betriebliche Umweltinformationssysteme. Grundlagen, Konzepte und Systeme. Berlin/Heidelberg/New York: Springer (Springer-Lehrbuch)

Rohloff M (2011) Advances in business process management implementation based on a maturity assessment and best practice exchange. In: Inf Syst E-Bus Manage 9 (3), pp 383-403

Schumacker RE, Lomax RG (2010) A beginner's guide to structural equation modeling. 3. Aufl. New York, NY: Routledge

Siegenthaler M, Schmid C (2005) ERP für KMU. Praxisleitfaden: richtig evaluieren & einführen. Rheinfelden/Schweiz: BPX-Ed

Starkey R (1998) Environmental management tools for SMEs. A handbook. Luxembourg: Off. for Off. Publ. of the Europ. Communities (Environmental issues series, 10)

Tabachnick BG, Fidell LS (2007) Using multivariate statistics. 5. Aufl. Boston, Mass: Pearson/Allyn and Bacon

Teuteberg F, Straßenburg J (2009) State of the art and future research in Environmental Management Information Systems – a systematic literature review. In: Athanasiadis IN, Mitkas PA, Rizzoli AE, Marx Gómez J (Eds.) Information Technologies in Environmental Engineering, Proceedings of the 4th International ICSC Symposium, ITEE 2009, Thessaloniki, Greece, May 28-29, 2009, Berlin/Heidelberg/New York: Springer, pp 64-77

Watson RT, Boudreau M, Chen AJ, Sepúlveda HH (2011) Green projects: An information drives analysis of four cases. In: The Journal of Strategic Information Systems 20 (1), pp 55-62

Welford R (1996) Corporate environmental management. Reprinted. London: Earthscan

White GB (2009) Sustainability Reporting: Managing for Wealth and Corporate Health. NY: Business Expert Press. ISBN-10: 1606490788

Xu LD, Tjoa AM, Chaudhry SS (Eds.) (2008) Research and Practical Issues of Enterprise Information Systems II Volume 1. Boston, MA: Springer US (IFIP – The International Federation for Information Processing)

Das Common Information Model als Datenmodell zur Bestimmung von Green-IT-Kennzahlen der Lebenszyklusphase Make von IT-Dienstleistungen

Torsten Urban, Hans-Knud Arndt

Abstract Die Bedeutung von Green-IT und die Nachfrage an nachhaltigen IT-Infrastrukturen ist in den letzten Jahren stark gestiegen. Die Bestimmung, ob und inwieweit die Anforderungen von Green-IT durch eine IT-Landschaft und deren Komponenten umgesetzt und eingehalten werden, kann auf Basis von Kennzahlen bestimmt werden. Die Berechnung dieser Green-IT-Kennzahlen benötigt genaue Kenntnis der IT-Landschaft sowie deren Eigenschaften. Um diese Informationen bereitzustellen, kann ein domänenspezifisches Modell verwendet werden. Das Common Information Model, welches als standardisiertes Datenmodell bei namenhaften Configuration Management Databases verwendet wird, stellt ein solches Modell dar. Mit dem Common Information Model kann die Berechnung der Green-IT-Kennzahlen der Lebenszyklusphase Make, unter der Voraussetzung einer vollständigen Erfassung aller Hardwareelemente, gut unterstützt werden. Zur Bestimmung der Kennzahlen sind jedoch weiteren Informationen notwendig, die im Common Information Model nicht abgebildet werden.

1 Einleitung

In den letzten Jahren ist die Bedeutung von Green-IT und der daraus resultierenden Nachfrage nach nachhaltigen IT-Infrastrukturen stark gestiegen. Die Steigerung der Energieeffizienz der Hardware ist sowohl in der Wirtschaft als auch in der Wissenschaft zu einem wichtigen und zentralen Thema im Bereich des Rechen-

T. Urban (✉) • H.-K. Arndt
Otto-von-Guericke-Universität Magdeburg
Universitätsplatz 2, 39106 Magdeburg, Deutschland
E-Mail: torsten.urban@ovgu.de; hans-knud.arndt@iti.cs.uni-magdeburg.de

zentrumsmanagements geworden. Ansätze wie die Anwendung konzeptueller Methoden zur nachhaltigen Gestaltung von IT-Infrastrukturen (Krüger et al., 2012), die Nutzung alternativer Kühlungssysteme (Hüsamettin und Mehmet, 2011) oder die modellgestützte Analyse und Optimierung der Energieeffizienz betrieblicher Informations- und Kommunikationstechnik (Vaupel und Leukel, 2013) greifen diese Aspekte auf und zeigen erste mögliche Lösungsansätze.

In Rahmen dieses Beitrags wird die Idee der Nutzung eines domänenspezifischen Modells für die Ermittlung von Green IT-Kennzahlen nach VAUPEL und LEUKEL (Vaupel und Leukel, 2013) aufgegriffen. Dabei fokussiert sich diese Arbeit darauf, Green-IT Kennzahlen für die Phase Make von IT-Dienstleistungen zu bestimmen. Als domänenspezifischen Modells wird hierbei das Common Information Model verwendet.

2 Begriffsbestimmung

2.1 IT-Dienstleistung

Die Unterstützung von Geschäftsprozessen mit Hilfe von Informationstechnologie (IT) wird als IT-Dienstleistung bezeichnet. Eine IT-Dienstleistung ist eine „Kombination von Personen, Prozessen und Technologie" (Stationery Office und Großbritannien, 2008). Der Begriff umfasst dabei verschiedenste Granularitäten der IT-Dienstleistungserbringung, von der Bereitstellung von Rechenleistung oder Speicherplatz (Infrastruktur as a Service) bis hin zur Bereitstellung von umfangreichen Anwendungssystemen wie einem SAP-System (Software as a Service) (Mahmood und Hill, 2011). Eine IT-Dienstleistung kann dabei ebenso eine Kombination anderer IT-Dienstleistungen (Service as a Service) sein.

IT-Dienstleistungen können beispielsweise von der eigenen IT (im Sinne einer IT-Abteilung), von einem Hosting-Partner oder aus der Cloud, als Synonym für die professionelle Bereitstellung von IT-Dienstleistungen durch einen Anbieter über das Internet, bezogen werden.

2.2 Configuration Item und Configuration Management Database

Unter dem Begriff „Configuration Item" (CI) werden alle Komponenten verstanden, die für die Bereitstellung einer IT-Dienstleistung notwendig sind. CIs umfasst neben der informationstechnischen Infrastruktur, z. B. Netzwerk, Speichersysteme, Server, Datenbanken, Anwendungssysteme, auch die IT-Prozesse, die IT-Dokumentation sowie das IT-Personal (Zarnekow et al., 2005; Great Britain, 2007).

Die Erfassung und Verwaltung der CIs erfolgt nach ITIL mit Hilfe einer Configuration Management Database (CMDB) (Stationery Office und Großbritannien, 2008). Eine CMDB ist dabei eine Datenbank, die alle Informationen zu den CIs an einer zentralen Stelle erfasst und speichert sowie alle Veränderungen an den CIs (Change-Management) dokumentiert. Häufig wird die CMDB mittels automatischer Datensammlung, Anbindung an das IT-Monitoring oder auf Basis von Agenten mit aktuellen Informationen der IT-Landschaft versorgt (Realtech, 2017; Hewlett-Packard Development Company, 2013b).

Die von namenhaften Herstellern angebotenen CMDBs, z. B. HP Universal CMDB (Hewlett-Packard Development Company, 2013a) und der IBM Tivoli Configuration and Change Management Database (IBM 2011), setzen dabei auf das von der Vereinigung Distributed Management Task Force, Inc (DMTF) standardisierte Datenmodell Common Information Model (CIM) (DMTF, 2013c; DMTF, 2013a).

2.3 Green-IT

Unter dem Begriff „Green-IT" werden allgemein sämtliche Maßnahmen und Lösungen verstanden, die zum einen zu einer effizienten Nutzung der Ressource Energie durch die IT-Infrastruktur und zum anderen zu einer umweltfreundlichen Produktion und Verwertung von IT-Hardware beitragen. (Zarnekow et al., 2010) Die Bestimmung, ob und inwieweit die Anforderungen, die im Rahmen von Green-IT gestellt werden, durch eine IT-Landschaft und deren CIs umgesetzt und eingehalten werden, ist nicht trivial. In der wissenschaftlichen Diskussion wird daher auf die Bildung von Green-IT Kennzahlen zurückgegriffen, um eine Beurteilung zu ermöglichen. Eine strukturierte Übersicht der relevanten Kennzahlen, gegliedert nach den Phasen Source, Make und Deliver des Lebenszyklus von IT-Dienstleistungen, gibt (Opitz et al., 2013).

Im Rahmen dieser Arbeit erfolgt eine ausschließliche Betrachtung der Green-IT Kennzahlen aus der Phase Make. Diese sind in Tabelle 1 dargestellt.

Die hier dargestellten Kennzahlen benötigen zu deren Bestimmung eine genaue Kenntnis der IT-Landschaft sowie deren Leistungsfähigkeit und Energieverbrauch. Beispielsweise wird der Stromverbrauch aller Hardwarekomponenten benötigt, um die Kennzahl PUE ermitteln zu können. Diese Information kann näherungsweise über die Spezifikation der verbauten Hardwareelemente, z. B. über die mittlere Leistungsaufnahme, ermittelt werden. Eine genaue und zeitpunktbezogene

Berechnung der Kennzahl benötigt jedoch den jeweils aktuellen Zustand der aller Hardwarekomponenten.

Im Rahmen dieser Arbeit wird das CIM als domänenspezifisches Datenmodell und somit als Informationsquelle für die Ermittlung der Green-IT-Kennzahlen vorgeschlagen.

Kennzahl	Abkürzung	Beschreibung / Formel
Power Usage Effectiveness	PUE	$\dfrac{\sum \text{Energieverbrauch Rechenzentrum}}{\sum \text{Energieverbrauch IT-Komponenten}}$
Data Center Infrastructure Efficiency	DCIE	$\dfrac{\sum \text{Energieverbrauch IT-Komponenten}}{\sum \text{Energieverbrauch Rechenzentrum}}$
Data Center Energy Productivity	DCeP	$\dfrac{\sum \text{Output Rechenzentrum}}{\sum \text{Energieverbrauch Rechenzentrum}}$
Energy Reuse Efficiency	ERE	$\dfrac{\sum \text{Energieverbrauch Rechenzentrum} - \sum \text{Wiederverwendete Energie}}{\sum \text{Energieverbrauch IT-Komponenten}}$
Carbon Usage Effectiveness	CUE	$\dfrac{CO_2 e(\sum \text{Energieverbrauch Rechenzentrum})}{\sum \text{Energieverbrauch IT-Komponenten}}$
Free Cooling Potential	-	Einsparungspotential von kWh durch Freiluftkühlung an Stelle konventioneller Kühlung
Deployed Hardware Utilization Ratio	DH-UR	Auslastungsgrad von z. B. Servern, Storage
Standard Power Evaluation Corporation Power	SPECpower	$\dfrac{\sum \text{Rechenleistung}}{\sum \text{Leistungsaufnahme}}$

Tab. 1. Green-IT Kennzahlen der Phase Make.

3 Vorstellung Common Information Model

Das CIM ist ein herstellerunabhängiges, objektorientiertes und erweiterbares Informationsmodell zur detaillierten Erfassung der Elemente der IT-Infrastruktur. Die DMTF unterteilt das CIM in die zwei Bestandteile CIM Spezifikation und CIM Schema. In der CIM Spezifikation wird das Metaschema des CIM vorgestellt, wodurch u. a. Informationen für eine Integration mit anderen Datenmodellen bereitgestellt werden. Im CIM Schema wird das eigentliche Informationsmodell beschrieben. Die Grundidee hinter dem Informationsmodell ist, dass CIs als Systeme betrachtet werden, die sich aus eine Summe von Einzelelementen zusammensetzen. So umfasst das CIM Schema über 1.400 Klassen und Assoziationen mit ihren Eigenschaften und Methoden.

Zum leichteren Umgang mit diesem sehr komplexen Datenmodell wurde das CIM Schema in die drei distinkten Schichten Core Model, Common Model und Extension Schemas sowie in die zwei Hauptpakete CIM und Problem Resolution Standard (PRS) und 14 Unterpakete unterteilt (DMTF, 2013b) (siehe Abbildung 1).

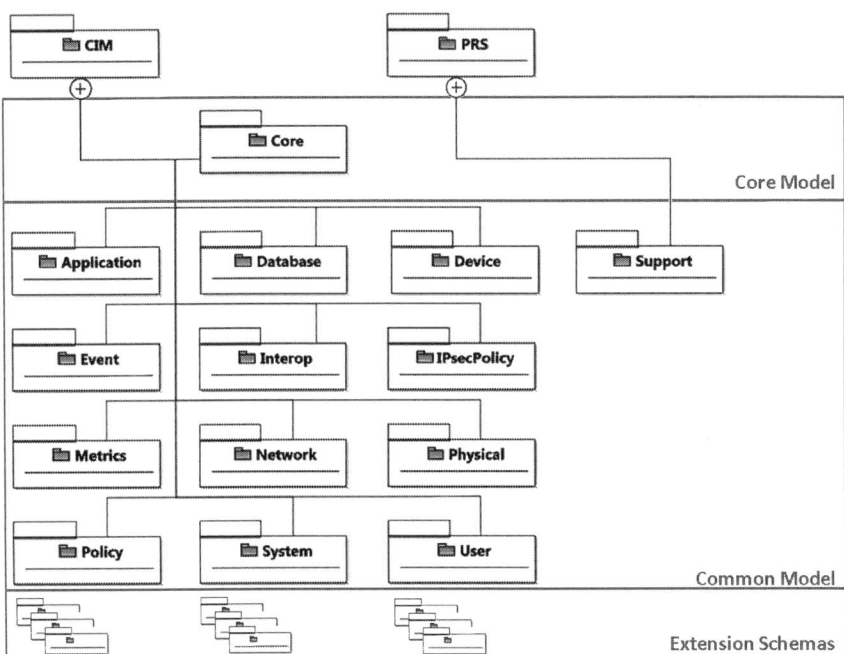

Abb. 1: Aufbau des CIM Schemas.

Das Core Model definiert grundlegende Klassen mit ihren Eigenschaften und Assoziationen, die eine allgemeine Erfassung aller Bereiche der abzubildenden Umgebung ermöglichen. Das Common Model ermöglicht es die Elemente der IT-Infrastruktur mit Eigenschaften, Assoziationen und Methoden detaillierter und dennoch hersteller- und produktunabhängig zu erfassen. Eine kurze Darstellung der vorgesehenen Einsatzbereiche der einzelnen Pakete wird in Tabelle 2 gegeben. Das Extension Schemas ermöglicht es, die erfassten Elemente der IT-Infrastruktur um beispielsweise herstellerabhängige Informationen zu ergänzen. Hierzu können die Klassen des Core Model sowie Common Model abgeleitet und um weitere Eigenschaften, Assoziationen und Methoden ergänzt werden.

Paket	Einsatzbereich
Application	Anwendungen
Database	Datenbanken
Device	Funktionen und Konfigurationen der Hardware
Event	Ereignisse und Problemmeldungen
Interop	Interoperabilität zu anderen Softwarelösungen, inklusive WBEM
IPsecPolicy	Regeln in Bezug zur Internet Protocol Security (IPsec)
Metrics	Metriken und deren Überprüfung
Network	Netzwerke
Physical	Physische Repräsentation der Hardware
Policy	Richtlinien und Regeln, inklusive Service Level Agreements (SLA)
System	Computer-, Betriebs- und Dateisysteme
User	Nutzer der IT-Infrastruktur und deren Rechte
Support	Störfälle und deren Lösungen

Tab. 2. Pakete des CIM.

4 Hardwareelemente im Common Information Model

Im Core Model des CIM Schemas werden zwei Sichtweisen auf die Hardware definiert. Zum einen die physische Sicht auf die Hardware, die für die Repräsentation der real existierenden Hardware genutzt werden kann und zum anderen die logische Sicht auf die Hardware, durch die die Funktionen und Konfigurationen der Hardware abgebildet werden können. Durch Assoziationen, können diese beiden Sichtweisen miteinander verknüpft und somit die Zugehörigkeit der Funktionen zur physischen Hardware erfasst werden.

Die physische Sicht auf die Hardware wird im Paket Physical des Common Models weiter verfeinert. In diesem Paket werden Klassen für die Abbildung der Hardware, deren Komponenten sowie deren Anschlüsse und Verbindungen bereitgestellt. Dadurch ist eine detaillierte Erfassung der Hardware bis auf die Ebene einzelner Leiterplatten mit ihren elektronischen Bausteinen und Anschlüssen möglich.

Bei der logischen Sicht auf die Hardware erfolgt eine getrennte Betrachtung zwischen Systemen und den Komponenten, aus denen diese Systeme bestehen. Die Betrachtungsweise der Hardware als System wird durch das Paket System des Common Models ausgebaut, dadurch besteht die Möglichkeit, Computersysteme zu erfassen. Durch Assoziationen können die Komponenten der Systeme, die im Paket Device betrachtet werden, den jeweiligen Systemen zugeordnet werden. Das Paket Device unterstützt durch eine Vielzahl an Klassen eine genaue Erfassung der Funktionen, Konfigurationen und Zustände der Komponenten der Hardware. Beispielsweise können Informationen über die Auslastungen von Prozessoren, über den genutzten Speicherplatz einer Festplatte oder über den Stromverbrauch von Komponenten erhoben werden (DMTF, 2013b).

Durch die Trennung zwischen der physischen und logischen Sicht auf die Hardware wird es ermöglicht, die Hardware und deren Funktionen in unterschiedlichen Detaillierungsgraden zu erfassen, wodurch eine bedarfsgerechte Abbildung der Hardware realisiert werden kann.

5 Bestimmung von Green-IT Kennzahlen mit dem Common Information Model

Nach der Vorstellung des CIM und der Beschreibung, wie Hardwareelemente mit Hilfe des CIM abgebildet werden können, wird nun gezeigt, wie die eingangs beschriebenen Green-IT Kennzahlen ermittelt werden können. Rahmenbedingung für die Berechnung der Kennzahlen ist eine vollständige Erfassung der Hardwareelemente sowie ein vollständig gefülltes CIM-Datenmodell.

- PUE und dessen Kehrwert DCIE sowie die ERE basieren auf dem Verhältnis des gesamten Energieverbrauchs des Rechenzentrums zum gesamten Energieverbrauch der IT Komponenten. Die Energieverbräuche der einzelnen IT Komponenten können mit Hilfe des CIM ermittelt werden. Hierzu steht u. a. die Klasse CIM_PowerAllocationSettingData zur Verfügung, die es ermöglicht Konfigurationen und Energieverbräuche zu erfassen (DMTF, 2013b). Diese können dann addiert und somit zur Berechnung des gesamten Energieverbrauchs der IT Komponenten herangezogen werden. Der gesamte Energieverbrauch des Rechenzentrums sowie die wiederverwendete Energie für die ERE muss jedoch extern ermittelt werden, beispielsweise durch zentrale Stromzähler.

- DCeP setzt den geleisteten Output des Rechenzentrums ins Verhältnis zum gesamten Energieverbrauch des Rechenzentrums. Mit dem Output des Rechenzentrums sind die nach Bedeutung gewichteten Aufgaben (Tasks) gemeint, die die Hardware in einer bestimmten Zeit erledigen kann (42U, 2013). Das CIM kann zur Berechnung dieser Green IT Kennzahl genutzt werden, wenn neben der Hardware auch die Anwendungen und Dienstleistungen miterfasst sind und hinterlegt ist, welche Anwendungen auf welcher Hardware betrieben werden. Hierfür steht u. a. die Assoziation CIM_HostedService zur Verfügung, die angibt durch welches (Computer-)System ein Dienst bereitgestellt wird (DMTF, 2013b). Der gesamte Energieverbrauch des Rechenzentrums muss jedoch extern ermittelt werden.
- CUE stellt die Menge der CO_2-Äquivalente (CO2e) aus dem Energieverbrauch des Rechenzentrums ins Verhältnis zum gesamten Energieverbrauch der IT Komponenten. Wie bei PUE, DCIE und ERE bereits dargestellt, kann der gesamte Energieverbrauch der IT-Komponenten mit Hilfe des CIM ermittelt werden. Die Menge an CO_2-Äquivalente muss jedoch extern ermittelt werden.
- Das Free Cooling Potential zeigt auf, wie viel kWh jährlich durch den Einsatz von Freiluftkühlung an Stelle konventioneller Kühlung eingespart werden könnten. Die Berechnung dieser Green IT Kennzahl ist sehr komplex und benötigt viel Expertenwissen, zudem müssen regionale klimatische Bedingungen berücksichtigt werden (Hüsamettin und Mehmet, 2011). Das CIM kann insofern hilfreich sein, dass Angaben zur Wärmeabgange pro Stunde miterfasst werden, z. B. in der Eigenschaft HeatGeneration der Klasse CIM_Chassis (DMTF, 2013b), die dann für die Berechnung der notwendigen Kühlung herangezogen werden können.
- Die DH-UR erfasst den Auslastungsgrad der Hardwareelemente. Diese Werte können direkt aus dem CIM ermittelt werden. So kann beispielsweise die Auslastung eines CPUs aus der Eigenschaft LoadPercentage der Klasse CIM_Processor abgelesen werden, oder die eines Speichermediums in der UnitsUsed der Klasse CIM_MediaAccessDevice (DMTF, 2013b).
- Die SPECpower setzt die Summe der Rechenleistung in das Verhältnis zur Summe der Leistungsaufnahme. Beide Werte können mit Hilfe des CIM ermittelt werden. Die Rechenleistung lässt sich u. a. über die Klasse CIM_Processor bestimmen, die Leistungsaufnahme über die Klasse CIM_PowerAllocationSettingData unter Beachtung des zeitlichen Bezugs (DMTF, 2013b).

6 Schlussfolgerung und Ausblick

Nach der Begriffsbestimmung wurde das Common Information Model vorgestellt und es wurde gezeigt, wie die Hardwareelemente mit Hilfe des Common Information Model abgebildet werden können. Basierend auf diesen Grundlagen erfolgt dann die Bestimmung der Green-IT Kennzahlen der Lebenszyklusphase Make von IT-Dienstleistungen.

Zusammenfassend kann festgehalten werden, dass das CIM als domänenspezifischen Modells für die Ermittlung von Green IT-Kennzahlen von IT-Dienstleistungen genutzt werden kann. Jedoch sind folgende Punkte bei der Ermittlung zu berücksichtigen:

- Für die Ermittlung der Kennzahlen ist eine vollständige Erfassung der Hardwareelemente im CIM (in der CMDB) notwendig. Hier können u. a. automatische Datensammler helfen.
- Für viele Green-IT Kennzahlen sind weitere Werte notwendig, die nicht durch das CIM bestimmt werden können, z. B. der gesamte Energieverbrauch des Rechenzentrums.
- Einige Green-IT Kennzahlen benötigen weiteres Fachwissen, wie das Free Cooling Potential oder die CO2-Äquivalente.

In zukünftigen Arbeiten ist die Realisierung des in diesem Beitrag beschrieben Ansatzes durch eine Evaluierung am Praxisbeispiel zu prüfen. Weiterhin ist eine Adoption für die anderen Bereiche Source und Deliver möglich und sollte daher ebenfalls betrachtet werden.

Literaturverzeichnis

42U (2013) DCeP: Data Center energy Productivity. http://www.42u.com/measurement/dcep. htm. Letzter Aufruf: 13.09.2013

DMTF (2013a) About DMTF. http://www.dmtf.org/about. Letzter Aufruf: 12.09.2013

DMTF (2013b) CIM_V2.38.0Final-Doc.zip. http://dmtf.org/sites/default/files/cim/cim_schema_v2380/cim_schema_2.38.0Final-Doc.zip. Letzter Aufruf: 12.09.2013

DMTF (2013c) Standards and Technology. http://www.dmtf.org/standards. Letzter Aufruf: 12.09.2013

Great Britain (2007) The official introduction to the ITIL service lifecycle. TSO, Norwich

Hewlett-Packard Development Company (2013a) Configuration Management Database, CMDB. http://www8.hp.com/us/en/software-solutions/software.html?compURI=1172882-&jumpid=reg_r1002_usen_c-001_title_r0001. Letzter Aufruf: 12.09.2013

Hewlett-Packard Development Company (2013b) Hardware, Software Discovery. http://www8.hp.com/us/en/software-solutions/software.html?compURI=1234818. Letzter Aufruf: 12.09. 2013

Hüsamettin B, Mehmet AA (2011) Determination of free cooling potential: A case study for Istanbul, Turkey. Applied Energy 88(3):680-689. doi: 10.1016/j. apenergy.2010.08.030

IBM (2011) IBM Tivoli Change and Configuration Managemen Database: Features and benefits. http://www-01.ibm.com/software/tivoli/products/ccmdb/features.html. Letzter Aufruf: 12.09.2013

Krüger P, Urban T, Siegling A, Zimmermann R, Arndt H-K (2012) Conceptual Methods to Design Sustainable IT Infrastructures: Standardization, Consolidation, and Virtualization. In: Arndt H-K, Knetsch G, Pillmann W (Eds.) Man • Environment • Bauhaus: Light up the Ideas of Environmental Informatics, 26th International Conference on Informatics for Environmental Protection (26th International Conference on Informatics for Environmental Protection, 29.08. - 31.08.2012, Dessau) - Part 2: Open Data and Industrial Ecological Management, Shaker Verlag, Aachen, pp 607-615

Mahmood Z, Hill R (Eds.) (2011) Cloud Computing for Enterprise Architectures. Computer Communications and Networks, Springer Verlag, Berlin/Heidelberg/New York

Opitz N, Thies F, Erek K, Kolbe LM, Zarnekow R (2013) Kennzahlenbasierte Erfolgsmessung von Green IT-Maßnahmen: Eine empirische Analyse zum aktuellen Stand in Forschung und Praxis. In: Alt R, Franczyk B (Eds.) Proceedings of the 11th International Conference on Wirtschaftsinformatik, Vol 2. Univ., Leipzig, S. 1115-1129

Realtech (2017) Configuration Management Database (CMDB). Leistungsfähige Basis für komplexe IT-Infrastrukturen. https://www.realtech.com/de/portfolio/kompetenzen/cmdb. cfm. Letzter Aufruf: 11.03.2017

Stationery Office; Großbritannien (2008) ITIL Service Design. TSO, London

Vaupel S, Leukel J (2013) Modellgestützte Analyse und Optimierung der Energieeffizienz betrieblicher Informations-und Kommunikationstechnik. In: Alt R, Franczyk B (Eds.) Proceedings of the 11th International Conference on Wirtschaftsinformatik. Univ., Leipzig, S. 1131-1145

Zarnekow R, Hochstein A, Brenner W (2005) Serviceorientiertes IT-Management: ITIL-Best-Practices und -Fallstudien, Business Engineering, Springer Verlag, Berlin/Heidelberg/New York

Zarnekow R, Kolbe LM, Erek K, Schmidt N-H (2010) Studie: Nachhaltigkeit und Green IT in IT-Organisationen: Status quo und Handlungsempfehlungen. Research papers in information systems management, Vol. 1, Univ.-Verl. der TU, Berlin

Druck:
Canon Deutschland Business Services GmbH
im Auftrag der KNV-Gruppe
Ferdinand-Jühlke-Str. 7
99095 Erfurt